职业教育汽车类专业规划教材

汽车保险与理赔实务

孙剑菁 主编

清华大学出版社

北京

内 容 简 介

本书主要内容包括汽车保险条款介绍、汽车保险条款对比、汽车保险理赔实务、互联网时代的汽车保险、商业车险费率改革 5 个模块。各模块均包含了汽车保险相关条款、保险公司车险理赔实务操作、保险市场创新互联网产品介绍和目前正在进行的商业车险费率改革以及实训项目作业单和习题。

本书可作为高职高专院校、中等职业学校、机工学校的教材,也可作为企业培训的教材,同时还可以为汽车行业相关从业人员以及汽车爱好者提供学习参考。

图书在版编目(CIP)数据

汽车保险与理赔实务/孙剑菁主编.--北京:清华大学出版社,2016
职业教育汽车类专业规划教材
ISBN 978-7-302-44023-9

Ⅰ.①汽… Ⅱ.①孙… Ⅲ.①汽车保险-理赔-中国-高等职业教育-教材 Ⅳ.①F842.63

中国版本图书馆 CIP 数据核字(2016)第 178586 号

责任编辑: 刘翰鹏
封面设计: 常雪影
责任校对: 袁 芳
责任印制: 何 芊

出版发行: 清华大学出版社
　　　　网　　址: http://www.tup.com.cn,http://www.wqbook.com
　　　　地　　址: 北京清华大学学研大厦 A 座　　　　　**邮　　编:** 100084
　　　　社 总 机: 010-62770175　　　　　　　　　　　**邮　　购:** 010-62786544
　　　　投稿与读者服务: 010-62776969,c-service@tup.tsinghua.edu.cn
　　　　质量反馈: 010-62772015,zhiliang@tup.tsinghua.edu.cn
印 装 者: 三河市春园印刷有限公司
经　　销: 全国新华书店
开　　本: 185mm×260mm　　　**印　张:** 15.75　　　**字　　数:** 357 千字
版　　次: 2016 年 9 月第 1 版　　　　　　　　　　　**印　　次:** 2016 年 9 月第 1 次印刷
印　　数: 1～3000
定　　价: 33.00 元

产品编号:070129-01

职业教育汽车类专业规划教材
专家委员会

顾问

陈晓明（中国机械工业教育发展中心主任、教育部全国机械职业教育教学指导委员会副主任兼秘书长）

专家委员会主任

吴培华（清华大学出版社总编辑、编审）

专家委员会委员

李双寿（清华大学教授、清华大学基础工业训练中心主任）

张执玉（清华大学汽车工程系教授）

王登峰（吉林大学汽车学院教授、博士生导师）

刘　洋（广汇汽车服务股份公司人力资源总经理）

李春明（长春汽车工业高等专科学校副校长、教授）

陈博玮（上汽大众 VW 服务技术培训部经理）

白小璎（上海通用汽车市场营销部网络发展与管理经销商培训特殊项目经理）

楼建伟（中锐教育集团总经理助理、教育部全国机械职业教育教学指导委员会产教合作促进与指导委员会秘书长）

职业教育汽车类专业规划教材
编审委员会

序

　　汽车业是国民经济的重要支柱产业之一。汽车工业是生产各种汽车主机及部分零配件或进行装配的工业部门。中国汽车制造业增势迅猛，2009 年国内汽车销量突破 1300 万辆，超越美国成为全球最大的汽车市场。2014 年，国内汽车年产销 2200 万辆。汽车是高科技的综合体，并且随着汽车工业的不断发展，新技术、新材料、新工艺、新车型不断涌现，给人们带来丰富多彩的汽车文化的同时，也给汽车从业人员和汽车专业的教学提出了新的挑战。

　　汽车后市场是指汽车销售以后，围绕汽车使用过程中的各种服务，涵盖了消费者买车后所需要的一切服务。商务部公布的汽车授权销售商已经突破 9 万个，其中 24000 家 4S 店；国内拥有 600 余家新车交易市场或汽车园区，拥有 800 余家二手车交易市场，拥有 1000 余家汽车配件和汽车用品市场。汽车后市场的繁荣形成了巨大的高技能人才需求。

　　职教领域汽车专业是随着汽车工业不断发展而衍生出来的一个专门服务于这个行业的专业系，主要包括汽车服务工程、汽车销售与评估、汽车检测与维修、汽车商务管理等学科，基本涵盖了汽车行业研发、制造、销售、售后服务等过程。目前一些职业院校人才培养还不能够适应行业发展需要，成为阻碍汽车行业发展的一个至关重要的问题。如何能够协调好行业发展与人才培养问题，需要切实解决在职业教育中汽车专业所需要面对的问题方法，从教学观念着手，切实改进教育方法，注重学生实际操作能力要求，加强学生实际工作能力，加强师资队伍建设，加强与企业的深度融合。

　　中锐教育集团与上海通用、上海大众、一汽奥迪、广汽本田、中国汽车流通协会以及国内众多的汽车经销商集团合作，学习并吸收国外先进的职业教育经验和人才培养模式，引入汽车主机厂的员工培训模式与方法，和清华大学出版社联合推出此系列规划教材。教材针对当前汽车产业所采用的大量新技术、汽车检测新技术和新设备的升级更新，针对汽车行业与企业对人才需求的新标准和新要求，针对学生今后就业岗位的职业岗位能力要求和职业素养要求，正满足汽车专业职业教育产教融合的需要。

随着国家提出创新驱动的战略,未来汽车行业对于技能型人才的需求还将继续扩大,同时国家正在致力推动汽车职业教育的转型升级,汽车行业职业教育面临着机遇和挑战并存的现状。希望通过双方共同的努力,逐步建立整套汽车专业设置的解决方案,完善汽车职业教育与汽车行业企业人才需求、课程内容与汽车职业标准,培养满足未来汽车行业要求的技能型人才。

写于清华园

2014 年 12 月

自　序

　　职业教育培养的是技术技能型人才,为工业化转型和经济发展升级换代提供人力资源保障,发展职业教育是提升综合国力和核心竞争力的重要措施和手段,是实现中国梦的重要支撑。职业教育是现代国民教育体系的重要组成部分,在实施科教兴国和人才强国战略中具有重要的作用。党中央、国务院高度重视发展职业教育,《国家中长期教育改革和发展规划纲要(2010—2020)》和《现代职业教育体系建设规划(2014—2020)》等文件都强调要大力发展职业教育,明确未来要让职业学校的专业设置、教学标准和内容更加符合行业、企业岗位的要求。

　　中锐教育集团创始于1996年,是中锐控股集团旗下的主要成员,总部位于上海,是中国领先的职业教育投资商和服务商,经过多年的不懈努力,形成了涵盖基础教育、高等教育、国际教育、职业教育与企业培训的集团化教育课程体系,是目前国内教育业务范围最广、投资规模最大的教育集团之一。

　　2006年,中锐教育集团响应国家大力发展职业教育的号召,认真贯彻落实国家教育改革与发展纲要精髓,积极推动汽车制造与服务类专业改革与创新,力争教育教学质量和人才培养指标提升,为行业提供高素质人才。集团以汽车职业教育为龙头,创立"华汽教育"品牌,积极引进国外优质教育资源、课程体系、师资力量以及考试认证体系,整合行业资源,成功开发了符合中国国情、拥有自主知识产权的汽车职业教育课程体系。中锐教育集团把优化专业结构、创新人才培养模式、加强专业内涵建设和课程体系建设作为教育教学改革的重点核心任务,积极组织研发教材,旨在提高教育教学质量和办学水平。

　　近些年,中锐教育集团坚持教育改革,探索和建立完善的教学体系,围绕学生就业核心岗位的工作领域构建人才培养方案,形成公共教学平台、专业基础平台、专业模块加专业拓展平台的课程体系;针对专业所面向的行业(产业)与岗位群,以岗位通用技能与专门技能训练为基础,系统设计满足专业共性需求与专门化(或个性化)需求、校内校外相结合的实训体系;围绕专业人才培养方案,以培养职业岗位能力和提高职业素养为重点,在校企之间

VI

搭建信息化平台,将企业资源引入教学中,建设开放式的专业教学支持系统,创建先进的数字化学习空间,实现信息化教学资源在专业内的广泛共享。

中锐教育集团不断改革与完善课程结构,自 2007 年以来,开发了华汽 1.0 版本、2.0 版本和 3.0 版本的教材。在前三个版本基础上开发了 4.0 版本教材。4.0 版本教材针对现代汽车上采用了大量的新技术、汽车检测新技术、新设备的升级更新、针对汽车行业与企业对人才需求的新标准与新要求,针对学生今后就业岗位的职业岗位能力要求和职业素养要求,教材建设要体现思路新、内容新、题材新。中锐教育集团积极与上海通用、上海大众、一汽奥迪、广汽本田和全国机械职业教育教学指导委员会、机械工业教育发展中心、中国汽车流通协会,以及与全国众多的汽车经销商集团合作,学习吸收国外先进的职业教育先进经验和人才培养模式与方法,引入汽车主机厂的员工培训模式与方法,将岗前培训的要求与内容引入课程中,将职业岗位能力要求嵌入课程,课程建设始终贯彻建立以服务地方经济为目标,以学生就业为导向,加强职业素质训导、强化职业道德教育,强化任务驱动、项目导向、"教—学—做"一体化的教学模式。

为了适应教学改革的需要,积极发展信息化教学。4.0 版教材有纸质版与电子版两种版本,纸质版教材多数采用彩色印刷,图文并茂,更符合高职高专学生的学习要求。中锐教育集团积极开发 O2O 在线教学与管理平台,将电子版教材放入"电子书包"中,同时与微课、微视频、操作技能培训视频、错误操作纠错视频、原理动画等相配套。与教学互动、在线考试相结合,充分利用信息化教学平台,激发学生的学习积极性和主观能动性,提高教学质量,提高职业岗位能力的培养。

本丛书组建了高等院校、高等职业技术学院、汽车工程学术组织、汽车技术研究机构、汽车生产企业、汽车经销商服务企业、汽车维修行业协会、汽车流通行业协会及汽车职业技能培训机构等各方人士相结合的教材编审委员会,以保证教材质量。

真诚地希望本丛书的出版能对我国的职业教育和技能培训有所裨益,热切期待广大读者提出宝贵意见和建议,使教材更臻完善。

2014 年 12 月

前　言

　　当前我国的保险业正在飞速发展,汽车的销量日益增长,保险在社会中发挥的作用越来越突出,同时由于我国汽车产业高速发展,汽车保有量快速增加,汽车保险业也在蓬勃发展,为社会发展和人民生活稳定提高提供了重要的保障。1988 年汽车保险的保费收入超过 20 亿元,占财产险份额的 37.6%,首次超过了企业财产险,成为保财产保险的第一大险种。

　　保险作为知识技术密集型行业,除了有严格的技能等级认定以外,对从业人员的专业素质和职业操守也有较高的要求。保险从业队伍的服务水平直接关系到投保人和被保险人的利益,关系到保险市场的运作效率,关系到保险市场的结构。作为财产保险的支柱险种之一,保险公司和维修企业需要大量具有专业知识的汽车保险与理赔人才。

　　为提升高职院校汽车专业学生的专业技能和综合竞争力,中锐教育集团特组织具有丰富教学经验的专业教师和汽车行业专家编写本书,并针对各院校为汽车保险与理赔课程所配备的实训设备,编写了操作性较高的实训项目作业单,以便为后续课程打下坚实的基础。

　　此外,本书突出实训操作指导,规范学生的操作,培养学生自主学习和综合分析问题的能力。本书理论内容实用简洁,实训内容可操作性强,既可作为教师教学的实训指导和备课参考,又可作为学生或汽车爱好者的自学教材。

　　本书在编写过程中参阅了大量的文献资料,在此对相关作者表示衷心的感谢。

　　由于编者水平有限,书中如有不妥之处,恳请广大读者朋友批评、指正。也可直接添加编者个人微信公众号:sunjianjing_cq,就汽车和保险等话题进行交流讨论。

编　者

2016 年 6 月

目 录

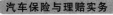

模块 1

汽车保险条款介绍

　　随着汽车保有量的快速增长,汽车已经成为现代家庭中不可缺少的代步工具,车险也继而成为与之最息息相关的一种保险。汽车保险属于财产保险的一种,又称机动车辆保险。它是以机动车辆本身及机动车辆的第三者责任为保险标的的一种运输工具保险。其保险客户,主要是拥有各种机动交通工具的法人团体和个人;其保险标的,主要是各种类型的汽车,但也包括电车、电瓶车等专用车辆及摩托车等。

　　机动车辆保险可分交强险和商业险两大类,而商业险又可以具体分为基本险(也称主险)和附加险两个部分。本模块将对目前保险公司适用的车险条款进行简要介绍。

◎ 学习目标

1. 知识目标

(1) 掌握交强险保险责任范围;

(2) 掌握交强险各项责任范围及赔偿限额;

(3) 熟悉商业险四种基本险责范围;

(4) 熟悉商业险四种基本险项各种责任免除规定;

(5) 掌握商业险四种基本险各种免赔率适用情况;

(6) 了解车辆保险合同中各种常见术语的含义;

(7) 了解商业险附加险责任范围免赔等。

2. 能力目标

(1) 能够根据事故情况简单判断是否属于保险责任;

(2) 能够对案件进行简单的计算。

◎ 案例导入

　　汽车专业学生小李想在毕业后从事车辆保险理赔工作,但对汽车保险条款不甚了解,不知道应该从哪方面着手。

◎ 学习方案

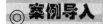

　　(1) 学习掌握各险种对应的保险责任及各类免赔情况;

　　(2) 上网了解目前保险市场各家保险公司适用车险条款。

拓 扑 图

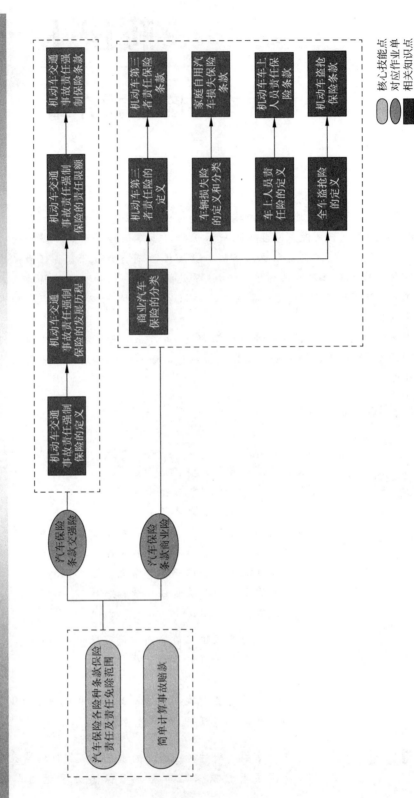

汽车保险条款交强险

机动车交通事故责任强制保险的定义 → 机动车交通事故责任强制保险的发展历程 → 机动车交通事故责任强制保险的责任限额 → 机动车交通事故责任强制保险条款

汽车保险条款商业险

商业汽车保险的分类 → 机动车第三者责任保险的定义 → 机动车第三者责任保险条款

车辆损失险的定义和分类 → 家庭自用汽车损失保险条款

车上人员责任险的定义 → 机动车车上人员责任险条款

全车盗抢险的定义 → 机动车盗抢险保险条款

汽车保险各险种条款保险责任及责任免除范围

简单计算事故赔款

核心技能点
对应作业单
相关知识点

1.1　机动车交通事故责任强制保险

机动车交通事故责任强制保险又称为交强险,是由保险公司对被保险机动车发生道路交通事故造成受害人(不包括本车人员和被保险人)的人身伤亡、财产损失,在责任限额内予以赔偿的强制性责任保险。机动车交通事故责任强制保险提供的是因交通事故造成的对受害人损害赔偿责任风险的基本保障。每辆机动车只需投保一份机动车交通事故责任强制保险,不能重复投保。在投保本保险后,可以投保其他机动车保险。

无论被保险人是否在交通事故中负有责任,保险公司均将按照《交强险条例》以及交强险条款的具体要求在责任限额内予以赔偿。对于维护道路交通通行者人身财产安全、确保道路安全具有重要的作用,同时对减少法律纠纷、简化处理程序,确保受害人获得及时有效的赔偿,如图 1-1 所示。

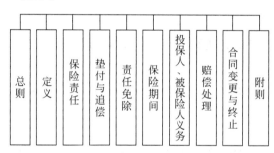

图 1-1　《机动车交通事故责任强制保险条款》结构

1.1.1　发展历程

2004 年 5 月 1 日起实施的《道路交通安全法》首次提出"建立机动车第三者责任强制保险制度,设立道路交通事故社会救助基金"。2006 年 3 月 28 日国务院颁布《交强险条例》,机动车第三者责任强制保险从此被"交强险"代替,条例规定自 2006 年 7 月 1 日起实施。根据配套措施的最终确立,于 2007 年 7 月 1 日正式普遍推行。

1.1.2　责任限额

交强险责任限额是指被保险机动车在保险期间(通常为 1 年)发生交通事故,保险公司对每次保险事故所有受害人的人身伤亡和财产损失所承担的最高赔偿金额,如表 1-1 所示。保监会有关负责人介绍,确定赔偿责任限额主要是基于以下方面的考虑。

表 1-1　机动车交通事故责任强制保险责任限额(2008 年 2 月 1 日后)

机动车在道路交通事故中有责任的赔偿限额	机动车在道路交通事故中无责任的赔偿限额
死亡伤残赔偿限额:110 000 元人民币	死亡伤残赔偿限额:11 000 元人民币
医疗费用赔偿限额:10 000 元人民币	医疗费用赔偿限额:1 000 元人民币
财产损失赔偿限额:2 000 元人民币	财产损失赔偿限额:100 元人民币

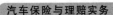

（1）满足交通事故受害人基本保障的需要。

（2）与国民经济发展水平和消费者支付能力相适应。

（3）参照了国内其他行业和一些地区赔偿标准的有关规定。

死亡伤残赔偿限额：是指被保险机动车发生交通事故，保险人对每次保险事故所有受害人的死亡伤残费用所承担的最高赔偿金额。死亡伤残费用包括丧葬费、死亡补偿费、受害人亲属办理丧葬事宜支出的交通费用、残疾赔偿金、残疾辅助器具费、护理费、康复费、交通费、被抚养人生活费、住宿费、误工费，被保险人依照法院判决或者调解承担的精神损害抚慰金。

医疗费用赔偿限额：是指被保险机动车发生交通事故，保险人对每次保险事故所有受害人的医疗费用所承担的最高赔偿金额。医疗费用包括医药费、诊疗费、住院费、住院伙食补助费，必要的、合理的后续治疗费、整容费、营养费。

财产损失赔偿限额：是指被保险机动车发生交通事故，保险人对每次保险事故所有受害人的财产损失承担的最高赔偿金额。

 ## 1.1.3　机动车交通事故责任强制保险条款

《机动车交通事故责任强制保险条款》

总　则

第一条　根据《中华人民共和国道路交通安全法》、《中华人民共和国保险法》、《机动车交通事故责任强制保险条例》等法律、行政法规，制定本条款。

第二条　机动车交通事故责任强制保险（以下简称交强险）合同由本条款与投保单、保险单、批单和特别约定共同组成。凡与交强险合同有关的约定，都应当采用书面形式。

第三条　交强险费率实行与被保险机动车道路交通安全违法行为、交通事故记录相联系的浮动机制。

签订交强险合同时，投保人应当一次支付全部保险费。保险费按照中国保险监督管理委员会（以下简称保监会）批准的交强险费率计算。

定　义

第四条　交强险合同中的被保险人是指投保人及其允许的合法驾驶人。

投保人是指与保险人订立交强险合同，并按照合同负有支付保险费义务的机动车的所有人、管理人。

第五条　交强险合同中的受害人是指因被保险机动车发生交通事故遭受人身伤亡或者财产损失的人，但不包括被保险机动车本车车上人员、被保险人。

第六条　交强险合同中的责任限额是指被保险机动车发生交通事故，保险人对每次保险事故所有受害人的人身伤亡和财产损失所承担的最高赔偿金额。责任限额分为死亡伤残赔偿限额、医疗费用赔偿限额、财产损失赔偿限额以及被保险人在道路交通事故中无责任的赔偿限额。其中无责任的赔偿限额分为无责任死亡伤残赔偿限额、无责任医疗费用赔偿限额以及无责任财产损失赔偿限额。

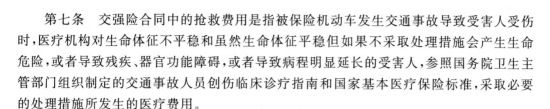

第七条　交强险合同中的抢救费用是指被保险机动车发生交通事故导致受害人受伤时,医疗机构对生命体征不平稳和虽然生命体征平稳但如果不采取处理措施会产生生命危险,或者导致残疾、器官功能障碍,或者导致病程明显延长的受害人,参照国务院卫生主管部门组织制定的交通事故人员创伤临床诊疗指南和国家基本医疗保险标准,采取必要的处理措施所发生的医疗费用。

保险责任

第八条　在中华人民共和国境内(不含港、澳、台地区),被保险人在使用被保险机动车过程中发生交通事故,致使受害人遭受人身伤亡或者财产损失,依法应当由被保险人承担的损害赔偿责任,保险人按照交强险合同的约定对每次事故在下列赔偿限额内负责赔偿:

(一) 死亡伤残赔偿限额为 110 000 元。

(二) 医疗费用赔偿限额为 10 000 元。

(三) 财产损失赔偿限额为 2 000 元。

(四) 被保险人无责任时,无责任死亡伤残赔偿限额为 11 000 元;无责任医疗费用赔偿限额为 1 000 元;无责任财产损失赔偿限额为 100 元。

死亡伤残赔偿限额和无责任死亡伤残赔偿限额项下负责赔偿丧葬费、死亡补偿费、受害人亲属办理丧葬事宜支出的交通费用、残疾赔偿金、残疾辅助器具费、护理费、康复费、交通费、被扶养人生活费、住宿费、误工费,被保险人依照法院判决或者调解承担的精神损害抚慰金。

医疗费用赔偿限额和无责任医疗费用赔偿限额项下负责赔偿医药费、诊疗费、住院费、住院伙食补助费,必要的、合理的后续治疗费、整容费、营养费。

垫付与追偿

第九条　被保险机动车在本条(一)至(四)之一的情形下发生交通事故,造成受害人受伤需要抢救的,保险人在接到公安机关交通管理部门的书面通知和医疗机构出具的抢救费用清单后,按照国务院卫生主管部门组织制定的交通事故人员创伤临床诊疗指南和国家基本医疗保险标准进行核实。对于符合规定的抢救费用,保险人在医疗费用赔偿限额内垫付。被保险人在交通事故中无责任的,保险人在无责任医疗费用赔偿限额内垫付。对于其他损失和费用,保险人不负责垫付和赔偿。

(一) 驾驶人未取得驾驶资格的。

(二) 驾驶人醉酒的。

(三) 被保险机动车被盗抢期间肇事的。

(四) 被保险人故意制造交通事故的。

对于垫付的抢救费用,保险人有权向致害人追偿。

责任免除

第十条　下列损失和费用,交强险不负责赔偿和垫付。

(一) 因受害人故意造成的交通事故的损失。

(二) 被保险人所有的财产及被保险机动车上的财产遭受的损失。

（三）被保险机动车发生交通事故，致使受害人停业、停驶、停电、停水、停气、停产、通信或者网络中断、数据丢失、电压变化等造成的损失以及受害人财产因市场价格变动造成的贬值、修理后因价值降低造成的损失等其他各种间接损失。

（四）因交通事故产生的仲裁或者诉讼费用以及其他相关费用。

保险期间

第十一条　除国家法律、行政法规另有规定外，交强险合同的保险期间为一年，以保险单载明的起止时间为准。

投保人、被保险人义务

第十二条　投保人投保时，应当如实填写投保单，向保险人如实告知重要事项，并提供被保险机动车的行驶证和驾驶证复印件。重要事项包括机动车的种类、厂牌型号、识别代码、号牌号码、使用性质和机动车所有人或者管理人的姓名（名称）、性别、年龄、住所、身份证或者驾驶证号码（组织机构代码）、续保前该机动车发生事故的情况以及保监会规定的其他事项。

投保人未如实告知重要事项，对保险费计算有影响的，保险人按照保单年度重新核定保险费计收。

第十三条　签订交强险合同时，投保人不得在保险条款和保险费率之外，向保险人提出附加其他条件的要求。

第十四条　投保人续保的，应当提供被保险机动车上一年度交强险的保险单。

第十五条　在保险合同有效期内，被保险机动车因改装、加装、使用性质改变等导致危险程度增加的，被保险人应当及时通知保险人，并办理批改手续。否则，保险人按照保单年度重新核定保险费计收。

第十六条　被保险机动车发生交通事故，被保险人应当及时采取合理、必要的施救和保护措施，并在事故发生后及时通知保险人。

第十七条　发生保险事故后，被保险人应当积极协助保险人进行现场查勘和事故调查。

发生与保险赔偿有关的仲裁或者诉讼时，被保险人应当及时书面通知保险人。

赔偿处理

第十八条　被保险机动车发生交通事故的，由被保险人向保险人申请赔偿保险金。被保险人索赔时，应当向保险人提供以下材料：

（一）交强险的保险单。

（二）被保险人出具的索赔申请书。

（三）被保险人和受害人的有效身份证明、被保险机动车行驶证和驾驶人的驾驶证。

（四）公安机关交通管理部门出具的事故证明，或者人民法院等机构出具的有关法律文书及其他证明。

（五）被保险人根据有关法律法规规定选择自行协商方式处理交通事故的，应当提供依照《交通事故处理程序规定》规定的记录交通事故情况的协议书。

（六）受害人财产损失程度证明、人身伤残程度证明、相关医疗证明以及有关损失清单和费用单据。

（七）其他与确认保险事故的性质、原因、损失程度等有关的证明和资料。

第十九条　保险事故发生后，保险人按照国家有关法律法规规定的赔偿范围、项目和标准以及交强险合同的约定，并根据国务院卫生主管部门组织制定的交通事故人员创伤临床诊疗指南和国家基本医疗保险标准，在交强险的责任限额内核定人身伤亡的赔偿金额。

第二十条　因保险事故造成受害人人身伤亡的，未经保险人书面同意，被保险人自行承诺或支付的赔偿金额，保险人在交强险责任限额内有权重新核定。

因保险事故损坏的受害人财产需要修理的，被保险人应当在修理前会同保险人检验，协商确定修理或者更换项目、方式和费用。否则，保险人在交强险责任限额内有权重新核定。

第二十一条　被保险机动车发生涉及受害人受伤的交通事故，因抢救受害人需要保险人支付抢救费用的，保险人在接到公安机关交通管理部门的书面通知和医疗机构出具的抢救费用清单后，按照国务院卫生主管部门组织制定的交通事故人员创伤临床诊疗指南和国家基本医疗保险标准进行核实。对于符合规定的抢救费用，保险人在医疗费用赔偿限额内支付。被保险人在交通事故中无责任的，保险人在无责任医疗费用赔偿限额内支付。

合同变更与终止

第二十二条　在交强险合同有效期内，被保险机动车所有权发生转移的，投保人应当及时通知保险人，并办理交强险合同变更手续。

第二十三条　在下列三种情况下，投保人可以要求解除交强险合同：

（一）被保险机动车被依法注销登记的。

（二）被保险机动车办理停驶的。

（三）被保险机动车经公安机关证实丢失的。

交强险合同解除后，投保人应当及时将保险单、保险标志交还保险人；无法交回保险标志的，应当向保险人说明情况，征得保险人同意。

第二十四条　发生《机动车交通事故责任强制保险条例》所列明的投保人、保险人解除交强险合同的情况时，保险人按照日费率收取自保险责任开始之日起至合同解除之日止期间的保险费。

附　　则

第二十五条　因履行交强险合同发生争议的，由合同当事人协商解决。

协商不成的，提交保险单载明的仲裁委员会仲裁。保险单未载明仲裁机构或者争议发生后未达成仲裁协议的，可以向人民法院起诉。

第二十六条　交强险合同争议处理适用中华人民共和国法律。

第二十七条　本条款未尽事宜，按照《机动车交通事故责任强制保险条例》执行。

 1.2　商业汽车保险

商业汽车保险分为基本险和附加险两大类，其中基本险为车辆损失险、全车盗抢险、车上人员责任险以及商业第三者责任险四种，而附加险则包括车身划痕险、玻璃单独破碎险、自燃险、不计免赔险等。其中附加险不能独立投保,而必须依附于相应的基本险才能投保。

下面将以《机动车商业保险条款(2009版)》为例着重介绍比较常见的四个基本险种,其余险种条款参见本书附录。

1. 机动车第三者责任险

商业第三者责任险负责赔偿被保险车辆因意外事故,致使第三者遭受人身伤亡或财产的直接损失,保险人依照合同的规定给予赔偿。

需要注意的是,商业第三者责任险与机动车交通事故强制保险(以下称"交强险")不同,此险种是在自愿投保的前提下,在投保交强险的基础上选择不同档次责任限额的商业第三者责任险,以便享受更高的保险保障。

《机动车第三者责任保险条款》

总　　则

第一条　机动车第三者责任保险合同(以下简称本保险合同)由保险条款、投保单、保险单、批单和特别约定共同组成。凡涉及本保险合同的约定,均应采用书面形式。

第二条　本保险合同中的机动车是指在中华人民共和国境内(不含港、澳、台地区)行驶,以动力装置驱动或者牵引,上道路行驶的供人员乘用或者用于运送物品以及进行专项作业的轮式车辆(含挂车)、履带式车辆和其他运载工具(以下简称被保险机动车),但不包括摩托车、拖拉机和特种车。

第三条　本保险合同中的第三者是指因被保险机动车发生意外事故遭受人身伤亡或者财产损失的人,但不包括被保险机动车上人员、投保人、被保险人和保险人。

保　险　责　任

第四条　保险期间内,被保险人或其允许的合法驾驶人在使用被保险机动车过程中发生意外事故,致使第三者遭受人身伤亡或财产直接损毁,依法应当由被保险人承担的损害赔偿责任,保险人依照本保险合同的约定,对于超过机动车交通事故责任强制保险各分项赔偿限额以上的部分负责赔偿。

责　任　免　除

第五条　被保险机动车造成下列人身伤亡或财产损失,不论在法律上是否应当由被保险人承担赔偿责任,保险人均不负责赔偿。

(一)被保险人及其家庭成员的人身伤亡、所有或代管的财产的损失。

(二)被保险机动车本车驾驶人及其家庭成员的人身伤亡、所有或代管的财产的损失。

(三)被保险机动车本车上其他人员的人身伤亡或财产损失。

第六条　下列情况下,不论任何原因造成的对第三者的损害赔偿责任,保险人均不负责赔偿。

(一)地震及其次生灾害。

(二)战争、军事冲突、恐怖活动、暴乱、扣押、收缴、没收、政府征用。

（三）竞赛、测试、教练，在营业性维修、养护场所修理、养护期间。

（四）利用被保险机动车从事违法活动。

（五）驾驶人饮酒、吸食或注射毒品、被药物麻醉后使用被保险机动车。

（六）事故发生后，被保险人或其允许的驾驶人在未依法采取措施的情况下驾驶被保险机动车或者遗弃被保险机动车逃离事故现场，或故意破坏、伪造现场、毁灭证据。

（七）驾驶人有下列情形之一者：

（1）无驾驶证或驾驶证有效期已届满。

（2）驾驶的被保险机动车与驾驶证载明的准驾车型不符。

（3）实习期内驾驶公共汽车、营运客车或者载有爆炸物品、易燃易爆化学物品、剧毒或者放射性等危险物品的被保险机动车，实习期内驾驶的被保险机动车牵引挂车。

（4）持未按规定审验的驾驶证，以及在暂扣、扣留、吊销、注销驾驶证期间驾驶被保险机动车。

（5）使用各种专用机械车、特种车的人员无国家有关部门核发的有效操作证，驾驶营运客车的驾驶人无国家有关部门核发的有效资格证书。

（6）依照法律法规或公安机关交通管理部门有关规定不允许驾驶被保险机动车的其他情况下驾车。

（八）非被保险人允许的驾驶人使用被保险机动车。

（九）被保险机动车转让他人，被保险人、受让人未履行本保险合同第三十四条规定的通知义务，且因转让导致被保险机动车危险程度显著增加而发生保险事故。

（十）除另有约定外，发生保险事故时被保险机动车无公安机关交通管理部门核发的行驶证或号牌，或未按规定检验或检验不合格。

（十一）被保险机动车拖带未投保机动车交通事故责任强制保险的机动车（含挂车）或被未投保机动车交通事故责任强制保险的其他机动车拖带。

第七条　下列损失和费用，保险人不负责赔偿。

（一）被保险机动车发生意外事故，致使第三者停业、停驶、停电、停水、停气、停产、通信或者网络中断、数据丢失、电压变化等造成的损失以及其他各种间接损失。

（二）精神损害赔偿。

（三）因污染（含放射性污染）造成的损失。

（四）第三者财产因市场价格变动造成的贬值、修理后价值降低引起的损失。

（五）被保险机动车被盗窃、抢劫、抢夺期间造成第三者人身伤亡或财产损失。

（六）被保险人或驾驶人的故意行为造成的损失。

（七）仲裁或者诉讼费用以及其他相关费用。

第八条　应当由机动车交通事故责任强制保险赔偿的损失和费用，保险人不负责赔偿。

保险事故发生时，被保险机动车未投保机动车交通事故责任强制保险或机动车交通事故责任强制保险合同已经失效的，对于机动车交通事故责任强制保险各分项赔偿限额以内的损失和费用，保险人不负责赔偿。

第九条　保险人在依据本保险合同约定计算赔款的基础上，在保险单载明的责任限额内,按下列免赔率免赔。

(一)负次要事故责任的免赔率为 5%,负同等事故责任的免赔率为 10%,负主要事故责任的免赔率为 15%,负全部事故责任的免赔率为 20%。

(二)违反安全装载规定的,增加免赔率 10%。

(三)投保时指定驾驶人,保险事故发生时为非指定驾驶人使用被保险机动车的,增加免赔率 10%。

(四)投保时约定行驶区域,保险事故发生在约定行驶区域以外的,增加免赔率 10%。

第十条　其他不属于保险责任范围内的损失和费用。

责 任 限 额

第十一条　每次事故的责任限额,由投保人和保险人在签订本保险合同时按保险监管部门批准的限额档次协商确定。

第十二条　主车和挂车连接使用时视为一体,发生保险事故时,由主车保险人和挂车保险人按照保险单上载明的机动车第三者责任保险责任限额的比例,在各自的责任限额内承担赔偿责任,但赔偿金额总和以主车的责任限额为限。

保 险 期 间

第十三条　除另有约定外,保险期间为一年,以保险单载明的起讫时间为准。

保 险 人 义 务

第十四条　保险人在订立保险合同时,应向投保人说明投保险种的保险责任、责任免除、保险期间、保险费及支付办法、投保人和被保险人义务等内容。

第十五条　保险人应及时受理被保险人的事故报案,并尽快进行查勘。

保险人接到报案后 48 小时内未进行查勘且未给予受理意见,造成财产损失无法确定的,以被保险人提供的财产损毁照片、损失清单、事故证明和修理发票作为赔付理算依据。

第十六条　保险人收到被保险人的索赔请求后,应当及时作出核定。

(一)保险人应根据事故性质、损失情况,及时向被保险人提供索赔须知。审核索赔材料后认为有关的证明和资料不完整的,应当及时一次性通知被保险人补充提供有关的证明和资料。

(二)在被保险人提供了各种必要单证后,保险人应当迅速审查核定,并将核定结果及时通知被保险人。情形复杂的,保险人应当在三十日内作出核定;保险人未能在三十日内作出核定的,应与被保险人商定合理期间,并在商定期间内作出核定,同时将核定结果及时通知被保险人。

(三)对属于保险责任的,保险人应在与被保险人达成赔偿协议后十日内支付赔款。

(四)对不属于保险责任的,保险人应自作出核定之日起三日内向被保险人发出拒绝赔偿通知书,并说明理由。

(五)保险人自收到索赔请求和有关证明、资料之日起六十日内,对其赔偿金额不能确定的,应当根据已有证明和资料可以确定的数额先予支付;保险人最终确定赔偿金额后,应当支付相应的差额。

第十七条　保险人对在办理保险业务中知道的投保人、被保险人的业务和财产情况及个人隐私,负有保密的义务。

投保人、被保险人义务

第十八条　投保人应如实填写投保单并回答保险人提出的询问,履行如实告知义务,并提供被保险机动车行驶证复印件、机动车登记证书复印件,如指定驾驶人的,应当同时提供被指定驾驶人的驾驶证复印件。

在保险期间内,被保险机动车改装、加装或被保险家庭自用汽车、非营业用汽车从事营业运输等,导致被保险机动车危险程度显著增加的,应当及时书面通知保险人。否则,因被保险机动车危险程度显著增加而发生的保险事故,保险人不承担赔偿责任。

第十九条　除另有约定外,投保人应当在本保险合同成立时交清保险费;保险费交清前发生的保险事故,保险人不承担赔偿责任。

第二十条　发生保险事故时,被保险人应当及时采取合理的、必要的施救和保护措施,防止或者减少损失,并在保险事故发生后48小时内通知保险人。故意或者因重大过失未及时通知,致使保险事故的性质、原因、损失程度等难以确定的,保险人对无法确定的部分,不承担赔偿责任,但保险人通过其他途径已经及时知道或者应当及时知道保险事故发生的除外。

第二十一条　发生保险事故后,被保险人应当积极协助保险人进行现场查勘。

被保险人在索赔时应当提供有关证明和资料。

引起与保险赔偿有关的仲裁或者诉讼时,被保险人应当及时书面通知保险人。

赔 偿 处 理

第二十二条　被保险人索赔时,应当向保险人提供与确认保险事故的性质、原因、损失程度等有关的证明和资料。

被保险人应当提供保险单、损失清单、有关费用单据、被保险机动车行驶证和发生事故时驾驶人的驾驶证。

属于道路交通事故的,被保险人应当提供公安机关交通管理部门或法院等机构出具的事故证明、有关的法律文书(判决书、调解书、裁定书、裁决书等)及其他证明。

属于非道路交通事故的,应提供相关的事故证明。

第二十三条　保险事故发生时,被保险人对被保险机动车不具有保险利益的,不得向保险人请求赔偿。

第二十四条　保险人对被保险人给第三者造成的损害,可以直接向该第三者赔偿。

被保险人给第三者造成损害,被保险人对第三者应负的赔偿责任确定的,根据被保险人的请求,保险人应当直接向该第三者赔偿。被保险人怠于请求的,第三者有权就其应获赔偿部分直接向保险人请求赔偿。

被保险人给第三者造成损害,被保险人未向该第三者赔偿的,保险人不得向被保险人赔偿。

第二十五条　因保险事故损坏的第三者财产,应当尽量修复。修理前被保险人应当会同保险人检验,协商确定修理项目、方式和费用。否则,保险人有权重新核定;无法重新核定的,保险人有权拒绝赔偿。

第二十六条　保险人依据被保险机动车驾驶人在事故中所负的事故责任比例,承担相应的赔偿责任。

被保险人或被保险机动车驾驶人根据有关法律法规规定选择自行协商或由公安机关交通管理部门处理事故未确定事故责任比例的,按照下列规定确定事故责任比例:

被保险机动车方负主要事故责任的,事故责任比例为70%。

被保险机动车方负同等事故责任的,事故责任比例为50%。

被保险机动车方负次要事故责任的,事故责任比例为30%。

第二十七条　保险事故发生后,保险人按照国家有关法律、法规规定的赔偿范围、项目和标准以及本保险合同的约定,在保险单载明的责任限额内核定赔偿金额。

保险人按照国家基本医疗保险的标准核定医疗费用的赔偿金额。

未经保险人书面同意,被保险人自行承诺或支付的赔偿金额,保险人有权重新核定。不属于保险人赔偿范围或超出保险人应赔偿金额的,保险人不承担赔偿责任。

第二十八条　保险事故发生时,被保险机动车重复保险的,保险人按照本保险合同的责任限额与各保险合同责任限额的总和的比例承担赔偿责任。

其他保险人应承担的赔偿金额,保险人不负责赔偿和垫付。

第二十九条　保险人受理报案、现场查勘、参与诉讼、进行抗辩、要求被保险人提供证明和资料、向被保险人提供专业建议等行为,均不构成保险人对赔偿责任的承诺。

第三十条　保险人支付赔款后,对被保险人追加的索赔请求,保险人不承担赔偿责任。

第三十一条　被保险人获得赔偿后,本保险合同继续有效,直至保险期间届满。

保险费调整

第三十二条　保险费调整的比例和方式以保险监管部门批准的机动车保险费率方案的规定为准。

本保险及其附加险根据上一保险期间发生保险赔偿的次数,在续保时实行保险费浮动。

合同变更和终止

第三十三条　本保险合同的内容如需变更,须经保险人与投保人书面协商一致。

第三十四条　在保险期间内,被保险机动车转让他人的,受让人承继被保险人的权利和义务。被保险人或者受让人应当及时书面通知保险人并办理批改手续。

因被保险机动车转让导致被保险机动车危险程度显著增加的,保险人自收到前款规定的通知之日起三十日内,可以增加保险费或者解除本保险合同。

第三十五条　保险责任开始前,投保人要求解除本保险合同的,应当向保险人支付应交保险费5%的退保手续费,保险人应当退还保险费。

保险责任开始后,投保人要求解除本保险合同的,自通知保险人之日起,本保险合同解除。保险人按日收取自保险责任开始之日起至合同解除之日止期间的保险费,并退还剩余部分保险费。

争议处理

第三十六条　因履行本保险合同发生的争议,由当事人协商解决。

协商不成的,提交保险单载明的仲裁机构仲裁。保险单未载明仲裁机构或者争议发生后未达成仲裁协议的,可向人民法院起诉。

第三十七条　本保险合同争议处理适用中华人民共和国法律。

附　　则

第三十八条　本保险合同(含附加险)中术语的含义如下。

次生灾害:地震造成工程结构、设施和自然环境破坏而引发的火灾、爆炸、瘟疫、有毒有害物质污染、海啸、水灾、泥石流、滑坡等灾害。

竞赛:指被保险机动车作为赛车参加车辆比赛活动,包括以参加比赛为目的进行的训练活动。

测试:指对被保险机动车的性能和技术参数进行测量或试验。

教练:指尚未取得合法机动车驾驶证,但已通过合法教练机构办理正式学车手续的学员,在固定练习场所或指定路线,并有合格教练随车指导的情况下驾驶被保险机动车。

污染:指被保险机动车正常使用过程中或发生事故时,由于油料、尾气、货物或其他污染物的泄漏、飞溅、排放、散落等造成的污损、状况恶化或人身伤亡。

被盗窃、抢劫、抢夺期间:指被保险机动车被盗窃、抢劫、抢夺过程中及全车被盗窃、抢劫、抢夺后至全车被追回。

家庭自用汽车:指在中华人民共和国境内(不含港、澳、台地区)行驶的家庭或个人所有,且用途为非营业性运输的客车。

非营业用汽车:指在中华人民共和国境内(不含港、澳、台地区)行驶的党政机关、企事业单位、社会团体、使领馆等机构从事公务或在生产经营活动中不以直接或间接方式收取运费或租金的自用汽车,包括客车、货车、客货两用车。

营业运输:指经由交通运输管理部门核发营运证书,被保险人或其允许的驾驶人利用被保险机动车从事旅客运输、货物运输的行为。未经交通运输管理部门核发营运证书,被保险人或其允许的驾驶人以牟利为目的,利用被保险机动车从事旅客运输、货物运输的,视为营业运输。

转让:指以转移所有权为目的,处分被保险机动车的行为。被保险人以转移所有权为目的,将被保险机动车交付他人,但未按规定办理转移(过户)登记的,视为转让。

第三十九条　保险人按照保险监管部门批准的机动车保险费率方案计算保险费。

第四十条　在投保机动车第三者责任保险的基础上,投保人可投保附加险。

附加险条款未尽事宜,以本条款为准。

2. 车辆损失险

车辆损失险负责赔偿由于自然灾害和意外事故造成的车辆自身的损失,是车险中最主要的险种。在2009版车险行业条款的车辆损失险中,分成了家庭自用汽车损失保险条款;非营业用汽车损失保险条款;营业用汽车损失保险条款:特种车保险条款以及摩托车、拖拉机保险条款。

《家庭自用汽车损失保险条款》

总 则

第一条　家庭自用汽车损失保险合同(以下简称本保险合同)由保险条款、投保单、保险单、批单和特别约定共同组成。凡涉及本保险合同的约定,均应采用书面形式。

第二条　本保险合同中的家庭自用汽车是指在中华人民共和国境内(不含港、澳、台地区)行驶的家庭或个人所有,且用途为非营业性运输的客车(以下简称被保险机动车)。

第三条　本保险合同为不定值保险合同。保险人按照承保险别承担保险责任。附加险不能单独投保。

保 险 责 任

第四条　保险期间内,被保险人或其允许的合法驾驶人在使用被保险机动车过程中,因下列原因造成被保险机动车的损失,保险人依照本保险合同的约定负责赔偿。

(一)碰撞、倾覆、坠落。

(二)火灾、爆炸。

(三)外界物体坠落、倒塌。

(四)暴风、龙卷风。

(五)雷击、雹灾、暴雨、洪水、海啸。

(六)地陷、冰陷、崖崩、雪崩、泥石流、滑坡。

(七)载运被保险机动车的渡船遭受自然灾害(只限于驾驶人随船的情形)。

第五条　发生保险事故时,被保险人为防止或者减少被保险机动车的损失所支付的必要的、合理的施救费用,由保险人承担,最高不超过保险金额的数额。

责 任 免 除

第六条　下列情况下,不论任何原因造成被保险机动车损失,保险人均不负责赔偿。

(一)地震及其次生灾害。

(二)战争、军事冲突、恐怖活动、暴乱、扣押、收缴、没收、政府征用。

(三)竞赛、测试,在营业性维修、养护场所修理、养护期间。

(四)利用被保险机动车从事违法活动。

(五)驾驶人饮酒、吸食或注射毒品、被药物麻醉后使用被保险机动车。

(六)事故发生后,被保险人或其允许的驾驶人在未依法采取措施的情况下驾驶被保险机动车或者遗弃被保险机动车逃离事故现场,或故意破坏、伪造现场、毁灭证据。

(七)驾驶人有下列情形之一者:

(1)无驾驶证或驾驶证有效期已届满。

(2)驾驶的被保险机动车与驾驶证载明的准驾车型不符。

(3)持未按规定审验的驾驶证,以及在暂扣、扣留、吊销、注销驾驶证期间驾驶被保险机动车。

(4)依照法律法规或公安机关交通管理部门有关规定不允许驾驶被保险机动车的其

他情况下驾车。

（八）非被保险人允许的驾驶人使用被保险机动车。

（九）被保险机动车转让他人,被保险人、受让人未履行本保险合同第三十三条规定的通知义务,且因转让导致被保险机动车危险程度显著增加而发生保险事故。

（十）除另有约定外,发生保险事故时被保险机动车无公安机关交通管理部门核发的行驶证或号牌,或未按规定检验或检验不合格。

第七条　被保险机动车的下列损失和费用,保险人不负责赔偿。

（一）自然磨损、朽蚀、腐蚀、故障。

（二）玻璃单独破碎,车轮单独损坏。

（三）无明显碰撞痕迹的车身划痕。

（四）人工直接供油、高温烘烤造成的损失。

（五）自燃以及不明原因火灾造成的损失。

（六）遭受保险责任范围内的损失后,未经必要修理继续使用被保险机动车,致使损失扩大的部分。

（七）因污染（含放射性污染）造成的损失。

（八）市场价格变动造成的贬值、修理后价值降低引起的损失。

（九）标准配置以外新增设备的损失。

（十）发动机进水后导致的发动机损坏。

（十一）被保险机动车所载货物坠落、倒塌、撞击、泄漏造成的损失。

（十二）被盗窃、抢劫、抢夺,以及因被盗窃、抢劫、抢夺受到损坏或车上零部件、附属设备丢失。

（十三）被保险人或驾驶人的故意行为造成的损失。

（十四）应当由机动车交通事故责任强制保险赔偿的金额。

第八条　保险人在依据本保险合同约定计算赔款的基础上,按照下列免赔率免赔。

（一）负次要事故责任的免赔率为5%,负同等事故责任的免赔率为8%,负主要事故责任的免赔率为10%,负全部事故责任或单方肇事事故的免赔率为15%。

（二）被保险机动车的损失应当由第三方负责赔偿的,无法找到第三方时,免赔率为30%。

（三）被保险人根据有关法律法规规定选择自行协商方式处理交通事故,不能证明事故原因的,免赔率为20%。

（四）投保时指定驾驶人,保险事故发生时为非指定驾驶人使用被保险机动车的,增加免赔率10%。

（五）投保时约定行驶区域,保险事故发生在约定行驶区域以外的,增加免赔率10%。

第九条　其他不属于保险责任范围内的损失和费用。

保 险 金 额

第十条　保险金额由投保人和保险人从下列三种方式中选择确定,保险人根据确定保险金额的不同方式承担相应的赔偿责任。

（一）按投保时被保险机动车的新车购置价确定。

16

本保险合同中的新车购置价是指在保险合同签订地购置与被保险机动车同类型新车的价格(含车辆购置税)。

投保时的新车购置价根据投保时保险合同签订地同类型新车的市场销售价格(含车辆购置税)确定,并在保险单中载明,无同类型新车市场销售价格的,由投保人与保险人协商确定。

(二)按投保时被保险机动车的实际价值确定。

本保险合同中的实际价值是指新车购置价减去折旧金额后的价格。

投保时被保险机动车的实际价值根据投保时的新车购置价减去折旧金额后的价格确定。

被保险机动车的折旧按月计算,不足一个月的部分,不计折旧。9 座以下客车月折旧率为 0.6%,10 座以上客车月折旧率为 0.9%,最高折旧金额不超过投保时被保险机动车新车购置价的 80%。

折旧金额=投保时的新车购置价×被保险机动车已使用月数×月折旧率

(三)在投保时被保险机动车的新车购置价内协商确定。

保 险 期 间

第十一条　除另有约定外,保险期间为一年,以保险单载明的起讫时间为准。

保 险 人 义 务

第十二条　保险人在订立保险合同时,应向投保人说明投保险种的保险责任、责任免除、保险期间、保险费及支付办法、投保人和被保险人义务等内容。

第十三条　保险人应及时受理被保险人的事故报案,并尽快进行查勘。

保险人接到报案后 48 小时内未进行查勘且未给予受理意见,造成财产损失无法确定的,以被保险人提供的财产损毁照片、损失清单、事故证明和修理发票作为赔付理算依据。

第十四条　保险人收到被保险人的索赔请求后,应当及时作出核定。

(一)保险人应根据事故性质、损失情况,及时向被保险人提供索赔须知。审核索赔材料后认为有关的证明和资料不完整的,应当及时一次性通知被保险人补充提供有关的证明和资料。

(二)在被保险人提供了各种必要单证后,保险人应当迅速审查核定,并将核定结果及时通知被保险人。情形复杂的,保险人应当在三十日内作出核定;保险人未能在三十日内作出核定的,应与被保险人商定合理期间,并在商定期间内作出核定,同时将核定结果及时通知被保险人。

(三)对属于保险责任的,保险人应在与被保险人达成赔偿协议后十日内支付赔款。

(四)对不属于保险责任的,保险人应自作出核定之日起三日内向被保险人发出拒绝赔偿通知书,并说明理由。

(五)保险人自收到索赔请求和有关证明、资料之日起六十日内,对其赔偿金额不能确定的,应当根据已有证明和资料可以确定的数额先予支付;保险人最终确定赔偿金额后,应当支付相应的差额。

第十五条　保险人对在办理保险业务中知道的投保人、被保险人的业务和财产情况及个人隐私,负有保密的义务。

投保人、被保险人义务

第十六条　投保人应如实填写投保单并回答保险人提出的询问,履行如实告知义务,并提供被保险机动车行驶证复印件、机动车登记证书复印件,如指定驾驶人的,应当同时提供被指定驾驶人的驾驶证复印件。

在保险期间内,被保险机动车改装、加装或从事营业运输等,导致被保险机动车危险程度显著增加的,应当及时书面通知保险人。否则,因被保险机动车危险程度显著增加而发生的保险事故,保险人不承担赔偿责任。

第十七条　投保人应当在本保险合同成立时交清保险费;保险费交清前发生的保险事故,保险人不承担赔偿责任。

第十八条　发生保险事故时,被保险人应当及时采取合理的、必要的施救和保护措施,防止或者减少损失,并在保险事故发生后 48 小时内通知保险人。故意或者因重大过失未及时通知,致使保险事故的性质、原因、损失程度等难以确定的,保险人对无法确定的部分,不承担赔偿责任,但保险人通过其他途径已经及时知道或者应当及时知道保险事故发生的除外。

第十九条　发生保险事故后,被保险人应当积极协助保险人进行现场查勘。

被保险人在索赔时应当提供有关证明和资料。

发生与保险赔偿有关的仲裁或者诉讼时,被保险人应当及时书面通知保险人。

第二十条　因第三方对被保险机动车的损害而造成保险事故的,保险人自向被保险人赔偿保险金之日起,在赔偿金额范围内代位行使被保险人对第三方请求赔偿的权利,但被保险人必须协助保险人向第三方追偿。

保险事故发生后,保险人未赔偿之前,被保险人放弃对第三者请求赔偿的权利的,保险人不承担赔偿责任。

被保险人故意或者因重大过失致使保险人不能行使代位请求赔偿的权利的,保险人可以扣减或者要求返还相应的赔款。

赔 偿 处 理

第二十一条　被保险人索赔时,应当向保险人提供与确认保险事故的性质、原因、损失程度等有关的证明和资料。

被保险人应当提供保险单、损失清单、有关费用单据、被保险机动车行驶证和发生事故时驾驶人的驾驶证。

属于道路交通事故的,被保险人应当提供公安机关交通管理部门或法院等机构出具的事故证明、有关的法律文书(判决书、调解书、裁定书、裁决书等)和通过机动车交通事故责任强制保险获得赔偿金额的证明材料。

属于非道路交通事故的,应提供相关的事故证明。

第二十二条　保险事故发生时,被保险人对被保险机动车不具有保险利益的,不得向保险人请求赔偿。

第二十三条　被保险人或被保险机动车驾驶人根据有关法律法规规定选择自行协商方式处理交通事故的,应当立即通知保险人,协助保险人勘验事故各方车辆、核实事故责任,并依照《交通事故处理程序规定》签订记录交通事故情况的协议书。

第二十四条　因保险事故损坏的被保险机动车,应当尽量修复。修理前被保险人应当会同保险人检验,协商确定修理项目、方式和费用。否则,保险人有权重新核定;无法重新核定的,保险人有权拒绝赔偿。

第二十五条　被保险机动车遭受损失后的残余部分由保险人、被保险人协商处理。

第二十六条　保险人依据被保险机动车驾驶人在事故中所负的事故责任比例,承担相应的赔偿责任。

被保险人或被保险机动车驾驶人根据有关法律法规规定选择自行协商或由公安机关交通管理部门处理事故未确定事故责任比例的,按照下列规定确定事故责任比例:

被保险机动车方负主要事故责任的,事故责任比例为70%;

被保险机动车方负同等事故责任的,事故责任比例为50%;

被保险机动车方负次要事故责任的,事故责任比例为30%。

第二十七条　保险人按下列方式赔偿。

(一)按投保时被保险机动车的新车购置价确定保险金额的:

(1)发生全部损失时,在保险金额内计算赔偿,保险金额高于保险事故发生时被保险机动车实际价值的,按保险事故发生时被保险机动车的实际价值计算赔偿。

保险事故发生时被保险机动车的实际价值根据保险事故发生时的新车购置价减去折旧金额后的价格确定。

保险事故发生时的新车购置价根据保险事故发生时保险合同签订地同类型新车的市场销售价格(含车辆购置税)确定,无同类型新车市场销售价格的,由被保险人与保险人协商确定。

折旧金额=保险事故发生时的新车购置价×被保险机动车已使用月数×月折旧率

(2)发生部分损失时,按核定修理费用计算赔偿,但不得超过保险事故发生时被保险机动车的实际价值。

(二)按投保时被保险机动车的实际价值确定保险金额或协商确定保险金额的:

(1)发生全部损失时,保险金额高于保险事故发生时被保险机动车实际价值的,以保险事故发生时被保险机动车的实际价值计算赔偿;保险金额等于或低于保险事故发生时被保险机动车实际价值的,按保险金额计算赔偿。

(2)发生部分损失时,按保险金额与投保时被保险机动车的新车购置价的比例计算赔偿,但不得超过保险事故发生时被保险机动车的实际价值。

(三)施救费用赔偿的计算方式同本条(一)、(二),在被保险机动车损失赔偿金额以外另行计算,最高不超过保险金额的数额。

被施救的财产中,含有本保险合同未承保财产的,按被保险机动车与被施救财产价值的比例分摊施救费用。

第二十八条　保险事故发生时,被保险机动车重复保险的,保险人按照本保险合同的保险金额与各保险合同保险金额的总和的比例承担赔偿责任。

其他保险人应承担的赔偿金额,保险人不负责赔偿和垫付。

第二十九条　保险人受理报案、现场查勘、参与诉讼、进行抗辩、要求被保险人提供证明和资料、向被保险人提供专业建议等行为,均不构成保险人对赔偿责任的承诺。

第三十条　下列情况下,保险人支付赔款后,本保险合同终止,保险人不退还家庭自用汽车损失保险及其附加险的保险费。

(一)被保险机动车发生全部损失。

(二)按投保时被保险机动车的实际价值确定保险金额的,一次赔款金额与免赔金额之和(不含施救费)达到保险事故发生时被保险机动车的实际价值。

(三)保险金额低于投保时被保险机动车的实际价值的,一次赔款金额与免赔金额之和(不含施救费)达到保险金额。

保险费调整

第三十一条　保险费调整的比例和方式以保险监管部门批准的机动车保险费率方案的规定为准。

本保险及其附加险根据上一保险期间发生保险赔偿的次数,在续保时实行保险费浮动。

合同变更和终止

第三十二条　本保险合同的内容如需变更,须经保险人与投保人书面协商一致。

第三十三条　在保险期间内,被保险机动车转让他人的,受让人承继被保险人的权利和义务。被保险人或者受让人应当及时书面通知保险人并办理批改手续。

因被保险机动车转让导致被保险机动车危险程度显著增加的,保险人自收到前款规定的通知之日起三十日内,可以增加保险费或者解除本保险合同。

第三十四条　保险责任开始前,投保人要求解除本保险合同的,应当向保险人支付应交保险费5%的退保手续费,保险人应当退还保险费。

保险责任开始后,投保人要求解除本保险合同的,自通知保险人之日起,本保险合同解除。保险人按日收取自保险责任开始之日起至合同解除之日止期间的保险费,并退还剩余部分保险费。

争 议 处 理

第三十五条　因履行本保险合同发生的争议,由当事人协商解决。

协商不成的,提交保险单载明的仲裁机构仲裁。保险单未载明仲裁机构或者争议发生后未达成仲裁协议的,可向人民法院起诉。

第三十六条　本保险合同争议处理适用中华人民共和国法律。

附　　　则

第三十七条　本保险合同(含附加险)中术语的含义如下。

不定值保险合同:指双方当事人在订立保险合同时不预先确定保险标的的保险价值,而是按照保险事故发生时保险标的的实际价值确定保险价值的保险合同。

碰撞:指被保险机动车与外界物体直接接触并发生意外撞击、产生撞击痕迹的现象。包括被保险机动车按规定载运货物时,所载货物与外界物体的意外撞击。

倾覆：指意外事故导致被保险机动车翻倒（两轮以上离地、车体触地），处于失去正常状态和行驶能力、不经施救不能恢复行驶的状态。

坠落：指被保险机动车在行驶中发生意外事故，整车腾空后下落，造成本车损失的情况。非整车腾空，仅由于颠簸造成被保险机动车损失的，不属坠落责任。

火灾：指被保险机动车本身以外的火源引起的、在时间或空间上失去控制的燃烧（即有热、有光、有火焰的剧烈的氧化反应）所造成的灾害。

暴风：指风速在 28.5 米/秒（相当于 11 级大风）以上的大风。风速以气象部门公布的数据为准。

地陷：指地壳因为自然变异、地层收缩而发生突然塌陷以及海潮、河流、大雨侵蚀时，地下有孔穴、矿穴，以致地面突然塌陷。

次生灾害：地震造成工程结构、设施和自然环境破坏而引发的火灾、爆炸、瘟疫、有毒有害物质污染、海啸、水灾、泥石流、滑坡等灾害。

玻璃单独破碎：指未发生被保险机动车其他部位的损坏，仅发生被保险机动车前后风挡玻璃和左右车窗玻璃的损坏。

车轮单独损坏：指未发生被保险机动车其他部位的损坏，仅发生轮胎、轮辋、轮毂罩的分别单独损坏，或上述三者之中任意二者的共同损坏，或三者的共同损坏。

竞赛：指被保险机动车作为赛车参加车辆比赛活动，包括以参加比赛为目的进行的训练活动。

测试：指对被保险机动车的性能和技术参数进行测量或试验。

自燃：指在没有外界火源的情况下，由于本车电器、线路、供油系统、供气系统等被保险机动车自身原因发生故障或所载货物自身原因起火燃烧。

污染：指被保险机动车正常使用过程中或发生事故时，由于油料、尾气、货物或其他污染物的泄漏、飞溅、排放、散落等造成被保险机动车污损或状况恶化。

营业运输：指经由交通运输管理部门核发营运证书，被保险人或其允许的驾驶人利用被保险机动车从事旅客运输、货物运输的行为。未经交通运输管理部门核发营运证书，被保险人或其允许的驾驶人以牟利为目的，利用被保险机动车从事旅客运输、货物运输的，视为营业运输。

单方肇事事故：指不涉及与第三方有关的损害赔偿的事故，但不包括因自然灾害引起的事故。

转让：指以转移所有权为目的，处分被保险机动车的行为。被保险人以转移所有权为目的，将被保险机动车交付他人，但未按规定办理转移（过户）登记的，视为转让。

第三十八条　保险人按照保险监管部门批准的机动车保险费率方案计算保险费。

第三十九条　在投保家庭自用汽车损失保险的基础上，投保人可投保附加险。

附加险条款未尽事宜，以本条款为准。

3. 车上人员责任险

车上人员责任险负责赔偿车辆发生意外事故造成车上人员的人身伤亡（包括司机和乘客）的损失。

《机动车车上人员责任保险条款》

总　则

第一条　机动车车上人员责任保险合同(以下简称本保险合同)由保险条款、投保单、保险单、批单和特别约定共同组成。凡涉及本保险合同的约定,均应采用书面形式。

第二条　本保险合同中的机动车是指在中华人民共和国境内(不含港、澳、台地区)行驶,以动力装置驱动或者牵引,上道路行驶的供人员乘用或者用于运送物品以及进行专项作业的轮式车辆(含挂车)、履带式车辆和其他运载工具(以下简称被保险机动车)。

第三条　本保险合同中的车上人员是指保险事故发生时在被保险机动车上的自然人。

保　险　责　任

第四条　保险期间内,被保险人或其允许的合法驾驶人在使用被保险机动车过程中发生意外事故,致使车上人员遭受人身伤亡,依法应当由被保险人承担的损害赔偿责任,保险人依照本保险合同的约定负责赔偿。

责　任　免　除

第五条　被保险机动车造成下列人身伤亡,不论在法律上是否应当由被保险人承担赔偿责任,保险人均不负责赔偿。

(一)被保险人或驾驶人的故意行为造成的人身伤亡。

(二)被保险人及驾驶人以外的其他车上人员的故意、重大过失行为造成的自身伤亡。

(三)违法、违章搭乘人员的人身伤亡。

(四)车上人员因疾病、分娩、自残、斗殴、自杀、犯罪行为造成的自身伤亡。

(五)车上人员在被保险机动车车下时遭受的人身伤亡。

第六条　下列情况下,不论任何原因造成的对车上人员的损害赔偿责任,保险人均不负责赔偿。

(一)地震及其次生灾害。

(二)战争、军事冲突、恐怖活动、暴乱、扣押、收缴、没收、政府征用。

(三)竞赛、测试、教练,在营业性维修、养护场所修理、养护期间。

(四)利用被保险机动车从事违法活动。

(五)驾驶人饮酒、吸食或注射毒品、被药物麻醉后使用被保险机动车。

(六)事故发生后,被保险人或其允许的驾驶人在未依法采取措施的情况下驾驶被保险机动车或者遗弃被保险机动车离开事故现场,或故意破坏、伪造现场、毁灭证据。

(七)驾驶人有下列情形之一者:

(1)无驾驶证或驾驶证有效期已届满。

(2)驾驶的被保险机动车与驾驶证载明的准驾车型不符。

(3)实习期内驾驶公共汽车、营运客车或者载有爆炸物品、易燃易爆化学物品、剧毒或者放射性等危险物品的被保险机动车,实习期内驾驶的被保险机动车牵引挂车。

（4）持未按规定审验的驾驶证，以及在暂扣、扣留、吊销、注销驾驶证期间驾驶被保险机动车。

（5）使用各种专用机械车、特种车的人员无国家有关部门核发的有效操作证，驾驶营运客车的驾驶人无国家有关部门核发的有效资格证书。

（6）依照法律法规或公安机关交通管理部门有关规定不允许驾驶被保险机动车的其他情况下驾车。

（八）非被保险人允许的驾驶人驾驶被保险机动车。

（九）被保险机动车转让他人，被保险人、受让人未履行本保险合同第三十条规定的通知义务，且因转让导致被保险机动车危险程度显著增加而发生保险事故。

（十）除另有约定外，发生保险事故时被保险机动车无公安机关交通管理部门核发的行驶证或号牌，或未按规定检验或检验不合格。

第七条　下列损失和费用，保险人不负责赔偿。

（一）精神损害赔偿。

（二）因污染（含放射性污染）造成的人身伤亡。

（三）仲裁或者诉讼费用以及其他相关费用。

（四）应当由机动车交通事故责任强制保险赔偿的损失和费用。

第八条　保险人在依据本保险合同约定计算赔款的基础上，在保险单载明的责任限额内，按下列免赔率免赔。

（一）负次要事故责任的免赔率为 5%，负同等事故责任的免赔率为 8%，负主要事故责任的免赔率为 10%，负全部事故责任或单方肇事事故的免赔率为 15%。

（二）投保时指定驾驶人，保险事故发生时为非指定驾驶人使用被保险机动车的，增加免赔率 10%。

（三）投保时约定行驶区域，保险事故发生在约定行驶区域以外的，增加免赔率 10%。

第九条　其他不属于保险责任范围内的损失和费用。

责 任 限 额

第十条　驾驶人每次事故责任限额和乘客每次事故每人责任限额由投保人和保险人在投保时协商确定。投保乘客座位数按照被保险机动车的核定载客数（驾驶人座位除外）确定。

保 险 期 间

第十一条　除另有约定外，保险期间为一年，以保险单载明的起讫时间为准。

保险人义务

第十二条　保险人在订立保险合同时，应向投保人说明投保险种的保险责任、责任免除、保险期间、保险费及支付办法、投保人和被保险人义务等内容。

第十三条　保险人应及时受理被保险人的事故报案，并尽快进行查勘。

第十四条　保险人收到被保险人的索赔请求后，应当及时作出核定。

（一）保险人应根据事故性质、损失情况，及时向被保险人提供索赔须知。审核索赔材料后认为有关的证明和资料不完整的，应当及时一次性通知被保险人补充提供有关的证明和资料。

（二）在被保险人提供了各种必要单证后，保险人应当迅速审查核定，并将核定结果及时通知被保险人。情形复杂的，保险人应当在三十日内作出核定；保险人未能在三十日内作出核定的，应与被保险人商定合理期间，并在商定期间内作出核定，同时将核定结果及时通知被保险人。

（三）对属于保险责任的，保险人应在与被保险人达成赔偿协议后十日内支付赔款。

（四）对不属于保险责任的，保险人应自作出核定之日起三日内向被保险人发出拒绝赔偿通知书，并说明理由。

（五）保险人自收到索赔请求和有关证明、资料之日起六十日内，对其赔偿金额不能确定的，应当根据已有证明和资料可以确定的数额先予支付；保险人最终确定赔偿金额后，应当支付相应的差额。

第十五条　保险人对在办理保险业务中知道的投保人、被保险人的业务和财产情况及个人隐私，负有保密的义务。

投保人、被保险人义务

第十六条　投保人应如实填写投保单并回答保险人提出的询问，履行如实告知义务，并提供被保险机动车行驶证复印件、机动车登记证书复印件，如指定驾驶人的，应当同时提供被指定驾驶人的驾驶证复印件。

在保险期间内，被保险机动车改装、加装或被保险家庭自用汽车、非营业用汽车从事营业运输等，导致被保险机动车危险程度显著增加的，应当及时书面通知保险人。否则，因被保险机动车危险程度显著增加而发生的保险事故，保险人不承担赔偿责任。

第十七条　除另有约定外，投保人应当在本保险合同成立时交清保险费；保险费交清前发生的保险事故，保险人不承担赔偿责任。

第十八条　发生保险事故时，被保险人应当及时采取合理的、必要的施救和保护措施，防止或者减少损失，并在保险事故发生后 48 小时内通知保险人。故意或者因重大过失未及时通知，致使保险事故的性质、原因、损失程度等难以确定的，保险人对无法确定的部分，不承担赔偿责任，但保险人通过其他途径已经及时知道或者应当及时知道保险事故发生的除外。

第十九条　发生保险事故后，被保险人应当积极协助保险人进行现场查勘。

被保险人在索赔时应当提供有关证明和资料。

引起与保险赔偿有关的仲裁或者诉讼时，被保险人应当及时书面通知保险人。

赔　偿　处　理

第二十条　被保险人索赔时，应当向保险人提供与确认保险事故的性质、原因、损失程度等有关的证明和资料。

被保险人应当提供保险单、损失清单、有关费用单据、被保险机动车行驶证和发生事故时驾驶人的驾驶证。

属于道路交通事故的，被保险人应当提供公安机关交通管理部门或法院等机构出具的事故证明、有关的法律文书（判决书、调解书、裁定书、裁决书等）和通过机动车交通事故责任强制保险获得赔偿金额的证明材料。

属于非道路交通事故的,应提供相关的事故证明。

第二十一条　保险事故发生时,被保险人对被保险机动车不具有保险利益的,不得向保险人请求赔偿。

第二十二条　保险人依据被保险机动车驾驶人在事故中所负的事故责任比例,承担相应的赔偿责任。

公安机关交通管理部门处理事故未确定事故责任比例的,按照下列规定确定事故责任比例:

被保险机动车方负主要事故责任的,事故责任比例为70%;

被保险机动车方负同等事故责任的,事故责任比例为50%;

被保险机动车方负次要事故责任的,事故责任比例为30%。

第二十三条　每次事故车上人员的人身伤亡按照国家有关法律、法规规定的赔偿范围、项目和标准以及本保险合同的约定进行赔偿。驾驶人的赔偿金额不超过保险单载明的驾驶人每次事故责任限额;每位乘客的赔偿金额不超过保险单载明的乘客每次事故每人责任限额,赔偿人数以投保乘客座位数为限。

保险人按照国家基本医疗保险的标准核定医疗费用的赔偿金额。

未经保险人书面同意,被保险人自行承诺或支付的赔偿金额,保险人有权重新核定。不属于保险人赔偿范围或超出保险人应赔偿金额的,保险人不承担赔偿责任。

第二十四条　保险事故发生时,被保险机动车重复保险的,保险人按照本保险合同的责任限额与各保险合同责任限额的总和的比例承担赔偿责任。

其他保险人应承担的赔偿金额,保险人不负责赔偿和垫付。

第二十五条　保险人受理报案、现场查勘、参与诉讼、进行抗辩、要求被保险人提供证明和资料、向被保险人提供专业建议等行为,均不构成保险人对赔偿责任的承诺。

第二十六条　保险人支付赔款后,对被保险人追加的索赔请求,保险人不承担赔偿责任。

第二十七条　被保险人获得赔偿后,本保险合同继续有效,直至保险期间届满。

保险费调整

第二十八条　保险费调整的比例和方式以保险监管部门批准的机动车保险费率方案的规定为准。

本保险及其附加险根据上一保险期间发生保险赔偿的次数,在续保时实行保险费浮动。

合同变更和终止

第二十九条　本保险合同的内容如需变更,须经保险人与投保人书面协商一致。

第三十条　在保险期间内,被保险机动车转让他人的,受让人承继被保险人的权利和义务。被保险人或者受让人应当及时书面通知保险人并办理批改手续。

因被保险机动车转让导致被保险机动车危险程度显著增加的,保险人自收到前款规定的通知之日起三十日内,可以增加保险费或者解除本保险合同。

第三十一条　保险责任开始前,投保人要求解除本保险合同的,应当向保险人支付应交保险费5％的退保手续费,保险人应当退还保险费。

保险责任开始后,投保人要求解除本保险合同的,自通知保险人之日起,本保险合同解除。保险人按日收取自保险责任开始之日起至合同解除之日止期间的保险费,并退还剩余部分保险费。

争 议 处 理

第三十二条　因履行本保险合同发生的争议,由当事人协商解决。

协商不成的,提交保险单载明的仲裁机构仲裁。保险单未载明仲裁机构或者争议发生后未达成仲裁协议的,可向人民法院起诉。

第三十三条　本保险合同争议处理适用中华人民共和国法律。

附　　则

第三十四条　本保险合同(含附加险)中术语的含义如下。

次生灾害:地震造成工程结构、设施和自然环境破坏而引发的火灾、爆炸、瘟疫、有毒有害物质污染、海啸、水灾、泥石流、滑坡等灾害。

竞赛:指被保险机动车作为赛车参加车辆比赛活动,包括以参加比赛为目的进行的训练活动。

测试:指对被保险机动车的性能和技术参数进行测量或试验。

教练:指尚未取得合法机动车驾驶证,但已通过合法教练机构办理正式学车手续的学员,在固定练习场所或指定路线,并有合格教练随车指导的情况下驾驶被保险机动车。

污染:指被保险机动车正常使用过程中或发生事故时,由于油料、尾气、货物或其他污染物的泄漏、飞溅、排放、散落等造成的人身伤亡。

家庭自用汽车:指在中华人民共和国境内(不含港、澳、台地区)行驶的家庭或个人所有,且用途为非营业性运输的客车。

非营业用汽车:指在中华人民共和国境内(不含港、澳、台地区)行驶的党政机关、企事业单位、社会团体、使领馆等机构从事公务或在生产经营活动中不以直接或间接方式收取运费或租金的自用汽车,包括客车、货车、客货两用车。

营业运输:指经由交通运输管理部门核发营运证书,被保险人或其允许的驾驶人利用被保险机动车从事旅客运输、货物运输的行为。未经交通运输管理部门核发营运证书,被保险人或其允许的驾驶人以牟利为目的,利用被保险机动车从事旅客运输、货物运输的,视为营业运输。

转让:指以转移所有权为目的,处分被保险机动车的行为。被保险人以转移所有权为目的,将被保险机动车交付他人,但未按规定办理转移(过户)登记的,视为转让。

第三十五条　保险人按照保险监管部门批准的机动车保险费率方案计算保险费。

第三十六条　在投保机动车车上人员责任保险的基础上,投保人可投保附加险。

附加险条款未尽事宜,以本条款为准。

4. 全车盗抢险

全车盗抢险负责赔偿车辆因为被盗窃、被抢劫造成车辆的全部损失,以及被盗窃、被抢劫期间车辆受到的损坏或车上零部件、附属设备丢失所造成的损失。

《机动车盗抢保险条款》

总　则

第一条　机动车盗抢保险合同(以下简称本保险合同)由保险条款、投保单、保险单、批单和特别约定共同组成。凡涉及本保险合同的约定,均应采用书面形式。

第二条　本保险合同中的机动车是指在中华人民共和国境内(不含港、澳、台地区)行驶,以动力装置驱动或者牵引,上道路行驶的供人员乘用或者用于运送物品以及进行专项作业的轮式车辆(含挂车)、履带式车辆和其他运载工具(以下简称被保险机动车)。

第三条　本保险合同为不定值保险合同。保险人按照承保险别承担保险责任。附加险不能单独投保。

保 险 责 任

第四条　保险期间内,被保险机动车的下列损失和费用,保险人依照本保险合同的约定负责赔偿。

(一)被保险机动车被盗窃、抢劫、抢夺,经出险当地县级以上公安刑侦部门立案证明,满60天未查明下落的全车损失。

(二)被保险机动车全车被盗窃、抢劫、抢夺后,受到损坏或车上零部件、附属设备丢失需要修复的合理费用。

(三)被保险机动车在被抢劫、抢夺过程中,受到损坏需要修复的合理费用。

责 任 免 除

第五条　下列情况下,不论任何原因造成被保险机动车损失,保险人均不负责赔偿。

(一)地震及其次生灾害。

(二)战争、军事冲突、恐怖活动、暴乱、扣押、收缴、没收、政府征用。

(三)竞赛、测试、教练,在营业性维修、养护场所修理、养护期间。

(四)利用被保险机动车从事违法活动。

(五)驾驶人饮酒、吸食或注射毒品、被药物麻醉后使用被保险机动车。

(六)非被保险人允许的驾驶人使用被保险机动车。

(七)租赁机动车与承租人同时失踪。

(八)被保险机动车转让他人,被保险人、受让人未履行本保险合同第三十二条规定的通知义务,且因转让导致被保险机动车危险程度显著增加而发生保险事故。

(九)除另有约定外,发生保险事故时被保险机动车无公安机关交通管理部门核发的行驶证或号牌,或未按规定检验或检验不合格。

(十)被保险人索赔时,未能提供机动车停驶手续或出险当地县级以上公安刑侦部门出具的盗抢立案证明。

第六条　被保险机动车的下列损失和费用,保险人不负责赔偿。

(一)自然磨损、朽蚀、腐蚀、故障。

(二)遭受保险责任范围内的损失后,未经必要修理继续使用被保险机动车,致使损失扩大的部分。

（三）市场价格变动造成的贬值、修理后价值降低引起的损失。

（四）标准配置以外新增设备的损失。

（五）非全车遭盗窃，仅车上零部件或附属设备被盗窃或损坏。

（六）被保险机动车被诈骗造成的损失。

（七）被保险人因民事、经济纠纷而导致被保险机动车被抢劫、抢夺。

（八）被保险人及其家庭成员、被保险人允许的驾驶人的故意行为或违法行为造成的损失。

第七条　被保险机动车被盗窃、抢劫、抢夺期间造成人身伤亡或本车以外的财产损失，保险人不负责赔偿。

第八条　保险人在依据本保险合同约定计算赔款的基础上，按下列免赔率免赔。

（一）发生全车损失的，免赔率为20%。

（二）发生全车损失，被保险人未能提供《机动车行驶证》、《机动车登记证书》、机动车来历凭证、车辆购置税完税证明（车辆购置附加费缴费证明）或免税证明的，每缺少一项，增加免赔率1%。

（三）投保时指定驾驶人，保险事故发生时为非指定驾驶人使用被保险机动车的，增加免赔率5%。

（四）投保时约定行驶区域，保险事故发生在约定行驶区域以外的，增加免赔率10%。

第九条　其他不属于保险责任范围内的损失和费用。

保　险　金　额

第十条　保险金额由投保人和保险人在投保时被保险机动车的实际价值内协商确定。

本保险合同中的实际价值是指新车购置价减去折旧金额后的价格。

本保险合同中的新车购置价是指在保险合同签订地购置与被保险机动车同类型新车的价格（含车辆购置税）。

投保时被保险机动车的实际价值根据投保时的新车购置价减去折旧金额后的价格确定。

投保时的新车购置价根据投保时保险合同签订地同类型新车的市场销售价格（含车辆购置税）确定，并在保险单中载明，无同类型新车市场销售价格的，由投保人与保险人协商确定，如表1-2所示。

表 1-2　折旧率表

车 辆 种 类	月 折 旧 率				
	家庭自用	非营业	营　业		特种车
			出租	其他	
9座以下客车	0.60%	0.60%	1.10%	0.90%	—
10座以上客车	0.90%	0.90%	1.10%	0.90%	—
微型载货汽车	—	0.90%	1.10%	1.10%	

车 辆 种 类	月 折 旧 率				
	家庭自用	非营业	营 业		特种车
			出租	其他	
带拖挂的载货汽车	—	0.90%	1.10%	1.10%	—
低速货车和三轮汽车	—	1.10%	1.40%	1.40%	—
矿山专用车	—	—	—	—	1.10%
其他车辆	—	0.90%	1.10%	0.90%	0.90%

折旧按月计算,不足一个月的部分,不计折旧。最高折旧金额不超过投保时被保险机动车新车购置价的80%。

折旧金额=投保时的新车购置价×被保险机动车已使用月数×月折旧率

保 险 期 间

第十一条 除另有约定外,保险期间为一年,以保险单载明的起讫时间为准。

保 险 人 义 务

第十二条 保险人在订立保险合同时,应向投保人说明投保险种的保险责任、责任免除、保险期间、保险费及支付办法、投保人和被保险人义务等内容。

第十三条 保险人应及时受理被保险人的事故报案,并尽快进行查勘。

保险人接到报案后48小时内未进行查勘且未给予受理意见,造成财产损失无法确定的,以被保险人提供的财产损毁照片、损失清单、事故证明和修理发票作为赔付理算依据。

第十四条 保险人收到被保险人的索赔请求后,应当及时作出核定。

(一)保险人应根据事故性质、损失情况,及时向被保险人提供索赔须知。审核索赔材料后认为有关的证明和资料不完整的,应当及时一次性通知被保险人补充提供有关的证明和资料。

(二)在被保险人提供了各种必要单证后,保险人应当迅速审查核定,并将核定结果及时通知被保险人。情形复杂的,保险人应当在三十日内作出核定;保险人未能在三十日内作出核定的,应与被保险人商定合理期间,并在商定期间内作出核定,同时将核定结果及时通知被保险人。

(三)对属于保险责任的,保险人应在与被保险人达成赔偿协议后十日内支付赔款。

(四)对不属于保险责任的,保险人应自作出核定之日起三日内向被保险人发出拒绝赔偿通知书,并说明理由。

(五)保险人自收到索赔请求和有关证明、资料之日起六十日内,对其赔偿金额不能确定的,应当根据已有证明和资料可以确定的数额先予支付;保险人最终确定赔偿金额后,应当支付相应的差额。

第十五条 保险人对在办理保险业务中知道的投保人、被保险人的业务和财产情况及个人隐私,负有保密的义务。

投保人、被保险人义务

第十六条 投保人应如实填写投保单并回答保险人提出的询问,履行如实告知义务,并提供被保险机动车行驶证复印件、机动车登记证书复印件,如指定驾驶人的,应当同时提供被指定驾驶人的驾驶证复印件。

在保险期间内,被保险机动车改装、加装等,导致被保险机动车危险程度显著增加的,应当及时书面通知保险人。否则,因被保险机动车危险程度显著增加而发生的保险事故,保险人不承担赔偿责任。

第十七条　除另有约定外,投保人应当在本保险合同成立时交清保险费;保险费交清前发生的保险事故,保险人不承担赔偿责任。

第十八条　发生保险事故时,被保险人应当及时采取合理的、必要的施救和保护措施,防止或者减少损失;被保险人知道保险事故发生后,应在24小时内向出险当地公安刑侦部门报案,并通知保险人。故意或者因重大过失未及时通知,致使保险事故的性质、原因、损失程度等难以确定的,保险人对无法确定的部分,不承担赔偿责任,但保险人通过其他途径已经及时知道或者应当及时知道保险事故发生的除外。

第十九条　发生保险事故后,被保险人应当积极协助保险人进行现场查勘。

被保险人在索赔时应当提供有关证明和资料。

发生与保险赔偿有关的仲裁或者诉讼时,被保险人应当及时书面通知保险人。

第二十条　因第三方对被保险机动车的损害而造成保险事故的,保险人自向被保险人赔偿保险金之日起,在赔偿金额范围内代位行使被保险人对第三方请求赔偿的权利,但被保险人必须协助保险人向第三方追偿。

保险事故发生后,保险人未赔偿之前,被保险人放弃对第三者请求赔偿的权利的,保险人不承担赔偿责任。

被保险人故意或者因重大过失致使保险人不能行使代位请求赔偿的权利的,保险人可以扣减或者要求返还相应的赔款。

赔　偿　处　理

第二十一条　被保险人索赔时,须提供保险单、损失清单、有关费用单据、《机动车行驶证》、《机动车登记证书》、机动车来历凭证、车辆购置税完税证明(车辆购置附加费缴费证明)或免税证明、机动车停驶手续以及出险当地县级以上公安刑侦部门出具的盗抢立案证明。

第二十二条　保险事故发生时,被保险人对被保险机动车不具有保险利益的,不得向保险人请求赔偿。

第二十三条　因保险事故损坏的被保险机动车,应当尽量修复。修理前被保险人应当会同保险人检验,协商确定修理项目、方式和费用。否则,保险人有权重新核定;无法重新核定的,保险人有权拒绝赔偿。

第二十四条　保险人按下列方式赔偿。

(一)全车损失,在保险金额内计算赔偿,但不得超过保险事故发生时被保险机动车的实际价值。

保险事故发生时被保险机动车的实际价值根据保险事故发生时的新车购置价减去折旧金额后的价格确定。

保险事故发生时的新车购置价根据保险事故发生时保险合同签订地同类型新车的市

场销售价格(含车辆购置税)确定,无同类型新车市场销售价格的,由被保险人与保险人协商确定。

折旧金额＝保险事故发生时的新车购置价×被保险机动车已使用月数×月折旧率

(二)部分损失,在保险金额内按实际修复费用计算赔偿,但不得超过保险事故发生时被保险机动车的实际价值。

第二十五条　保险人确认索赔单证齐全、有效后,被保险人签具权益转让书,保险人赔付结案。

第二十六条　被保险机动车全车被盗窃、抢劫、抢夺后被找回的:

保险人尚未支付赔款的,被保险机动车应归还被保险人。

保险人已支付赔款的,被保险机动车应归还被保险人,被保险人应将赔款返还给保险人;被保险人不同意收回被保险机动车,被保险机动车的所有权归保险人,被保险人应协助保险人办理有关手续。

第二十七条　保险事故发生时,被保险机动车重复保险的,保险人按照本保险合同的保险金额与各保险合同保险金额的总和的比例承担赔偿责任。

其他保险人应承担的赔偿金额,保险人不负责赔偿和垫付。

第二十八条　保险人受理报案、现场查勘、参与诉讼、进行抗辩、要求被保险人提供证明和资料、向被保险人提供专业建议等行为,均不构成保险人对赔偿责任的承诺。

第二十九条　下列情况下,保险人支付赔款后,本保险合同终止,保险人不退还机动车盗抢保险及其附加险的保险费。

(一)被保险机动车发生全车损失。

(二)按投保时被保险机动车的实际价值确定保险金额的,部分损失一次赔款金额与免赔金额之和(不含施救费)达到保险事故发生时被保险机动车的实际价值。

(三)保险金额低于投保时被保险机动车的实际价值的,部分损失一次赔款金额与免赔金额之和(不含施救费)达到保险金额。

保险费调整

第三十条　保险费调整的比例和方式以保险监管部门批准的机动车保险费率方案的规定为准。

本保险及其附加险根据上一保险期间发生保险赔偿的次数,在续保时实行保险费浮动。

合同变更和终止

第三十一条　本保险合同的内容如需变更,须经保险人与投保人书面协商一致。

第三十二条　在保险期间内,被保险机动车转让他人的,受让人承继被保险人的权利和义务。被保险人或者受让人应当及时书面通知保险人并办理批改手续。

因被保险机动车转让导致被保险机动车危险程度显著增加的,保险人自收到前款规定的通知之日起三十日内,可以增加保险费或者解除本保险合同。

第三十三条　保险责任开始前,投保人要求解除本保险合同的,应当向保险人支付应交保险费5%的退保手续费,保险人应当退还保险费。

保险责任开始后,投保人要求解除本保险合同的,自通知保险人之日起,本保险合同解除。保险人按日收取自保险责任开始之日起至合同解除之日止期间的保险费,并退还剩余部分保险费。

争 议 处 理

第三十四条　因履行本保险合同发生的争议,由当事人协商解决。

协商不成的,提交保险单载明的仲裁机构仲裁。保险单未载明仲裁机构或者争议发生后未达成仲裁协议的,可向人民法院起诉。

第三十五条　本保险合同争议处理适用中华人民共和国法律。

附　　则

第三十六条　本保险合同(含附加险)中术语的含义如下。

不定值保险合同:指双方当事人在订立保险合同时不预先确定保险标的的保险价值,而是按照保险事故发生时保险标的的实际价值确定保险价值的保险合同。

次生灾害:地震造成工程结构、设施和自然环境破坏而引发的火灾、爆炸、瘟疫、有毒有害物质污染、海啸、水灾、泥石流、滑坡等灾害。

竞赛:指被保险机动车作为赛车参加车辆比赛活动,包括以参加比赛为目的进行的训练活动。

测试:指对被保险机动车的性能和技术参数进行测量或试验。

教练:指尚未取得合法机动车驾驶证,但已通过合法教练机构办理正式学车手续的学员,在固定练习场所或指定路线,并有合格教练随车指导的情况下驾驶被保险机动车。

被盗窃、抢劫、抢夺期间:指被保险机动车被盗窃、抢劫、抢夺过程中及全车被盗窃、抢劫、抢夺后至全车被追回。

转让:指以转移所有权为目的,处分被保险机动车的行为。被保险人以转移所有权为目的,将被保险机动车交付他人,但未按规定办理转移(过户)登记的,视为转让。

第三十七条　保险人按照保险监管部门批准的机动车保险费率方案计算保险费。

第三十八条　在投保机动车盗抢保险的基础上,投保人可投保附加险。

附加险条款未尽事宜,以本条款为准。

 ## 1.3　技能实训:计算事故赔款

1. A、B两车在高速发生追尾事故,交警到场后判定A车全责,B车无责。后经保险公司查勘确定事故造成A车车损1 000元,B车车损300元。A、B两车均已投保交强险、车损险、第三者责任险。计算事故各方保险公司赔付情况。

解答:根据事故责任A车保险公司赔付如下。

交强险赔款＝300(财产损失)＋100(无责代赔)＝400(元)

商业险赔款＝[1 000(车损险)－100(无责代赔)]×(1－15％免赔)＝765(元)

B车保险公司赔付为0元。

2. A车不慎与B车发生碰撞,交警判定事故A车主责,B车次责。事故造成A车驾驶员人伤医疗费用 400 元、A 车车损 800 元；B 车车损 300 元；路政损失 500 元。A、B 两车均已投保交强险、车损险、第三者责任险，不计免赔险。计算事故各方保险公司赔付情况。

解答：根据事故责任

A 车保险公司赔付如下：

$$交强险赔款 = 300 + 500/2(财产损失) = 550(元)$$

商业险赔付为 0 元。

B 车保险公司赔付如下：

$$交强险赔款 = 400(医疗费用) + (800 + 500/2)(财产损失) = 1\,450(元)$$

商业险赔付为 0 元。

3. 小王去银行办事，把车停在路边，取车时发现标的车右前门被撞出一个凹坑。随后小王打了保险公司报案电话。查勘人员到场后核对车损 500 元。计算保险公司赔付情况。

解答：根据事故情况

$$商业险赔款 = 500 \times (1 - 30\%)(无法找到第三方免赔) = 350(元)$$

 练习与思考题

1. 判断题(正确的打 √，错的打 ×)

(1) 机动车交通事故责任强制保险又称为交强险，是由保险公司对被保险机动车发生道路交通事故造成被保险人的人身伤亡、财产损失，在责任限额内予以赔偿的强制性责任保险。 （　　）

(2) 医疗费用赔偿限额和无责任医疗费用赔偿限额项下负责赔偿医药费、诊疗费、住院费、住院伙食补助费，必要的、合理的后续治疗费、整容费、营养费。 （　　）

(3) 商业险分为基本险和附加险两大类，其中基本险为车辆损失险、全车盗抢险、商业第三者责任险三种。 （　　）

(4) 附加险和基本险一样，可以单独承保。 （　　）

(5) 保险事故发生时，被保险机动车未投保机动车交通事故责任强制保险或机动车交通事故责任强制保险合同已经失效的，相关损失可以在商业三者险种赔付。 （　　）

(6) 保险人接到报案后 36 小时内未进行查勘且未给予受理意见，造成财产损失无法确定的，以被保险人提供的财产损毁照片、损失清单、事故证明和修理发票作为赔付理算依据。 （　　）

2. 不定项选择题

(1) 交强险医疗费用有责限额为（　　）。

    A. 11 万元　　　　　B. 10 万元　　　　　C. 1.1 万元　　　　　D. 2 000 元

(2) 在（　　）情况下，投保人可以要求解除交强险合同。

    A. 被保险机动车被依法注销登记的

B. 被保险机动车经公安机关证实丢失的

    C. 被保险机动车办理停驶的

    D. 被保险人死亡

（3）商业三者险中,违反安全装载规定的,增加免赔(　　)。

    A. 10%   B. 30%   C. 5%   D. 15%

（4）对属于保险责任的,保险人应在与被保险人达成赔偿协议后(　　)日内支付赔款。

    A. 3   B. 5   C. 15   D. 10

（5）保险合同由(　　)和特别约定共同组成。

    A. 批单   B. 投保单   C. 保险单   D. 保险条款

3. 简答题

（1）车损险中保险金额有几种确定方式?

（2）简述盗抢险保险责任范围。

（3）商业三者险中,被保险人或被保险机动车驾驶人根据有关法律法规规定选择自行协商或由公安机关交通管理部门处理事故未确定事故责任比例的,如何确定确定事故责任比例?

模块 2

汽车保险条款对比

伴随着《机动车交通事故责任强制保险条例》的实施,机动车商业保险也发生了重大变化。中国保险协会率先提出,各保险公司经营的汽车商业保险将实行统一的条款和费率,这一规定自 2006 年 7 月 1 日起正式实行。同时,中国保险协会为现有的财险公司制定了 A、B、C 三款商业险,各家保险公司从中进行选择,这样就告别了以前各家财险公司各自为政的局面。

目前,A 款商业险适用保险公司有阳光、人保、中华联合、大地、天安、永安、安邦、华泰、史带、国寿财险、东京海上等共 11 家,市场份额达到 74.66%;B 款商业险适用保险公司有平安、华安、太平、永诚、阳光农业、都邦、渤海、华农、民安、安诚、安联广州、美亚上海、利宝互助重庆等 13 家,市场份额占到 13.72%;C 款商业险适用保险公司为太保、安华农业、上海安信三井住友上海、中银保险等 5 家,市场份额约为 11.62%;安盛天平、日本财险、法国安盟等 3 家公司未选择。

本模块以 2007 版车险条款为例,对 A、B、C 三款条款进行对比介绍。

学习目标

1. 知识目标

(1) 掌握 A、B、C 三款条款车损险条款的区别;

(2) 掌握 A、B、C 三款条款三者险条款的区别。

2. 能力目标

(1) 能够简单说出 A、B、C 三款条款的差异,并根据客户要求进行选择;

(2) 能够根据成承保适用条款,计算标的的折旧金额。

案例导入

王先生有一辆奥迪 A6,去年倒车时车身右侧反光镜与墙壁发生碰擦,导致反光镜损坏,保险公司对事故损失进行了赔付。保险期满后,王先生换了一家保险公司,上个月王先生开车在转弯时,左侧反光镜与转角柱子发生碰撞,左侧反光镜有损坏,保险公司查勘人员在查勘后,告知王先生,该项损失属于责任免除部分,应由王先生本人承担,保险公司不负责赔偿,对此,王先生十分不解。在询问具体原因后,王先生了解到,原来去年投保的保险公司使用的车险条款为 A 款,与今年投保的保险公司使用的 B 款不同,B 款中明确将标的车辆倒车镜单独损坏列入责任免赔部分。

◎**学习方案**

（1）了解目前市场上各大保险公司适用车险条款的情况;

（2）在购买保险时认真阅读保险责任及责任免除部门等内容;

（3）根据自己的情况选择相对应的保险条款。

拓 扑 图

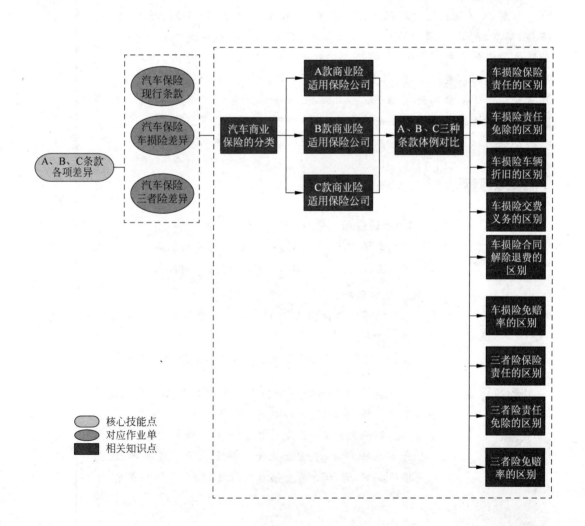

2.1　条款体例对比

　　A 款：按照客户群体以及车辆种类共设计六个条款。其中，汽车类条款四个，包括第三者责任保险、家庭自用汽车损失保险、非营业用汽车损失保险条款、营业用汽车损失保险条款；非汽车类条款两个，摩托车拖拉机保险条款和特种车保险条款，均为综合性条款，包括车损险和三者险。

　　B 款：为一个综合性条款，包括车损险和三者险。

　　C 款：共两个，分别为机动车损失保险条款和机动车第三者责任保险条款。

 ## 2.2　车损险条款对比

 ### 2.2.1　保险责任的区别

　　保险责任差异主要体现在火灾、爆炸、自燃，车载货物撞击和自然灾害约定的不同。

1. 火灾、爆炸、自燃

　　B 款对所有客户群均只承保"火灾、爆炸"，自燃都是除外责任；C 款除非营业汽车承保"火灾、爆炸、自燃"外，其他客户群只承保"火灾、爆炸"；A 款根据不同车型和客户群对于"火灾、爆炸、自燃"约定不同。三款在"火灾、爆炸、自燃"方面的保险责任见表 2-1。

表 2-1　A、B、C 三款保险在"火灾、爆炸、自燃"方面的保险责任

使 用 性 质	A　款	B　款	C　款
家用车	火灾、爆炸	火灾、爆炸	火灾、爆炸
非营业车	火灾、爆炸	火灾、爆炸	火灾、爆炸、自燃
营业车	—	火灾、爆炸	火灾、爆炸
摩托车、拖拉机	火灾、爆炸	火灾、爆炸	火灾、爆炸
特种车	火灾、爆炸、自燃	火灾、爆炸	火灾、爆炸

2. 车载货物撞击

　　C 款承保"受保险机动车所载货物、车上人员意外撞击"造成的损失。A 款和 B 款责任窄，对"所载货物撞击造成的保险机动车损失"均作为除外责任。

3. 自然灾害

　　A 款和 B 款相同，C 款责任宽，增加"台风、雪灾、冰凌、沙尘暴、热带风暴"。

 ### 2.2.2　责任免除的区别

1. 发动机进水问题

　　责任免除中的约定略有差异，A 款规定的是"发动机进水后导致的发动机损坏"，B 款

规定的是"保险车辆因遭水淹或因涉水行驶致使发动机损坏",C 款规定的是"保险机动车在淹及排气筒的水中使用致使发动机损坏"。其中,A 款和 B 款较严。

2. 玻璃单独破碎

A 款和 C 款的玻璃仅针对前后挡风玻璃和左右车窗玻璃;B 款玻璃单独破碎还包括天窗玻璃的单独破碎;另外对于"倒车镜单独损坏、车灯单独损坏"也不负责赔偿,B 款责任范围窄。

3. 轮胎单独损坏

A 款规定"轮胎、轮辋、轮毂罩单独损坏"不赔;B 款规定"轮胎或轮毂单独损坏"不赔;C 款规定"轮胎(包括钢圈)单独损坏"不赔。三款责任有差异,但实际上对客户而言差别不大。

4. 违反安全装载规定

对于因违反安全装载规定导致的损失,A 款营业车和特种车条款、B 款、C 款均作为责任免除,B 款和 C 款较严。

5. 特种车的特殊责任免除

A 款特种车另行规定了三项责任免除,更为严格。

(1)被保险机动车上固定的机具、设备由于内在的机械或超负荷、超电压、感应电等电气故障引起的损失。

(2)作业中车体失去重心造成被保险机动车的损失。

(3)吊升、举升的物体造成被保险机动车的损失。

6. 其他

C 款规定"保险机动车无驾驶人操作时自行滑动或被遥控启动"导致的损失不赔;"水箱或发动机单独冰冻损坏"不赔。

 ## 2.2.3 车辆折旧的区别

三款对于折旧率的规定整体差异不大,9 座以下家庭车、非营业客车月折旧率均为 6‰;货车(除特殊外)、9 座以上非营业客车、出租以外的营业客车月折旧率均为 9‰;出租类客车、矿山专用车 A 款为 11‰(见表 2-2);B 款和 C 款均为 12‰(见表 2-3 和表 2-4)。

表 2-2　A 款折旧率表

车 辆 种 类	月 折 旧 率				
	家庭自用汽车	非营业用汽车	营业用汽车		特种车
			出租	其他	
9 座以下载客汽车	6‰	6‰	11‰	9‰	—
10 座以上载客汽车	—	9‰	11‰	9‰	—
微型载货汽车	—	9‰	11‰	11‰	
带拖挂的载货汽车		9‰	11‰	11‰	

续表

车 辆 种 类	月 折 旧 率				
	家庭自用汽车	非营业用汽车	营业用汽车		特种车
			出租	其他	
低速载货汽车	—	11‰	14‰	14‰	—
矿山专用车	—	—	—	—	11‰
其他车辆	—	9‰	11‰	9‰	9‰

表 2-3　B 款折旧率表

车 辆 种 类	月折旧率
9座(含 9 座)以下非营运载客汽车(包括轿车、含越野型)	6‰
出租汽车与及大于 6 吨载货汽车、矿山作业专用车	12‰
其他类型车辆	9‰

表 2-4　C 款折旧率表

车 辆 种 类	月折旧率
9座及 9 座以下非营运客车(含越野车)	6‰
出租车、轻微型载货汽车、矿山作业用车、带拖挂的载货汽车	12‰
其他类型车辆	9‰

 ## 2.2.4　交费义务的区别

（1）A 款规定

除另有约定外,投保人应当在本保险合同成立时交清保险费;保险费交清前发生的保险事故,保险人不承担赔偿责任。

（2）B 款规定

投保人应当按照保险合同的约定交付保险费。投保人未按约定缴付保险费的,本公司可在约定期限后的三十天内解除本保险合同。

约定一次性交付保险费的,投保人在约定交费日后交付保险费的;本公司自保险费到账之次日起承担保险责任,保险期间止期不变。

约定分期交付保险费的,本公司按照保险事故发生前本公司实际收取保险费与投保人应当交付保险费的比例承担保险责任。

（3）C 款规定

除本保险合同另有约定外,投保人应在保险合同成立时一次交清保险费。保险费交清前发生的保险事故,保险人不承担保险责任。

保险合同约定分期交纳保险费的,对于自投保人未按合同约定交纳保险费之日起的期间内发生的保险事故,保险人不承担保险责任。

 ## 2.2.5　合同解除退费的区别

（1）A 款规定

保险责任开始前,投保人要求解除本保险合同的,应当向保险人支付应交保险费 5％

2.3　三者险条款对比

2.3.1　保险责任的区别

保险责任基本相同,唯一区别在于 B 条款在责任限额内承担仲裁诉讼等费用。A、C 两款均作为责任免除。

2.3.2　责任免除的区别

（1）污染造成的损失

B 款规定"因污染引起的损失和费用（但不包括用于车辆使用的机油泄漏造成的损失）",A、C 两款均将所有的污染作为责任免除,A、C 两款较严。

（2）车载货物掉落责任

A、C 两款没有单独列为责任免除;是作为保险责任的一部分。B 款将"车载货物掉落、泄漏、腐蚀造成的任何损失和费用"作为责任免除,B 款较严。

（3）违反安全装载规定

B、C 两款将因违反安全装载规定导致的事故作为责任免除;A 款特种车对于因违反安全装载规定导致保险事故发生的,不承担赔偿责任,其他条款无此约定。

（4）其他

C 款对于"保险机动车在行驶过程中翻斗突然升起、没有放下翻斗,自卸系统（含机件）失灵"导致的事故不负责赔偿。

2.3.3　免赔率的区别

免赔率的区别如表 2-6 所示。

表 2-6　免赔率的区别

行业条款		事故免赔率	非指定驾驶人	非约定区域	违反安全装载规定
A	家用	负次要责任为 5%,负同等责任为 10%,负主要责任为 15%,负全部责任为 20%	10%	10%	10%
	非营业		无	10%	10%
	营业		无	10%	10%
	特种车		无	10%	5%
	摩托车拖拉机	负次要责任为 3%,负同等责任为 5%,负主要责任为 8%,负全部责任为 10%	无	无	无
B		（1）负次要责任为 5%,负同等责任为 10%,负主要责任为 15%,负全部责任为 20%。 （2）负次要责任为 3%,负同等责任为 5%,负主要责任为 8%,负全部责任为 10%。不计免赔率为 0	家用 10%其他无	10%	10%。营运货车实际装载货物风险类别高于保险单载明的增加 10%
C		负次要责任为 5%,负同等责任为 10%,负主要责任为 15%,负全部责任为 20%。摩托车不实行上述免赔	无	10%	无

注：当客户选择不计免赔时,A、C 两款加收保费为三者险保费的 15%,B 款为 20%,B 款偏高。

2.4 技能实训：基础测试

1. 李师傅是一名特种车驾驶员,有一天他去小店吃中饭将车停在了路边。吃完饭出来突然发现,车子前保险杠被人砸了一个小窟窿。李师傅当即报警并拨打了保险公司报案电话,查勘人员在现场查勘后确定事故损失 1 000 元。请问 ABC 款车险如何赔付。

解答：A 条款赔付情况

车损险赔款＝1 000×(1−20％免赔率)＝800(元)

B 条款赔付情况

车损险赔款＝1 000×(1−30％免赔率)＝700(元)

C 条款赔付情况

车损险赔款＝1 000×(1−30％免赔率)＝700(元)

2. 2016 年 1 月 B 公司准备出售一批营运桑塔纳出租车,新车购置价 70 000 元,购买时间均为 2012 年 8 月,请分别计算 ABC 款车险条款对应折旧金额。

解答：A 条款

折旧金额＝70 000×41×1.1％＝31 570(元)

B 条款

折旧金额＝70 000×41×1.2％＝34 440(元)

C 条款

折旧金额＝70 000×41×1.2％＝34 440(元)

练习与思考题

1. 判断题(正确的打√,错的打×)

(1) A 款规定：保险责任开始前,投保人要求解除本保险合同的,应当向保险人支付应交保险费 5％的退保手续费,保险人应当退还保险费。　　　　　(　　)

(2) B 款规定：除另有约定外,投保人应当在本保险合同成立时交清保险费；保险费交清前发生的保险事故,保险人不承担赔偿责任。　　　　　(　　)

(3) 保险责任基本相同,唯一区别在于 A 条款在责任限额内承担仲裁诉讼等费用。

(　　)

(4) C 款对于"保险机动车在行驶过程中翻斗突然升起、没有放下翻斗,自卸系统(含机件)失灵"导致的事故不负责赔偿。　　　　　(　　)

(5) B 款车损险中,出租汽车和大于 6 吨载货汽车、矿山作业专用车的月折旧率 6‰。

(　　)

2. 不定项选择题

(1) 交强险医疗费用有责限额为(　　)。

A. 11 万元　　　　B. 10 万元　　　　C. 1.1 万元　　　　D. 2 000 元

（2）在（   ）情况下，投保人可以要求解除交强险合同。

　　A. 被保险机动车被依法注销登记的

　　B. 被保险机动车经公安机关证实丢失的

　　C. 被保险机动车办理停驶的

　　D. 被保险人死亡

（3）商业三者险中，违反安全装载规定的，增加免赔（   ）。

　　A. 10％　　　　　B. 30％　　　　　C. 5％　　　　　D. 15％

（4）对属于保险责任的，保险人应在与被保险人达成赔偿协议后（   ）日内支付赔款。

　　A. 3　　　　　　B. 5　　　　　　C. 15　　　　　　D. 10

（5）保险合同由（   ）和特别约定共同组成。

　　A. 批单　　　　　B. 投保单　　　　　C. 保险单　　　　　D. 保险条款

3. 简答题

（1）简单叙述 A、B、C 三款条款中车损险条款保险责任的区别。

（2）简述 A、B、C 三款条款中三者险各项免赔率区别。

模块 3

汽车保险理赔实务

　　车险理赔是汽车发生交通事故后,车主到保险公司理赔。理赔工作的基本流程包括报案、查勘定损、签收审核索赔单证、理算复核、审批、赔付结案等步骤。

　　本模块将着重介绍目前财险公司车险基本理赔实务以及特殊案件处理流程。

◎ **学习目标**

1. 知识目标

(1) 了解汽车保险理赔工作原理;

(2) 了解车险案件操作实务流程;

(3) 掌握车险基本查勘要求;

(4) 熟悉大额案件、疑难案件、人伤案件处理流程;

(5) 掌握注销拒赔案件操作处理方法;

(6) 了解特殊案件、高风险案件、疑义案件处理方法。

2. 能力目标

能够独立完成小额案件定损操作。

◎ **案例导入**

　　老刘最近考了驾照,买了辆新车接送女儿上下学。上周因为驾驶不慎,在途中与第三方车辆在高架路上发生追尾事故。事故发生后老刘不知道怎样处理,第一时间拨通了保险公司报案电话,在客服人员指导下,了解了保险事故处理基本流程,并在随后赶到的查勘人员帮助下,完成了后续的理赔工作,顺利拿到了理赔款。

◎ **学习方案**

(1) 了解车辆理赔的基本流程;

(2) 了解不同事故类型的损失核定方法。

拓 扑 图

単车事故　两车事故　卡车事故

定损照片及单证拍摄要求

调度时间

应急机制

现场案件调度
非现场案件调度
特殊案件调度

现场查勘的步骤
立案准确性规范

车险案件的调度方法

现场查勘前的准备工作
现场复勘的步骤
立案对时效性规范

定损标准
工时费用标准
定损方法
定损步骤

汽车保险理赔工作原则

车险案件的调度原则

现场查勘前的准备工作
现场复勘的方式
立案对操作人员的要求

定损原则

汽车保险理赔特点

车险案件理赔工作的基本流程

现场查勘的交接班工作
现场复勘的范围
立案对查勘定损员的要求

车辆定损的流程

机动车辆保险查勘报告
机动车辆保险事故现场查勘草图
机动车辆保险事故现场查勘询问笔录
机动车辆保险损失确认书
机动车辆保险索赔告知书
机动车辆保险索赔申请及材料交接单
机动车辆保险索赔款申请及领取授权委托书
机动车辆保险索赔申请及领取款授权书
机动车辆保险小额案件查勘定损记录表
权益转让书
原始单证粘贴单
机动车物损交通事故损害赔偿协议书

车险案件理赔流程 → 车险案件理赔实务操作步骤 → 事故车辆简单定损操作 → 理赔单证填写

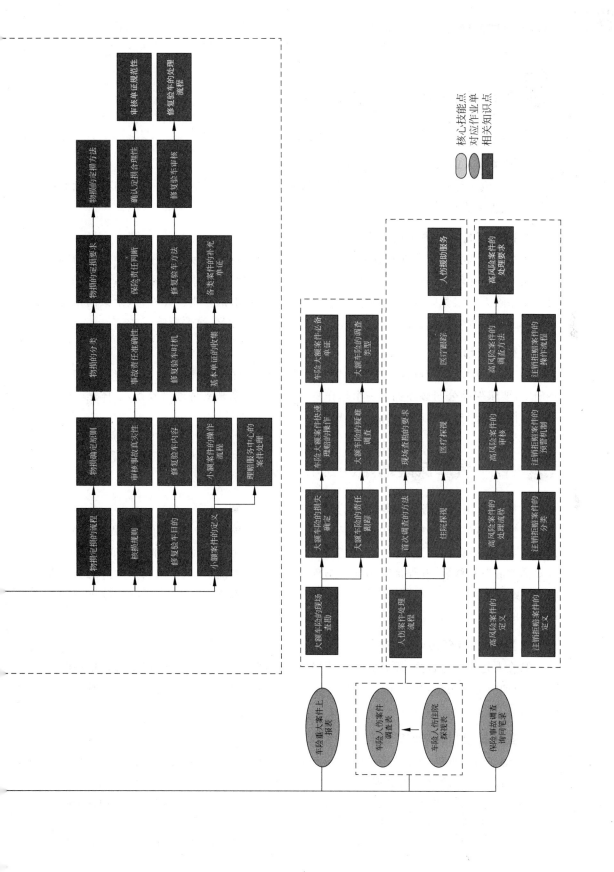

核心技能点

对应作业单

相关知识点

3.1　汽车保险理赔的特点

汽车保险与其他保险不同,其理赔工作也具有显著的特点。

1. 被保险人的公众性

我国的汽车保险的被保险人曾经是以单位、企业为主,但是,随着个人拥有车辆数量的增加,被保险人中单一车主的比例将逐步增加。

2. 损失率高且损失幅度较小

汽车保险的另一个特征是保险事故虽然损失金额一般不大,但是,事故发生的频率高。保险公司在经营过程中需要投入的精力和费用较大,有的事故金额不大,不过仍然涉及对被保险人的服务质量问题,保险公司同样应予以足够的重视。此外,从个案的角度看赔偿的金额不大,但是,积少成多也将对保险公司的经营产生重要影响。

3. 标的流动性大

由于汽车的功能特点,决定了其具有相当大的流动性。车辆发生事故的地点和时间不确定,要求保险公司必须拥有一个运作良好的服务体系来支持理赔服务,主体是一个全天候的报案受理机制和庞大而高效的检验网络。

 3.2　汽车保险理赔的工作原则

1. 树立为保户服务的指导思想,坚持实事求是原则

在整个理赔工作过程中,体现了保险的经济补偿职能作用。当发生汽车保险事故后,保险人要急被保险人所急,千方百计避免扩大损失,尽量减轻因灾害事故造成的影响,及时安排事故车辆修复,并保证基本恢复车辆的原有技术性能,使其尽快投入生产运营。及时处理赔案,支付赔款,以保证运输生产单位(含个体运输户)生产、经营的持续进行和人民生活的安定。

2. 重合同,守信用,依法办事

保险人是否履行合同,就看其是否严格履行经济补偿义务。因此,保险方在处理赔案时,必须加强法制观念,严格按条款办事,要依法办事,坚持重合同,诚实信用,只有这样才能树立保险的信誉,扩大保险的积极影响。

3. 坚决贯彻"八字"理赔原则

"主动、迅速、准确、合理"是保险理赔人员在长期的工作实践中总结出的经验,是保险理赔工作优质服务的最基本要求。

(1) 主动。保险理赔人员对出险的案件,要积极、主动地进行调查、了解和勘查现场,掌握出险情况,进行事故分析确定保险责任。

(2) 迅速。保险理赔人员查勘、定损处理迅速,不拖沓,抓紧赔案处理,对赔案要核得准,赔款计算案卷缮制快,复核、审批快,使被保险人及时得到赔款。

（3）准确。从查勘、定损以至赔款计算,都要做到准确无误,不错赔、不滥赔、不惜赔。

（4）合理。在理赔工作过程中,要本着实事求是的精神,坚持按条款办事。在许多情况下,要结合具体案情准确定性,尤其是在对事故车辆进行定损过程中,要合理确定事故车辆维修方案。

 ## 3.3　一般车险案件理赔实务

保险公司车险案件理赔工作的基本流程包括：报案、查勘定损、签收审核索赔单证、理算复核、审批、赔付结案等步骤,如图 3-1 所示。本节将就几个重要环节实务操作进行重点讲解。

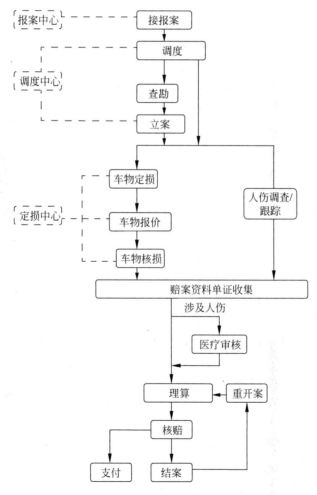

图 3-1　车险理赔基本流程图

3.3.1　调度实务

1. 调度原则

（1）现场优先原则。本规则的现场案件是指客户报案时，出险车辆在事故现场或事故现场附近的案件，现场案件优先调度出险地就近查勘定损人员。

（2）总量控制原则。40分钟内不得调度同一查勘定损人员2个现场查勘任务（2个事故现场相距不超过1km除外）。

（3）属地调度原则。非现场案件按区域责任制调度就近区域查勘定损人员。

说明：就近查勘定损人员——指可不受排班区域限制，能够判断出离事故现场最近的查勘定损、大案、区经理等人员；无法判断的，按区域排班进行调度。

2. 调度方法

1）现场案件调度——电话通知、短信提示

（1）单方事故直接电话通知就近查勘定损人员。

（2）双方及多方事故不涉及人伤或物损的，引导客户各方车辆一同到就近同一家理赔服务中心处理，电话通知理赔服务中心查勘定损人员。

（3）双方及多方事故涉及人伤或物损，电话通知出险地就近查勘定损人员。

（4）客户在事故现场并需要提供现场查勘或复勘服务的，电话调度就近查勘定损人员。

2）非现场案件调度——短信通知、电话提示

（1）单方事故。

① 标的车能移动的，引导客户配合保险公司复勘事故现场，电话和短信通知出险地区域查勘定损人员，复勘时间由查勘定损人员与客户约定。

② 标的车不能移动的，告知客户保险公司需要进行现场复勘，电话和短信通知标的车所在地的查勘定损人员，复勘时间由查勘定损人员与客户约定。

（2）双方事故。

① 不涉及人伤或物损的，事故车辆能移动的引导客户各方车辆一同到就近同一家理赔服务中心处理，电话和短信通知理赔服务中心查勘定损人员，事故车辆不能移动的，电话和短信通知事故车辆所在地的查勘定损人员。

② 涉及人伤或物损的，告知客户保险公司需进行现场查勘或复勘，电话和短信通知事故车辆所在地的区域查勘定损人员，复勘时间由查勘定损人员与客户约定。

3）特殊案件调度

（1）高架、桥梁、隧道等无法进行现场查勘的案件按照非现场案件进行调度，调度根据具体情况引导客户到就近理赔服务中心或调度标的车就近的查勘定损人员。

（2）渠道业务，现场报案的按现场案件调度，由查勘定损员现场进行引导返修；非现场报案的调度首先进行返修引导，根据引导结果再调度标的车就近的查勘定损人员。

（3）玻璃破碎、车身划痕险案件无须复勘现场，引导客户到就近理赔服务中心或调度标的车就近的查勘定损人员。

（4）预约查勘案件，客户需要约定查勘定损时间的，调度人员在理赔工作流注明约定查勘时间，短信和电话通知区域查勘定损人员预约时间和联系方式；对于 20 时至次日 8 时的非现场案件，不进行即时调度，在早晨 8 时左右集中调度，电话及短信通知就近的查勘定损人员，查勘定损人员马上与客户约定查勘时间和地点。

3. 应急机制

同一时间多个现场应急顺序如下。

第一顺序：临近区域查勘定损人员。

第二顺序：区经理和大案人员。

第三顺序：网点。

第四顺序：跨区就近调度。

启动第三应急顺序的，应及时报告查勘定损中心部门负责人进行协调。

电话无法联系或不服从调度的应急顺序：直接通知区经理，区经理无法联系的通知部门负责人，部门负责人无法联系的通知中心领导。

4. 调度时间

（1）白班：市区案件查勘定损人员 8 时 30 分开始调度，郊区查勘定损人员 8 时开始调度。

（2）夜班：17 时开始调度，如 18 时以前发生现场案件，优先调度副夜班人员，其他时间优先调度主夜班人员。

5. 注意事项

以下案件必须调度查勘定损人员，不得调度网点。

（1）通赔案件。

（2）划痕险案件。

（3）涉及人伤、物损案件。

（4）水淹车、盗抢、自燃等重大案件。

 3.3.2　查勘实务

1. 现场查勘（见图 3-2）

1）交接班工作

（1）交接班时间：在规定的上班时间提前 10 分钟。

（2）交接班内容：查勘车辆交接、待处理任务交接。

① 车辆交接，包括移交车钥匙、加油卡、行驶证。

② 待处理任务交接，包括报案号和查勘报告。

③ 工作台账上应注明交接手续。

2）上岗前的准备工作

（1）检查查勘车辆。检查内容包括油、水、电、灯光、制动以及车容车貌，确保查勘车辆处于安全行驶状态和车容整洁，标识清晰。

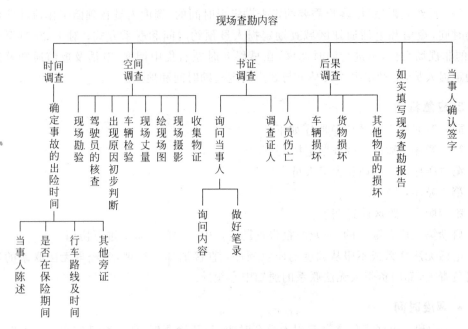

图 3-2 现场查勘内容

（2）检查工作手机。检查内容包括工作手机是否开启，手机电池是否充足以及备用电池是否带齐。

（3）检查查勘定损包。查勘定损包内配置查勘工具和查勘定损单证，查勘工具包括数码相机、PDA、卷尺、U 盘、计算器、员工手册和工作手册等；查勘单证包括出险报案表、现场查勘记录书、损失确认书、询问笔录、索赔告知书、领款授权书等，查勘定损单证应满足 3 个工作日的使用数量。

（4）检查着装与挂牌服务。查勘定损人员应着正装并佩戴工作牌上岗。

3）现场查勘前的准备工作

查勘定损人员接到现场查勘任务后，应提前做好以下工作。

（1）了解承保信息：通过阅读调度短信通知，了解承保险别；条件许可下登录理赔工作流查阅承保信息。

（2）了解出险信息：向调度人员询问出险情况；条件许可下登录理赔工作流查阅客户报案情况。

4）现场查勘步骤

（1）联系客户。接到调度指令后，1 分钟内与客户取得联系，确认现场具体地点。电话联系标准话术："您好！我是保险公司定损员×××工号×××，请问……"

（2）赶赴现场。在规定的时间赶赴事故现场。延误处理：查勘定损人员因特殊情况，不能按时赶到事故现场的，应提前电话告知客户延误原因，争取客户谅解；若客户不能谅解的，应按以下方式启动应急预案：①邻近查勘人员补位。②区经理或大案人员补位。③通知就近协助网点做好补救工作。应急预案启动及时反馈给区经理并通知调度如实备注。

（3）到达现场。到达现场后，将查勘车辆停放于事故地点就近安全地带，并开启紧急灯,便于报案人确认。面见客户标准话术如下:"您好!我是保险公司定损员×××,让您久等了……",在介绍自己的同时,出示工作牌。

(4)现场施救。对需要施救的事故车辆及财产,查勘人员应主动协助报案人做好现场施救工作,避免扩大损失,积极向客户推荐与公司签订协议的免费救援服务单位。

(5)现场拍照。凡涉及车辆和财产损失的案件,必须进行拍照。照片应有反映事故现场全貌的全景照片,还要有反映受损车辆号牌及受损财产部位和程度的近景照片。包括能确认事故责任的现场照片,紧急制动痕迹,车辆直接碰撞的位置,能反映车辆损失详细情况的照片。

(6)查验保单(卡)。确认是否在本公司投保。若客户不能提供保险单(证)的,查勘人员应立即与调度人员进行承保情况确认。

(7)了解报案人身份。①报案人应为被保险人或事故当事人,属代报案的,需提供被保险人委托书、受托人身份证原件等。如报案人无法提供相关手续,可依据正常工作流程先行处理,但应在查勘报告中特别注明,同时告知报案人提交索赔单证时,务必携带委托手续。②调查驾驶人员姓名、驾驶证号码、准驾车型,了解驾驶人员是否是被保险人或其允许的驾驶人员或保险合同中约定的驾驶人员,特种车出险要查验是否具备国家有关部门核发的有效操作证;对驾驶营业性客车的驾驶人员要查验是否具有国家有关行政管理部门核发的有效资格证书,并对相关证件拍照留存。

(8)核对保险标的。①查验保险车辆及第三方车辆的车型、号牌号码、发动机号码、VIN 号码、行驶证,并拍照标的车架号。②调查保险车辆出险时使用性质与保单载明的是否相符,以及是否运载危险品、车辆结构有无改装或加装。对在保险期限内,保险车辆改装、加装或非营业用车辆从事营业运输等,导致保险车辆危险程度增加的,且未及时书面通知保险人的,对因保险车辆危险程度增加发生的保险事故,保险人不承担赔偿责任。

(9)调查事故时间。了解确切出险时间是否在保险有效期限内,对接近保险起讫期出险的案件,应特别慎重,认真查实。要详细了解车辆启程或返回的时间、行驶路线、委托运输单位的装卸货物时间等,以核实出险时间,同时,对出险报案时间进行对比,是否超过48 小时。

(10)调查事故地点。查验承保车辆的出险地点是否和报案地点一致,提车保单还需了解出险地点是否与保单约定的行驶区域范围相符。对非道路事故自行移动现场的,如有疑义的,应进行现场复勘或现场复位,损失较大或事故存在疑点的,应及时提示客户向110 报案。

(11)调查事故原因。采取多听、多问、多看、多想、多分析的办法,观察车辆行驶线路,车辆碰撞位置、痕迹,车辆制动痕迹等现场情况,特别注意撞击点的合理性,散落物的材质与受损车所装配件材料的一致性,现场收集事故证据、证明材料等。对有驾驶人员饮酒、吸食或注射毒品、被药物麻醉后使用保险车辆或无照驾驶、驾驶车辆与驾驶证准驾车型不符、超载等嫌疑时,应立即协同公安交警部门获取相应证人证言和检验证明。

(12)了解责任划分情况。要查清事故各方所承担的责任比例,同时还应注意了解保险车辆有无在其他公司重复保险的情况。

(13)绘制现场草图。重大赔案应绘制《机动车辆保险车辆事故现场查勘草图》。现

54

场草图要反映出事故车位、道路情况及外界影响因素。

（14）询问记录。对重大复杂的或有疑问的案件，要走访有关现场见证人或知情人，弄清真相，同时进行《机动车辆保险车辆事故现场查勘询问笔录》，作出询问记录，并由被询问人过目签字。

（15）物损处理。对于损失中包含路产绿化带等其他财物损失的，应告知客户路产和绿化损失需报交警受理后才能给予赔付。对于路产及财产等损失，如能现场核定损失，则在现场开始损失核定工作，如因损失较大或技术难度较高，暂时难以确定损失的，应及时向核损人员反映，同时告知受损方，有关进一步定损事宜。

（16）现场定损。对符合现场定损条件的小额事故，现场与客户协商定损，当场出具损失确认书，双方当场签字确认后，推荐客户到公司合作网点或集中定损点修理。

（17）资源整合。对不具备现场定损条件的，属于 VIP 客户，启动 VIP 客户服务流程；属于业务合作单位的客户，引导客户至业务合作单位集中定损；其他客户引导至就近的集中定损点进行集中定损。

（18）索赔告知。讲解理赔流程和宣传公司的特色服务，发放索赔须知，现场收集索赔资料。

（19）致结束语。离开客户标准话术："有疑问请随时与我联系。"

（20）系统操作。现场查勘人员完成现场查勘工作后，12 小时内录入查勘定损信息和估计损失金额，在查勘节点上传现场照片、驾驶证、行驶证、事故证明；在定损节点上传车损照片、VIN 码、物损照片、定损单；并在规定时效内，向内勤人员移交查勘定损单证，如图 3-2 所示。

2. 现场复勘

1）复勘范围

非现场报案的单方事故除以下两种情况之外都必须进行现场复勘。

（1）VIP 客户：被保险人报案损失不超过 3 000 元的单方事故。

（2）业务渠道：损失金额不超过 2 000 元的单方事故（业务渠道由分公司渠道部报备）。

对因特殊情况，确实不能进行复勘现场工作的，应及时通知区经理及部门负责人，并要求客户配合制作现场草图，现场草图需客户签名。

2）复勘方式

复勘方式包括现场痕迹比对现场复位两种方式，凡经现场复勘事故属实的，案件按正常程序流转至下一环节。对现场碰撞痕迹不符的，做好取证工作后要求当事人销案或拒赔处理。

（1）现场痕迹比对。对于事故碰撞痕迹明显，或事故损失较大，保险车辆失去行驶能力的单方事故，可以通过测量事故接触部位的高度、比对碰撞物体颜色、观察散落物体等方法进行分析、判断事故真伪。

（2）现场复位。对于事故碰撞轻微，事故当事人陈述事故经过存在疑义的，可以通过现场复位（模拟事故现场）的方式，判断事故真伪。

3）复勘步骤

客户到达集中定损点或业务合作网点后，定损人员应按以下步骤开展查勘定损工作。

（1）核对保险标的后，对标的特征和损失部位进行拍摄取证。

（2）了解报案人身份、驾驶人员姓名、驾驶证号码、准驾车型，特种车出险要查验是否具备国家有关部门核发的有效操作证；对驾驶营业性客车的驾驶人员要查验是否具有国家有关行政管理部门核发的有效资格证书，并对相关证件拍照。

（3）确定损失金额。为提高工作效率，凡客户达到集中定损点的，应先定损后复勘，查勘记录由定损人员填写，定损单应注明：此定损单经现场复勘后生效的字样，同时要求客户在定损单上签字确认。

（4）确定复勘方式。出险地与定损地点同区域的，由定损人员复勘现场或在区内协调复勘事宜；出险地与定损地跨区域的，定损人员与客户协商复勘方式后，及时与调度联系安排现场复勘事宜。

（5）履行索赔告知义务。定损人员完成定损任务后，应详细地向告知后续的复勘事宜，讲解理赔流程，履行索赔告知义务。

（6）现场复勘。现场查勘人员接到调度人员或定损人员的复勘通知后，及时与客户约定复勘时间，并按约定的时间到达事故现场，复勘前仔细阅读查勘记录，走访事故地点附近居民，按现场痕迹比对和现场复位要求进行拍照取证，现场复勘人员只需在查勘记录上注明：现场是否吻合或需进一步核对的字样，对需进一步核对的，由复勘人员负责及时通知被保险人最终结果。

（7）复勘信息流转。经现场复勘事故属实的，直接上传现场照片，对现场不符的，除上传现场照片外，还需在理赔流案件补充说明中和定损单上注明：现场无法认定，索赔时请提供有效证明。

（8）查勘定损资料上传。在集中定损点定损的，定损工作结束后上传定损照片和定损资料，便于现场复勘人员进行比对。现场查勘人员应在查勘结束后，应于当日核对和上传现场复勘照片，以便于核损人员及时进行核损工作。

 ### 3.3.3　立案实务

1. 立案操作基础要求

1）对查勘定损员的要求

（1）接到调度任务后及时进行事故勘查，确认事故损失情况，包括事故责任、车损情况、人伤情况、施救等费用等。

（2）查勘定损员需在案件报案后 48 小时内上传车损照片、查勘报告及小额定损单等相关材料，并在"案件补充说明"里注明整个案件估损情况后，将查勘任务提交（由于未及时提交查勘任务以及未上传相关材料和无估损信息，导致无法立案的，将通报批评并作相应处罚）。

（3）涉及人伤的案件（包括涉及人伤无责赔付案件，不含人伤快处案件），定损员必须完成以下两个规定动作。

① 对标的车驾驶员做人伤询问笔录，笔录纸上要有其本人签名及手印。

② 对事故现场进行拍照,除拍摄路牌外,还需拍摄事发地周围道路情况。

(4) 估计损失一万元以上的大额案件,定损员需及时上报大案负责人,由大案负责人进行责任跟踪及作出初步估损,随时与立案岗人员沟通调整立案金额。

(5) 由于客户不配合或没有时间定损等原因,导致无法查勘的案件,定损员需在48小时内联系客户,询问相关损失部位并作初步估损,将预估金额在"案件补充说明"中留言。

(6) 立案后需要追加的案件需上报核损处,由核损处把关后在系统留言是否给予追加再通知立案岗人员及时调整。

(7) 对于立案时未完成定、核损的案件,查勘定损员必须在立案后28天调整期内完成对案件的定损或重新估损工作,将变化后的结果在系统中留言,同时电话通知立案人员进行立案调整。

2) 对立案操作人员的要求

(1) 不涉及人伤的案件。

① 三千元以下案件,立案时必须根据查勘定损人员上传的查勘报告、保单信息结合定损员在系统留言的估损金额进行立案操作。

② 万元以上案件,立案时必须根据大案人员上传的查勘报告、保单信息及责任并结合大案人员在"案件补充说明"中的估损留言进行立案操作。

③ 查勘定损人员既未上传查勘定损资料又未在系统中注明估损金额的,按案均赔款进行立案暂存操作,在立案调整期内及时跟踪进行调整,同时建立查勘定损提交不及时、估损调整不及时的通报制度。

(2) 涉及人伤的案件。

① 对于人伤岗案件跟踪人员经调查后对人伤损失金额进行备注的案件,必须根据此金额并结合事故责任进行立案,在立案调整期内及时进行跟踪调整。

② 对于人伤岗案件跟踪人员未对人伤损失金额进行备注的案件,及时联系人伤岗人员了解大致损失金额并立案,在立案调整期内及时进行跟踪调整。

2. 立案时效性规范

1) 即时立案

已定、核损案件,无论是当天还是立案调整期内案件,包括因客户原因超时报案的案件,随时进行立案。

2) 当月立案

虽然未超过立案调整期,在月末最后一天,必须将当月(不含最后一天)所有已报未立案件全部进行立案操作,最后一天报案必须在下个月第一个工作日内全部立案,做到及时立案率100%。

3) 及时调整

(1) 财产损失调整:必须在立案后28天内(含立案当日)完成。

(2) 人伤费用调整:必须在立案后58天内(含立案当日)完成。

3. 立案准确性规范

1) 车物案件(非人伤)估损偏差要求

(1) 三千元以下零偏差。

（2）三千元至一万元估损偏差控制在 5%。

（3）万元以上估损偏差控制在 2%。

2）人伤估损偏差要求

（1）万元以下估损偏差控制在 8%。

（2）万元以上估损偏差控制在 10%。

3）按车险案件理算规则立案

（1）按责立案。全责按 100% 立案；同责按 50% 立案；主责按 70% 立案；次责按 30% 立案。

（2）施救费。车辆施救费按责赔偿,立案时三者施救费超出交强险范围的立入商业三者险内,施救费金额按照市统一标准进行立案。

（3）主挂车。商业车损险按照实际车损情况分别立案；如有三者损失交强险限额内平摊,超交强险部分将按照保额比例再分摊损失进行立案。（保额比例计算方式：主车或挂车三者险投保限额/主车三者险投保限额＋挂车三者险投保限额。）

（4）无责代赔。两车事故标的全责的情况下,即交强险立案时增加 100 元,商业险立案时减少 100 元。交强险不在本公司投保的立案时不做无责代赔。

（5）投保金额。不足额投保的赔付金额＝(不足额投保金额/足额投保金额)×已定/核金额。

（6）快处案件。三者车、物包括人伤一次性快处,将快处金额立入交强险财产损失栏下；单人伤一次性快处,将快处金额立入交强险医疗费用栏下。

（7）免赔率。

① 各主险条款免赔率,如表 3-1 所示。

表 3-1　免赔率

险　　种	次要责任	同等责任	主要责任	全部责任	无法找到第三方	自行协商,不能证明事故原因	违反安全装载规定	非指定驾驶员	非约定区域	多次出险
第三者责任险保险条款（涉及人伤）	5%	10%	15%	20%				增加 10%	增加 10%	增加 10%
家庭自用车损失保险条款	5%	8%	10%	15%	30%	20%		增加 10%	增加 10%	
非营业用车损失保险条款	5%	8%	10%	15%	30%	20%			增加 10%	
营业用车损失险条款	5%	8%	10%	15%	30%	20%	增加 5%；导致事故不赔		增加 10%	第三次开始每次增加 5%
特种车保险条款	5%	10%	15%	20%	20%		增加 5%；导致事故不赔		增加 10%	

险 种	次要责任	同等责任	主要责任	全部责任	无法找到第三方	自行协商，不能证明事故原因	违反安全装载规定	非指定驾驶员	非约定区域	多次出险
摩托车、拖拉机保险条款	3%	5%	8%	10%	10%			增加10%	增加10%	
车上人员责任保险条款	5%	8%	10%	15%				增加5%	增加10%	
盗抢保险条款	(1) 发生全车损失的，免赔率为20% (2) 发生全车损失，被保险人未能提供《机动车行驶证》、《机动车登记证书》、机动车来历凭证、车辆购置税完税证明(车辆购置附加费缴费证明)或免税证明的，每缺少一项，增加免赔率1%									

② 常用附加险免赔。划痕险正常有 15% 的免赔，查看保单是否有免赔的情况，如未买不计免赔从第二次进保每案加扣 15%；火灾爆炸为 20%；自燃为 20%；车上货物险全责为 20%、主责为 15%、同责为 10%、次责为 5%，单方肇事为 20%(查看保单是否有免赔的情况)。

③ 查看特别约定。被保险机动车的损失应当由第三方负责赔偿的，无法找到第三方时，车损险免赔率在 30% 的基础上增加至 50%。每案在适用免赔的基础上，加扣 300 元或者 500 元的免赔。

3.3.4 定损实务

1. 车辆定损(见图 3-3)

1) 定损原则

(1) 以修为主、以换为辅，坚持能修不换的定损原则。

(2) 以本次事故为限，严格限定在本次事故受损范围。

(3) 以原厂配置为限，严格区分原厂配置和新增配置(仅限标的车，三者车不受限制)。

(4) 以实际价值为限，坚持按补偿原则核定损失。

(5) 坚持一次性协商定损为主，修复验车为辅的定损。

2) 定损标准

(1) 修换标准。

① 零部件的修复或更换，一般按照"损坏件能否修复、安全件是否允许修复、工艺上是否可以修复、是否有修复价值"的原则来确定。

② 材料更换依照保险的基本原理"补偿原则"确定，具体情况如下。

一般情况下，涉及安全的配件应更换正厂配件；原则上，在综合类修理厂维修车辆，表面覆盖件建议更换配套零件(符合国家标准)。

如损坏件本身不是正厂配件，则以配套零件进行更换。

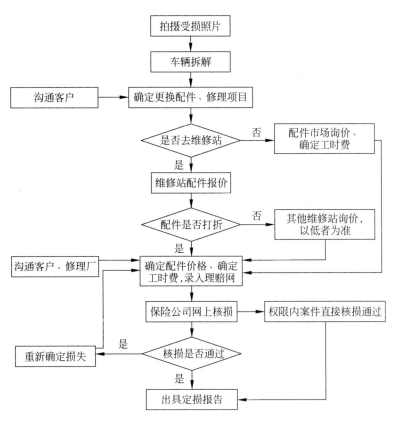

图 3-3　车辆定损流程图

稀有、老旧、高档车型的配件,更换标准应从严掌握;部分老旧车型,零配件在市场已无法购买的,可与客户和修理厂协商,以拆车件进行更换。

③ 非功能性配件损坏以修复为主,如客户强烈要求更换必须回收复勘。

(2)残值处理标准。

① 扣残原则:残值必须从维修总费用中扣除。对于更换项目中存在可变卖(如金属制品)或可回收利用(如部分车身贴纸,一般只需更换一部分,剩余部分仍可继续使用)的零件时,需要扣除残值。

② 扣残的标准:残值的数额可依照更换件的剩余价值(废品回收或可继续使用)来折算。一般标准如下。

车价在 30 万元以上(含 30 万元)的,按更换配件材料费的 2%～3%计算。

车价在 30 万元以下的,按更换配件材料费的 3%～5%计算。

单件价格超过 200 元以上的高价电子元器件,一旦确定更换,因其残值很低,但道德风险较大,必须回收残件。

3)工时费用标准

(1)拆装工时费厘定标准。

① 一般原则:按照拆装的难易程度及工艺的复杂程度核定工时费。

② 单独拆装单个零件按单件计算人工。

③ 拆装某一零件若必须先拆掉其他零件,则需要考虑辅助拆装的工费。

④ 拆装机械零件和电器零件,需要适当考虑拆装后的调试或测试费用。

⑤ 拆装覆盖件及装饰件,一般不考虑其他工时费。

⑥ 检修 ABS,需确认维修方法,一般拆车轮 30 元/轮。

⑦ 检修线路或电器元件另外计算拆装费。

⑧ 拆装座椅如含侧气囊,工时费用可适当增加。

⑨ 拆装方向机工时应按照车型调整。

⑩ 吊装发动机的,应计算发动机吊装费用。

⑪ 当更换项目较多时(≥10 项),可以按 30～50 元/项统一计算总拆装费用。

(2) 钣金工时费厘定标准。

① 一般车型:按损坏程度及损坏面积,并结合修复部位的难易程度来核定修理工费。

② 特殊车型:价值较高的车型或老旧车型,当外观件、车身骨架及大梁等变形严重时,可以与客户和修理厂协商,修理工时费可按该配件价格的 20%～50%核定。

③ 钣金工时费计算公式:钣金工时费上限＝基础工时费×地域系数×车价系数×使用类型系数×部位系数×修理厂系数×材质系数×损坏程度系数×拆装系数。

④ 详细钣金工时参见《上海钣金工时费用标准》。

(3) 喷漆工时费厘定标准。

① 油漆工时费是指油漆材料费、油漆辅料费及油漆人工费之总和。

② 大型客车及卡车货箱按单位面积核定工费。

③ 轿车及小型客车按幅(每车 13 幅)核定工时费。

④ 两幅喷漆的,按总费用的 95%计算,三幅喷漆按 90%,四幅喷漆按 85%,五幅喷漆按 80%,六幅喷漆按 75%,七幅及以上按 70%计算。

⑤ 喷漆工时费计算公式:喷漆工时费上限＝基础工时费×地域系数×车型系数×使用类型系数×各部位系数累加值×修理厂系数×多幅漆折扣系数。

4) 定损方法

(1) 照片拍摄由外至内、由左至右、由表至里、由整体至局部。

(2) 小额案件(3 000 元以下)与客户协商现场一次性定损,签字确认不得追加;大额案件尽量一次性确认维修项目,及时确认价格。

(3) 存在待查拆检车辆对于有疑义的配件应粘贴易碎贴,确认更换与维修。

5) 定损步骤

(1) 车辆拍照。需 45°角拍摄标的车整车带牌照片、车架号与保单及行驶证核对。

(2) 确认换件。拟定换件项目及换件金额,对拟定更换的项目根据报价手册结合电话报价。

(3) 确认工时。确定修理项目及修理费用。

(4) 协商扣残。协商残值处理。

(5) 损失确认。出具损失确认书,双方签字确认。

(6) 宣传特色。讲解理赔流程和宣传公司的特色服务,发放索赔须知,收集索赔申请书。

（7）结束用语："有疑问请随时与我联系。"

2. 物损定损

车险三者物损涉及面较宽,处理时效要求较高,定损复杂程度和难易程度差异也较大,对查勘定损员专业知识和沟通能力要求很高。车险三者责任物损赔偿以直接损失为主,而职能部门在处理此类案件时往往带有惩罚性的因素,因此掌握物损定损的标准和方法是处理好三者物损定损的关键。

1）物损确定原则

（1）定损金额不能超过实际价值,因此要考虑适当的折旧。

（2）物损的定损要有具体的品种、数量、规格、型号、价格依据。

2）物损的分类

（1）货物损失。

（2）园林绿化损失,如树木、苗圃等。

（3）市政道路设施损失,如电线杆、防护栏、防离桩、话牌、消防栓等。

（4）桥隧的损失。

（5）电力、通信设施损失,如电缆、光缆、电杆、闭路电视线路、变压器等。

（6）交通工具的损失:摩托车、助动车、自行车等。

（7）随身物品的损失:如手表、手机、衣物、眼镜等。

（8）房屋及其他设备损失。

3）物损的定损要求

（1）损失金额在1000元以下或损失项目在3项以下的物损可以现场协商定损,简单注明定损依据。

（2）1000元以上或损失项目在3项以上的物损应现场确定损失项目,并由双方签字确认,经询价后出具定损单,损失项多时要附损失清单(清单上也要双方当事人签字)。

（3）物损定损要求提供详细的第一现场照片,不能提供第一现场照片的要提供物损第二现场照片,特殊情况不能提供照片的要在查勘报告上做出说明,注明定损的依据和未能提供照片的原因。

（4）物损超过3000元或其他特殊情况的要在查勘报告上单独反映物损查勘定损的基本情况。如损失的数量,程度,确定损失的依据或和客户协商的情况等。

（5）物损的照片:第一张反映标的与物损的现场全貌;第二张反映物损的全貌;第三张反映物损的损失的数量和程度;第四张为重大损失的特写;第五张为物损的规格和商标。

4）物损的定损方法

（1）货物损失的定损方法。

① 现场确定货物的名称、品种、规格、数量,再根据货物的损失程度如外包装破坏,轻度损失,中度损失、严重损失几类进行分类列清单登记,双方当事人在清单上签字确认(价格,厂方有供货发票的以供货发票价格为参考)。

② 不同程度的损失的赔付标准如下。

外包装破坏:只赔付外包装的损失,再加上适当的整理费用。

轻度损失：按货物价值的 5%～20%掌握。

中度损失：按按货物价值的 50%上下浮动 15%左右掌握。

严重损失：按货物价值的 70%再上下浮动 10%左右掌握。

全损：根据物品的属性适当扣残值(5%～20%)。

③ 按货物的厂方(供货方)的出厂价计算货物的损失金额(要注意调查真实的出厂价格,厂方有供货发票的以供货发票价格为准)。

④ 双方在确定损失的项目、数量、金额后要签订货物损失确认书,双方当事人签字。

⑤ 难以确认损失的可以聘请公估或有关技术部门进行鉴定,但定损人员应参与鉴定过程,要及时保持沟通和联系,适时提出处理主张和意见。

⑥ 本车物损要注意对超载、超高、超宽和货物总价值情况的调查确认。调查时一是要对驾驶员做好笔录;二是要查验运单;三是要对超高、超宽现场测量记录。

(2) 绿化树木、苗圃的定损方法。

① 现场确定损失的树木的品种、数量、树径及苗圃的面积。

② 按物损赔偿标准中对应的品种、规格确认对应的损失金额,全损按赔偿标准赔付,部分损失按补偿标准赔付,补偿标准按赔偿标准的 80%执行。

③ 对轻度损失的可协商赔付,但要求路政部门提供赔偿正式收据。

(3) 市政设施、桥隧的定损方法。

① 现场确认或根据现场照片确认损失的物损名称、数量、程度。

② 按市物损赔偿标准确定损金额。一般路政部门都是全损按赔偿标准赔付,部分损失按补偿标准赔付。对轻度损失设施的要按比例赔偿或扣残值(残值可以按 5%～20%掌握)。

(4) 摩托车、助动车、自行车的定损方法。

① 1 000 元以下交警快处的按交警快处金额定损赔付。

② 非交警处理的,损失金额在 1 000 元以下的尽可能一次性定损完成(注明赔付的依据)。

③ 损失超过 500 元的要列出详细的损失项目、金额清单、并要出具简单的定损单。

(5) 衣物、手表、手机的定损方法。

① 确认手表、手机、眼镜、衣物等的品牌名称,规格来确认其市场价格。

② 根据其新旧程度,购买年限等来确定其折旧比例,电子产品的年折旧率为 20%,完全按规定的折旧率执行是有困难的,可根据具体情况适度浮动。

③ 根据物损的损坏程度确定赔偿比例,轻度损坏一般可以给予 10%～20%的价格补偿,但在实际处理过程中,责任人往往全额赔偿对方损失,这里就有惩罚性的因素,我们定损时予以适当的剔除并向客户作好解释。

(6) 通信设施的定损方法。

① 通信设施的损失往往都与超高超宽等有关,定损时要注意现场取证。

② 光缆断裂的赔偿长度一般为 100 米。

③ 光纤的接续费一般为每芯 100 元以内。

④ 注意光缆、电线的材质、规格。价格可上网查询。

5）物损定损的工作步骤

（1）确定受损项目（材质、规格、型号）。

（2）确定受损程度。

（3）确定受损数量。

（4）市场询价（包括材料询价和维修费用询价）。

（5）编制物损清单或工程预算。

（6）会同被保险人与受损方协商确定损失金额。

（7）双方签字确认。

3. 定损照片拍摄要求

常见事故所需单证如表 3-2 所示。

表 3-2　常见事故所需单证

序号	事故类型	所 需 单 证
1	单车事故	标的车车损照片、事故现场照片、索赔申请书、事故证明、标的车定损单、标的车修理发票、标的车修理清单、标的车行驶证、标的驾驶员驾驶复印件、保单、被保险人身份证、被保人银行卡、其他必要单证
2	双车事故	标的车车损照片、三者车车损照片、两车复位照片、索赔申请书、事故证明、标的车定损单、标的车修理发票、标的车修理清单、三者车定损单、三者车修理发票、三者车修理清单、标的车行驶证、标的驾驶员驾驶证、三者行驶证、三者驾驶证、三者交强险保单、保单、被保险人身份证、被保人银行卡、其他必要单证
3	物损事故	标的车车损照片、物损照片、现场复位照片、索赔申请书、事故证明、标的车定损单、标的车修理发票、标的车修理清单、物损清单、物损定损单、物损发票、标的车行驶证、标的驾驶员驾驶证、保单、被保险人身份证、被保人银行卡、其他必要单证
4	人伤事故	标的车车损照片、人伤照片、索赔申请书、事故证明、标的车定损单、标的车修理发票、标的车修理清单、伤者门诊手册、伤者门诊诊断证明、伤者门诊医疗票据、伤者病假单、伤者收入减少证明、伤者门诊处方、标的车行驶证、标的驾驶员驾驶证、保单、被保险人身份证、被保人银行卡、人伤定损单、人伤探视表、其他必要单证

注：①如车辆产生必要合理的施救费用，需另外提供施救费作业单及施救费发票。②如损失过大，需填写"大案上报表"。

1）单车事故

单车事故的所需单证照片示例如图 3-4～图 3-34 所示。

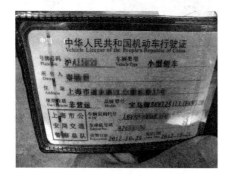

图 3-4　标的车行驶证正证

图 3-5　标的车行驶证副证

图 3-6　标的车司机驾驶证正证

图 3-7　标的车司机驾驶证副证

图 3-8　被保险人身份证正面

图 3-9　被保险人身份证反面

图 3-10　被保险人银行卡正面

图 3-11　被保险人银行卡反面

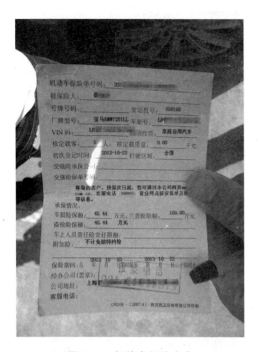

图3-12 标的车保险小卡

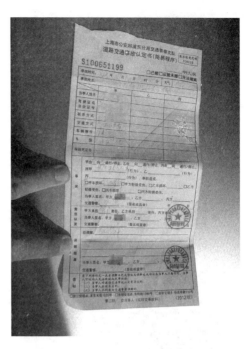

图3-13 事故证明

图3-14 事故现场照片(1)

图3-15 事故现场照片(2)

图3-16 事故现场照片(3)

图3-17 事故现场照片(4)

汽车保险与理赔实务

图 3-18　事故现场照片（5）

图 3-19　事故现场照片（6）

图 3-20　事故现场照片（7）

图 3-21　事故现场照片（8）

图 3-22　标的车照片

图 3-23　标的车损失照片（1）

图 3-24　标的车损失照片（2）

图 3-25　标的车损失照片（3）

图 3-26　标的车损失照片（4）

图 3-27　标的车损失照片（5）

图 3-28　标的车损失照片（6）

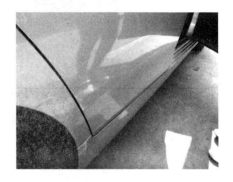

图 3-29　标的车损失照片（7）

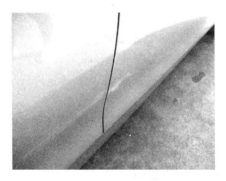

图 3-30　标的车损失照片（8）

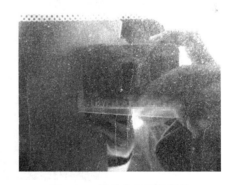

图 3-31　标的车车架号照片

图 3-32　标的车人车合影（定损员）

图 3-33　标的车人车合影（驾驶员）

汽车保险与理赔实务

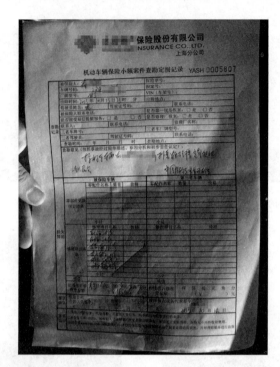

图 3-34　定损单

2）两车事故

两车事故的所需单证照片示例如图 3-35～图 3-64 所示。

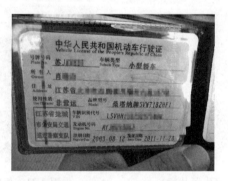

图 3-35　标的车行驶证正证

图 3-36　标的车行驶证副证

图 3-37　标的车司机驾驶证正证

图 3-38   标的车司机驾驶证副证

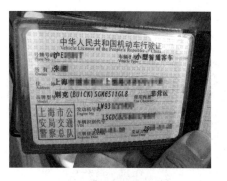

图 3-39   三者车行驶证正证

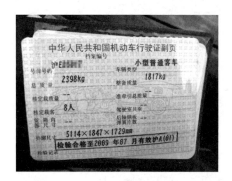

图 3-40   三者车行驶证副证（1）

图 3-41   三者车行驶证副证（2）

图 3-42   三者车司机驾驶证正证

图 3-43   三者车司机驾驶证副证

图 3-44   被保险人身份证正面

图 3-45   被保险人身份证反面

图 3-46 被保险人银行卡正面

图 3-47 被保险人银行卡反面

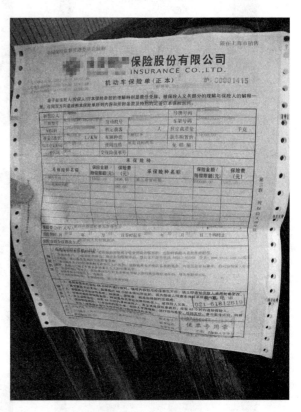

图 3-48 标的车保单

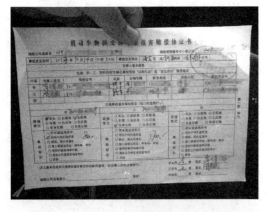

图 3-49 事故证明

图 3-50 标的车损失照片(1)

图 3-51　标的车损失照片（2）

图 3-52　标的车损失照片（3）

图 3-53　标的车损失照片（4）

图 3-54　标的车损失照片（5）

图 3-55　标的车人车合影（定损员）

图 3-56　标的车人车合影（驾驶员）

图 3-57　三者车损失照片（1）

图 3-58　三者车损失照片（2）

汽车保险与理赔实务

图 3-59　三者车损失照片（3）

图 3-60　三者车损失照片（4）

图 3-61　三者车损失照片（5）

图 3-62　三者车人车合影（定损员）

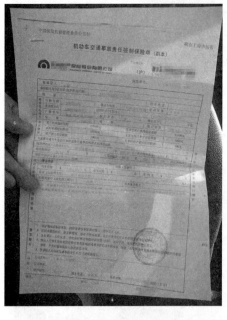

图 3-63　三者车保单复印件

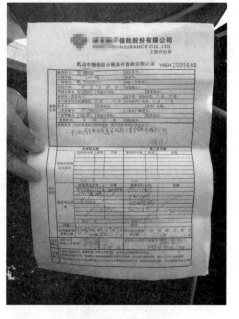

图 3-64　定损单

3）卡车事故

卡车事故的所需单证照片示例如图 3-65～图 3-92 所示。

图 3-65 标的行驶证正证(主车)

图 3-66 标的车行驶证副证(主车)

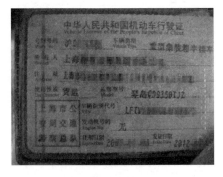

图 3-67 标的车行驶证正证(挂车)

图 3-68 标的车行驶证副证(挂车)

图 3-69 标的车司机驾驶证正证复印件

图 3-70 标的车司机驾驶证副证复印件

图 3-71 标的车营运证(主车)

图 3-72 标的车营运证(挂车)

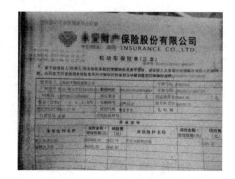

图 3-73　标的车保单

图 3-74　事故证明

图 3-75　标的车损失照片(1)

图 3-76　标的车损失照片(2)

图 3-77　标的车损失照片(3)

图 3-78　标的车损失照片(4)

图 3-79　标的车车架号照片

图 3-80　标的车人车合影(定损员)

图 3-81　标的车施救费作业单

图 3-82　三者车损失照片（1）

图 3-83　三者车损失照片（2）

图 3-84　三者车损失照片（3）

图 3-85　三者车损失照片（4）

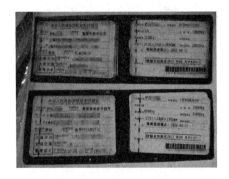

图 3-86　三者车行驶证复印件

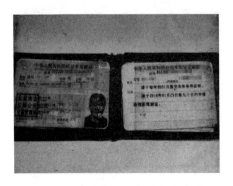

图 3-87　三者车司机驾驶证复印件

图 3-88　三者车司机从业资格证复印件

相关物品 自行保管
如有遗失 概不负责

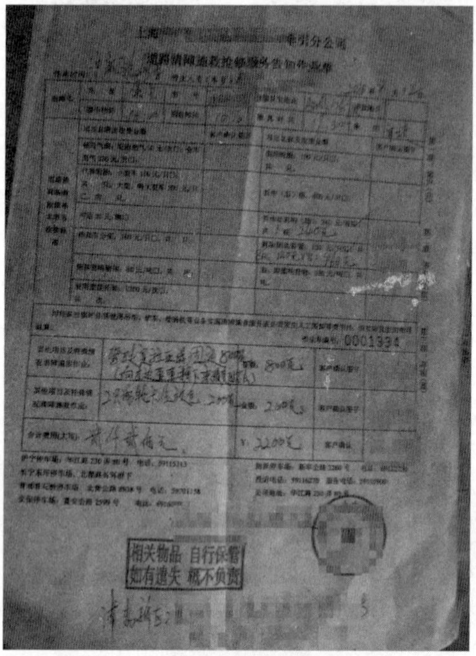

图 3-89　三者车施救费作业单

图 3-90　三者路政损失收据

保险股份有限公司
INSURANCE CO.,LTD.
上海分公司

机动车辆保险索赔申请及赔款领取授权书

图 3-91　索赔申请书(单位车辆需加盖被保险人公章)

保险股份有限公司
INSURANCE CO.,LTD.
上海分公司

机动车辆保险定损报告

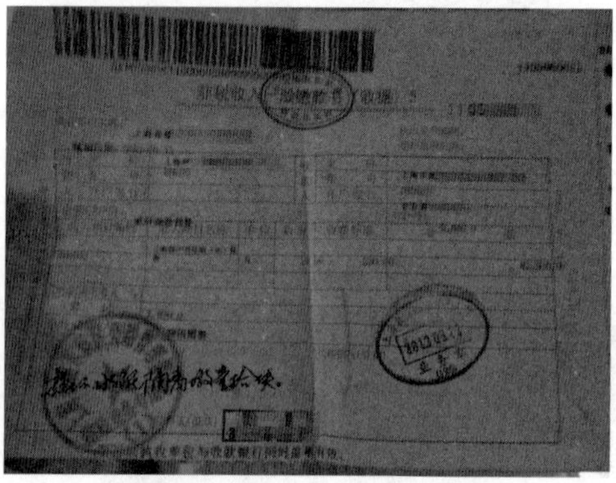

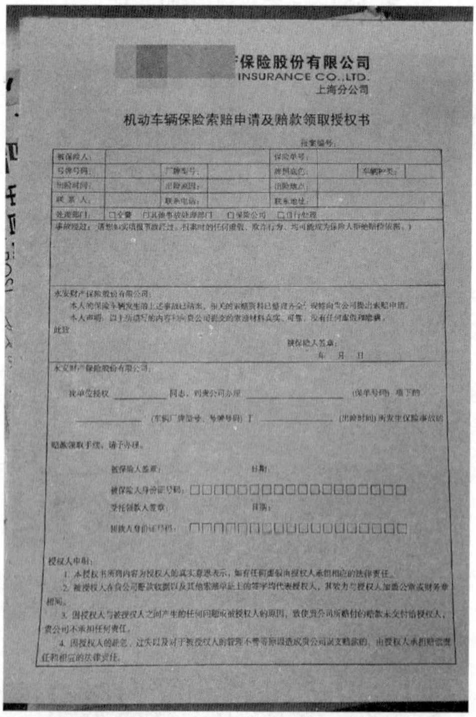

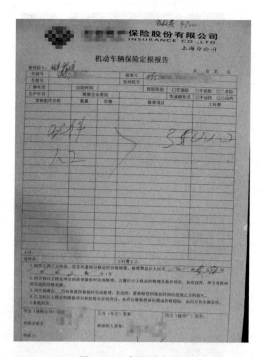

图 3-92　车辆定损单

3.3.5　核损实务

1. 核损规则

（1）核损内容：核实事故真实性、确认保险标的、判断保险责任,确定定损的合理性（工时及配件）。

（2）沟通规则：在无需更改定损金额的前提下,仅相关单证不规范,暂不作退回,于24小时内暂存处理,并电话通知定损员及时补充。

（3）一次性回退规则：在案件回退时应一次性提出需要定损员更的问题,若定损员按核损要求修正提交后,核损不得提出新的问题。

（4）时效规则：对于机构17：00以前提交的核损、核赔任务当日处理完毕。

2. 核损步骤

1）审核事故真实性

（1）事故现场痕迹、车辆碰撞痕迹与出险经过不符,存在骗赔可能的。

（2）根据碰撞力度、角度及力的传导方向分析,存在不合理的损坏。

（3）根据出险时间、地点、车型新旧、保险期限、常理推断等综合判断,存在较大道德风险的。

（4）审查互碰案件。首先确认互碰案件系统操作是否正确,其次要认真比对互碰单上的笔迹是否同一人,拨打互碰单上双方的电话确认事故的真实性,在理赔流系统上作照片复位比对,发现疑点立即提交调查。

（5）保险人、驾驶员、报案人或联系人非同一人的案件。发现这类案件,应立即电话核实每个角色人的身份及他们之间的关系,分析可能存在的疑点,必要时提交区经理调查。

（6）无法找到第三者的案件应作重点排查。主要情形有：碰人力车（对方已走或私了）、撞垃圾桶（已移除）、对方无损（对方已无法联系）、撞护栏（护栏无损或不用赔）等。对这类案件在没有明确的调查结论前均不得通过核损,所提供的事故证明均不能作为理赔的依据。

2）审核事故责任准确性

对于客户出具的协议书或交警现场开具的责任认定书应严格审核责任认定的准确性,是否存在偏责、揽责或责任乱判情形。若存在,则主动向定损员提出,即时责任跟踪并采取适当的方法向定责的交警施压,更改事故责任。

3）判断保险责任

（1）出险原因及事故损失不在保险责任范围内的。

（2）存在出险时间不在保险期间内或存在倒签单等问题的。

（3）车辆出险时实际使用性质与保单不符的。

（4）可能存在违反安全装载规定行为的。

（5）可能存在酒后驾驶行为的。

（6）存在与保单特别约定相违背并可能导致拒赔或影响赔付金额问题的。

（7）存在内部碰撞、施救造成损坏等不属保险责任的损坏位置，定损员未说明并剔除的。

4）确认定损合理性

（1）落实新工时费用标准执行情况。对于已经出单的，尽量通知追回，重新处理；无法追回的，记录超额出单金额，通知查勘定损处进行整顿、处罚。

（2）审核配件价格自定义情况。对于车型选择栏包含的车型，绝对不允许出现违规绕过核价自定义车型的情况发生，除将案件回退重新处理外，记录在案，反馈查勘定损处。

（3）多次出险损失部位重复且前次损失可能未修理的应予以剔除。

（4）配件锈蚀程度或新旧程度不合理或配件为事故前已经损坏的应予以剔除。

（5）划痕险、玻璃单独破碎险等，首先必须提供修复验车照片才能核损通过，其次必须严控定损标准。

（6）执行中心下发定损技术规范，坚持以修复为主的定损原则，不能以回收主导定损，对于需更换的部件可相应作回收处理。

（7）残值协商处理标准如下。

① 塑料件：2%；金属材料：4%；有色金属材料：5%。

② 对于可利用价值较高的部件，如水箱断脚、冷凝器破损轻微、大灯刮花、空调泵、发电机、方向机、钢圈变形、轮胎刮损、安全气囊、计算机等，均直接回收处理，可不用扣残值。

③ 对于驾驶室、车架等运输受限回收部件按残值扣减，无需回收。

④ 对于发动机缸体更换的，交警部门需回收缸体更改发动机号等与其他规定有冲突的，建议按残值扣减。

5）审核单证规范性

（1）货车应具备驾驶证、行驶证、道路运输证、道路运输从业资格证、体检回执单。

（2）出租车应具备驾驶证、行驶证、准营证、营运证。

（3）查勘报告、碰撞草图（大案碰撞草图）。

（4）高风险案件还需做询问笔录、现场照片。

（5）实名制理赔操作。检查是否有被保险人（当事人）人车合影、理赔员人车合影、理赔单证原件照片，重点检查系统留言是否准确、规范。

 ### 3.3.6　修复验车

1. 修复验车的目的

严格控制修换标准，维护被保险人利益，预防应换未换及以次充好，有效控制虚假赔案和道德风险。

2. 修复验车的内容

（1）验证配件更换的真实性：确认给予更换的配件是否更换。

（2）验证配件更换的准确性：确认给予更换的配件是否以次充好。

3. 修复验车的时机

（1）过程验车。坚持在事故车辆修复过程中进行验车。

（2）出厂前验车。客户提车前完成所有验车项目。

4. 修复验车的方法

（1）需验车配件必须在修车前粘贴易碎贴,易碎贴上需填写完整车牌号、配件名称、经办人和贴封日期等要素。

（2）对带有易碎贴的配件进行拍照留存。

（3）与客户、修理厂约定验车时间,同时,必须在定损单上注明"车辆修复出厂前需通知修复验车"告知标识,口头告知"如因对方原因,无法完成修复验车,则需验车的配件将从定损金额中剔除"。

（4）拍摄装配好的新件与粘贴易碎贴旧件对比照片。

（5）核实易碎贴的完整性,是否有人为撕毁或移位的现象。

（6）对于价值较高的电脑板等电器配件还需辅以旧件回收。

（7）按实际验车情况如实填写《修复验车报告》,并上传至理赔流"修复验车"子目录中。

（8）修复验车动作一般由案件直接处理人(定损员)完成,重大或特殊案件也可由核损员现场完成验车。

5. 修复验车审核

修复验车任务的提交由车物核损人员完成。

（1）建立修复验车台账,监控修复验车时机和时效。

（2）审核验车照片和《修复验车报告》,确认配件更换的真实性、合理性,并将结果在系统中更换项目中最终确定。

（3）如审核人与操作人出现意见分歧,由修复验车审核人上报中心集体讨论处理。

（4）验车任务提交的同时,审核人应在系统中将审核结果进行留言。

注意:配件有变化时残值或人工的重新确认。

6. 处理流程

1）定损员操作流程

定损人员提出修复验车的,对需要修复验车的项目直接在定损平台"零配件更换项目费用清单"备注栏中注明"验车"字样;定损提交前在"是否需要修复验车"选项框中选择"是",然后提交核价核损。

2）核损员操作流程

核损人员提出修复验车的,需要在核损平台"零配件更换项目费用清单"备注栏中注明"验车"字样,并在"是否需要修复验车"选项框中选择"是",然后核损通过,同时电话通知定损员告知需要验车的项目。

 ### 3.3.7　小额案件分类处理

1. 小额案件的定义

事故清晰、责任明确,损失金额在3 000元以下的所有三次以下出险案件(包括人伤案件)。

2.小额案件的操作流程

(1)判断案件类型。符合小额案件快速处理条件的,定损人员立即启动小额案件快速处理流程。

(2)现场定损。现场使用移动查勘设备定损系统与客户协商定损,现场打印定损单,双方签字确认。

(3)现场收单。现场收集客户索赔单证,现场不能收齐客户索赔单证的,由定损人员负责跟踪收集,不具备跟踪收集条件的,启动上门收单服务流程。

(4)照片上传。现场定位上传事故照片、损失照片和索赔单证照片。

(5)任务提交。现场提交查勘定损任务。需要核损处理的,电话通知核损人员优先核损,并由核损员通知立案。

(6)立案通知。定损人员完成任务提交后,立即电话通知立案人员进行立案处理,立案人员接到通知后,立即优先进行立案操作。

(7)信息流转。立案人员立案后,立即通过 AM 将案件信息传递到理算人员。

(8)理算与结案。理算人员收到小额快速处理案件后,按首接负责制要求完成三岗合一流程操作,特殊情况及时跟踪处理,确保案件处理时效。

(9)异常情况处理。各节点操作人员发现小额案件存在单证遗漏但不影响理算结果的非关键性差错时,应立即电话与被保险人核实,请被保险人补充索赔单证或启动上门收单流程,做好补救工作;发现存在影响理算结果的原则性错误时,立即进行回退处理,并及时将工作差错反馈查勘定损处,由查勘定损处重新处理和责任追究。

3.理赔服务中心的案件处理

(1)适用范围:不涉及人伤、物损的道路或非道路的交通事故。

(2)注意事项:事故车辆必须同时进同一家理赔服务中心进行登记处理。

(3)服务要求:

① 联系时效。接到案件 5 分钟内联系客户,引导事故当事人尽快到理赔中心处理。

② 规定动作。客户到达服务中心,查勘人员必须做到"起立、问好、让座"。

③ 定损要求。2 000 元以下的小额案件,必须现场查勘结束后 15 分钟内完成定损及核损;没有出单权限的,现场使用移动查勘设备提交,电话通知核损立即审核。

(4)处理流程:

① 事故登记。客户到达理赔中心,引导客户到理赔服务中心登记。

② 协商定责。了解事故经过,指导客户确定事故责任。事故责任认定有异议的,可以协调值班民警协助定责。

③ 现场复勘。现场复勘时必须对碰撞痕迹进行比对或者两车进行模拟现场复位;拍摄三者车的交强险保单信息。

④ 损失确认。2 000 元以下的小额案件必须用移动查勘设备完成定损工作,现场打印定损单,交由客户签字确认。

⑤ 现场收单。定损完成后,现场收集"三证一卡"。

⑥ 索赔告知。定损结束后,发放理赔服务卡,向客户告知本公司的特色服务。

3.3.8　小额案件的现场收单种类

1. 基本单证(三证一卡一单证)

(1) 行驶证正证及副证原件照片。

(2) 驾驶证正证及副证原件照片。

(3) 被保险人身份证原件照片(正反面)。

(4) 拍摄定损单(被保险人签字、账号)。

(5) 被保险人同名的银行卡(有银联标志的借记卡)。

2. 各类案件的补充单证

(1) 被保险人为单位的。拍摄并上传被保险人为收款单位的银行账号。

(2) 单方现场事故。拍摄事故现场照片。

(3) 多方事故。

① 拍摄对方车辆的交强险保单或交强险标志原件,能识别对方车辆保险公司名称和保单号。

② 事故证明或机动车物损交通事故损害赔偿协商协议书原件照片。

(4) 营运性客车。拍摄标的车的营运资格证原件和驾驶员上岗资格证原件。

(5) 特种车辆。拍摄驾驶员操作证原件。

(6) 标的车驾驶员持 C2 驾驶证时,必须拍摄标的车变速箱类型的照片(一般拍摄排挡杆照片)。

(7) 标的车驾驶员持 B2 或 B2 以上驾驶证,驾驶小型客车可无须提供体检回执,但驾驶与驾驶证规定一致的车型时,必须拍摄驾驶员体检回执。

3.4　大额车险案件理赔实务

3.4.1　现场查勘

1. 查勘及复勘

大案必须进行现场查勘或现场复勘,不具备现场复勘条件的,应到事故处理部门了解事故原因,同时要求当事人对标的车损失、第三方损失和碰撞痕迹进行指认,并拍摄当事人指认照片,现场寻找碰撞痕迹、散落物、制动痕迹、轮印等,事故现场照片应至少包含反映现场环境的对角照 2 张,散落物面积照 1 张,制动痕迹距离照 1 张,被碰撞物体 1 张等。

2. 痕迹测量

对标的车及第三方碰撞物痕迹进行相对应论证性测量,测量尺寸的范围包括对比性痕迹高度、对比性痕迹宽度、对比性痕迹切入深度、标的车实际装载的长度、标的车实际装载的宽度、标的车实际装载的高度、散落物飞溅面积、制动痕迹距离以及需要按尺寸数据计算的财产损失等,痕迹测量照片应包含对比性痕迹高度 2 张,对比性痕迹宽度 2 张,对比性痕迹切入深度 2 张等,拍摄涉及数量测量的照片时相机与被拍摄的数据刻度一定要呈水平状。

3. 事故调查

核实标的车的实际装载情况、判断标的车辆的实际使用性质及违规行为;了解事故成因与事发地点的通行规则,判断事故责任的分摊比例;详细了解本次事故损失程度,对各损失进行分项估损;详细了解事故中人员伤(亡)情况,分别记录伤者姓名、性别、年龄,伤者在事故中的位置,受伤的部位,伤者与事故各方当事人的关系;核实三者车辆的保险情况,判断是否在不同保险公司出现重复索赔现象,调查必须形成书面记录,每次记录应作为调查报告的附件,三者车必须拍摄其保险情况。

3.4.2　责任跟踪

现场查勘结束后,查勘人员必须对事故责任进行分析和预判,并将事故责任的预判结果迅速告知被保险人,指导被保险人按预判责任据理力争,在事故发生后一个月内应将责任跟踪结果上传至理赔流系统中。事故中涉及标的方人伤的案件,更容易让三者分摊事故责任,向被保险人讲解责任分摊结果的赔偿效果,敦促其向事故处理单位施加压力,协调向三者方分摊事故责任;当事故责任效果超出预判期望,应在事故责任认定书出具之日起,三日内协同律师共同指导事故当事人向事故处理单位的上级部门提出申诉。

3.4.3　疑难调查

对于查勘过程中发现的疑点问题要进行推论分析,并以集体会商的形式进行反复论证,列明案件疑点、确定调查方法及步骤,目前疑点调查通常采用以下的调查方法及组合形式。

1. 痕迹对比核实

所有的大额案件查勘定损时,必须使用测具对碰撞损失部位痕迹(包括第三方)的有效碰撞高度、有效碰撞宽度、位置深度进行测量,并结合事故成因、施救情况及第三方的损失情况,对案件的性质做出判断分析。

2. 人员关系调查核实

所有疑问案件必须对事故中各当事人的关系进行调查核实,分析案件中各当事人的关联性程度。

3. 走访调查

核实事故当事人提供的行踪,调查事故当事人停留处周围的环境,对有关人员进行走访问询。

4. 关联性调查

通过以上三种核查方式仍无效果,可将该维修单位或被保险人信息提供给其他保险公司请求协查或对该维修位历次理赔案件进行梳理和串线调查。

3.4.4 调查类型

（1）碰撞痕迹不符合及扩大损失案件。

（2）老旧车型深夜出险且损失较大的郊区案件。

（3）停放被撞或无法找到第三者且损失较大的案件。

（4）出险时间距保险起止日期相近的案件。

（5）出险时车辆号牌为临时移动证的案件。

（6）出险驾驶员、被保险人、行驶证车主不一致的案件。

（7）多次出险且出险时间相近的案件。

（8）报案信息与当事人描述明显不同的案件。

（9）在本公司或行业黑名单上的维修厂或被保险人涉及的案件。

（10）重大人员伤亡案件。

3.4.5 损失确定

1. 部分损失

（1）了解损失车辆的基本配置、损失程度和历史索赔情况，在不拆解的情况下对损失车辆进行报价定损（含隐损评估），除部分悬挂部件存在碰撞关系而无明显损失程度的项目外，不允许出现其他隐损项目，且每次确定好项目后需双方当事人签字，并在未拆解前对隐损部件粘贴易碎贴。

（2）首次定损时需确定全部外观性的损失和隐损部位，只允许被深层覆盖件拆解后定损，拆解损失照片拍摄应遵循逐步推进式，由外至内、由左至右、由表至里、由整体至局部的原则，反映零部件损失程度的照片要求在未拆解前或逐步拆解过程中反映损失，杜绝没有损失确定过程的零散式零部件照片，损失照片应反映零部件的装配部位、损失程度等。

（3）所有损失换件项目必须坚持"以修为主、以换为辅"的原则，对于通过修复可恢复原始使用性能的配件必须协商修复，该配件协商修复金额不得超过该配件价值的40%，杜绝"以换代修"的定损观念。

（4）大案定损工时应按实际的市场维修工时，结合本公司的情况，在各分项工时叠加后，根据案件金额的大小，扣除一定的比例，至少不少于10%。

（5）部分损失的案件残值应按金属件总价格的3%～5%进行扣减，全部损失或推定全损案件残值应按合作服务机构的残值报价进行扣减。

2. 注意事项

（1）车辆损失超过50 000元的案件，须向合作服务机构对车辆的新车购置价、市场二手交易价、残值价格进行询价。

（2）根据车辆的非拆解评估价格、市场二手交易价格、实际价值扣除残值价格进行比较，选择定损谈判方案及定损参考价格。

（3）对于涉及10年以上老旧车型案件，定损时必须了解该车型的保险价值、市场二手车交易价格、市场配件供应情况，根据该车型的保险价值、市场价值及市场配件供应情况结合实际情况进行协商处理；在处理老旧车辆案件时应掌握按拆车件或副厂件的价格为基础，打包价格不得超过副厂件价格的 30%；老旧车辆的定损价格不得超过其市场二手车交易价减残值价格。

3. 推定全损

当车辆已完全损失或五大总成四项已无修复价值的案件均可无需拆解按推定全损处理，当车辆修复费用超过接近或超过实际价值及保险金额时应按推定全损，推定全损应注意两个方面。

（1）保险金额高于实际价值的，推定全损时按实际价值进行公式计算，并按实际价值折旧及扣残值。

（2）实际价值高于保险金额时，推定全损时按保险金额进行公式计算，并按保险金额折旧及扣残值。

4. 大案会商

（1）会商的成员由总经理室分管领导、品质监控岗、大案核损岗、大案全体成员组成，每次参加会审的人数不得少于 3 人。

（2）单项车物任务损失金额在 5 万元至 10 万元案件由品质监控岗、大案核损岗、大案岗代表共同会商形成定损方案及定损金额。

（3）单项车物任务损失金额超 10 万元的案件，由总经理室分管领导、品质监控岗、大案核损岗、大案岗代表共同会商形成定损方案及定损金额。

（4）疑义案件及定损项目有争议的案件，由总经理室分管领导、品质监控岗、大案核损岗共同会商形成处理方案。

（5）大案主管负责对 5 万元以上案件和疑义案件组织集体会审，根据会审结果填写会审表，经会审人员签字后上传理赔流。

（6）每次会商须有书面的会商意见，会商意见须上传至理赔流中作为案件处理依据。

5. 修复验车

（1）需修复验车的案件需在定损单上备注修复验车的提示性告知信息，并要求有被保险人签字确认。

（2）核实定损核准更换的部件实际是否更换及核实定损核准更换的部件是否与实际更换部件一致是修复验车的两项主要工作，必要时要求维修单位提供配件购买清单及发票进行核实。

（3）修复验车照片必须是装配好的新件与粘贴的易碎贴的旧件同时对比照片，修复验车必须按实际验车情况如实填写修复验车表，并上传至理赔流修复验车子目录中。

（4）对未按定损标准更换的部件进行金额调整。

 ## 3.4.6　车险大额案件快速理赔方案

1. 适用条件

（1）事故真实、责任明确的非人伤大额案件。

（2）人伤快处大额案件。

2. 单证收集

1）必备单证

（1）行驶证正证及副证原件照片（营运性客车需拍摄标的车的营运资格证原件和驾驶员上岗资格证原件；特种车辆需拍摄驾驶员操作证原件）。

（2）驾驶证正证及副证原件照片（持 B2 或 B2 以上驾驶证，必须拍摄驾驶员体检回执；持 C2 驾驶证的，必须拍摄排挡照片）。

（3）被保险人身份证原件照片（正反面）。

（4）损失确认书（被保险人签字）。

（5）事故责任认定书。

（6）机动车辆保险事故回访笔录。

（7）机动车辆保险索赔申请书。

（8）相关票据（协商免票的案件理赔时可无须提供维修发票）。

2）支付信息

（1）被保险人为单位的：提供单位的银行企业存款账号。

（2）被保险人为个人的：提供被保险人同名的商业银行卡卡号（有银联标志的借记卡）。

3. 操作流程

（1）判断案件类型。符合大额案件快速处理条件的，定损人员立即启动大额案件快速处理流程。

（2）索赔单证收集。大案定损人员在实名制查勘定损过程中收集客户索赔单证，查勘定损流程结束后仍不能收齐客户索赔单证的，由定损人员负责跟踪收集，不具备跟踪收集条件的，启动上门收单服务流程。

（3）单证定位上传。各种类型的单证照片须定位上传，持 C2 驾驶证的排挡杆照片统一上传至理赔流"行驶证和驾驶证复印件"目录内。

（4）估损金额调整。大案人员完成任务提交后，立即通知立案人员进行估损调整，立案人员接到通知后进行估损调整。

（5）理赔信息流转。大案人员完成索赔单证收集后，立即通知立案人员将理算信息通过 AM 传递给分公司进行理算处理。

4. 相关要求

（1）全程跟踪处理。大案定损员为大额案件快速处理的直接责任人，负责大案的实务处理和立案、单证收集和结案跟踪。

（2）交强险案件处理。多方事故需拍摄对方车辆的交强险保单或交强险标志原件，能识别对方车辆保险公司名称和保单。

（3）索赔单证移交。大案人员将收集好的单证交由大案内勤人员进行分类归档，每周定期与上分进行一次单证交接。

（4）通报制度。查勘定损中心核损处将对适合快速处理的大额案件任务量进行统计,并对未按要求处理的定损人员进行责任追究。

5. 注意事项

新的《保险法》规定,三者客户有权可以直接向被保险人保险公司提出索赔申请。因此,在处理车险案件中,特别是在处理大额案件打包、免票过程中,在确认三者车物损失金额的同时,必须做到两点。

(1)明确告知被保险人支付三者修理费用的时候,为保证自己的权益,必须让对方提供收到款项的凭证(包含收到款项的时间、地点、金额、事项、签字等基本内容)。

(2)在被保险人支付维修费用时通知本公司定损员同时到场,现场监督。

具体操作流程如下。

(1)通知被保险人三者车定损金额或送达定损单时,告知其与三者客户支付维修费时需通知定损员到场。

(2)支付费用时,定损员提供格式化收款凭证给被保险人,在三者客户填写好收款凭证并交给被保险人后再给付维修费用。

(3)定损员现场对收款凭证拍照,并上传至理赔流对应报案号的案件基本资料栏内。

(4)告知被保险人需将收款凭证原件与其赔材料一并交到本公司索赔。

3.4.7　车险大额案件必备单证

1. 查勘报告

查勘报告需采用统一的上海查勘定损中心制作的《大额案件(物损)查勘报告》,查勘报告上文字用计算机打印并上传理赔流,保证内容清晰完整。所有的查勘情况及分析情况必须详细地填写在查勘报告内。

2. 询问笔录

询问笔录必须使用公司统一印制的笔录纸,笔录字迹要工整清晰,拍照上传不清晰的应扫描后上传系统,必要时对重点内容进行标注。

3. 现场草图

现场草图必须在统一的现场草图表上绘制,草图要求清晰规范,图中需标明道路情况、方位、车辆行驶方向及撞击部位,一些特殊情况需在备注栏中做出说明。

4. 事故证明

两证或操作证。

5. 定损照片

系统内照片必须准确反映损失情况,每张照片应加以说明;对于损失不明显的部位,可以用红色线条和标注在照片上着重标明,并在备注栏内对损失情况进行描述。

6. 易碎贴使用

易碎贴必须在车辆拆解前贴在待查件或底盘件上,以防止修理厂进行调包。

7. 验车照片

（略）

3.5　人伤案件理赔处理流程

人伤案件理赔处理流程包括首次调查、现场查勘、住院探视、医疗探视、医疗跟踪、援助服务和人伤核损等环节。

3.5.1　首次调查

人伤核损人员接到调度任务后,应在一个工作日进行首次调查,首次调查可通过电话方式进行。

调查方法如下。

1. 了解事故经过

了解出险时间、出险地点、事故原因、事故责任等信息,初步判断是否属于保险责任。

2. 了解受伤程度

（1）门诊案件需了解受伤人数、伤者姓名、性别、年龄、职业、就诊医院、诊断结果、目前发生医疗费用及继续治疗费用预计。

（2）急诊留观病人,除了解伤者姓名、性别、年龄、职业、目前发生医疗费用外,3 天后应进行电话回访,如伤者住院则安排住院探视,否则按普通门诊案件处理。

（3）住院治疗的重点了解受伤人数、伤者姓名、就诊医院、就诊科室、床位号、诊断结果、是否需要手术治疗、目前发生医疗费用及继续治疗费用预计,并在 3 个工作日内安排住院探视。

3. 立案预估与调整

根据调查结果,预估人伤损害金额,在理赔工作流系统案件补充说明中分项注明医疗费用和补偿费用的预估金额,并填写和上传《车险人伤案件调查表》作为立案凭证。所有人伤案件还需在 15 个工作日内进行跟踪(电话或查勘),并根据跟踪信息调整原始估损金额。

4. 履行告知义务

（1）明确为非保险责任的,可以告知客户通过保险公司电话申请注销,不予立案。

（2）属于保险责任的,主动向客户讲解理赔流程,告知保险赔偿标准和需要提交的索赔资料,重点提示客户本公司可以提供人伤案件医疗援助和法律援助服务。

3.5.2　现场查勘

非快处人伤案件必须进行现场查勘或现场复勘,现场查勘或复勘工作由查勘人员完成。

1. 现场查勘要求

查勘人员应对人伤案件发生的经过、碰撞部位和人伤情况进行详细勘察，并认真做好记录。发现能证明事故性质的痕迹或物品，应尽可能客观、完整地将其保全，可视条件采取照相、笔录、绘图、录像等形式。

1）了解肇事驾驶人员、报案人员情况，做好询问笔录

确认肇事驾驶人员和报案人员的身份；核实报案人、驾驶员与被保险人之间的关系；查验驾驶员的驾驶证是否有效；是否与准驾车型相符；准确记录被保险人或驾驶员的联系方式；认真详实做好驾驶员询问笔录。

2）详细了解人伤事故发生的全部经过情况

核实人伤事故发生的时间、地点、发生前后的经过情况，以及事故发生现场施救情况等，并详细记录所能了解到的现场情况。

对轻伤不需住院治疗的应记录伤者身份、受伤部位、受伤程度等情况；对伤情较重的应分别记录所有受伤人员的详细情况，了解伤者的伤情，是否就诊，就诊的时间及医院等；对现场死亡的应记录尸体的停放地点，及后续处理情况等；以上情况均需记录当事人和联系人的联系电话，以便后续事故处理的介入。

另外，还需确认事故发生的时间是否在保险有效期限内，对接近保险起讫期出险的案件，应特别慎重，认真核实。

3）查明事故的发生原因

人伤事故的发生原因应围绕车辆的损失状况、碰撞的部位、事故地周围遗留的痕迹、人员伤亡情况及事故当事人和周围群众所述事故发生的经过展开，通过对上述情况的认真核实及分析判断来确认事故的真实性、合理性，并积极收集相关证据。

（1）注意了解涉及事故所有车辆驾驶人员是否存在饮酒、醉酒、吸食或注射毒品、被药物麻醉后使用保险车辆的情况；是否存在故意行为。必要时应协同公安交警部门获取相应证人证言和检验证明。

（2）对存在疑点的人伤案件，应对事故真实性和出险经过做进一步核实和调查，并对相关人员及目击证人进行访问，并做好询问笔录。

（3）对于单方事故和摩托车事故，应认真核事故发生遗留痕迹、碰撞部位及当事人描述事故发生经过，判断是否与事故发生机理相符合，并做好当事人的询问笔录。

（4）对于出险时间接近的案件，须认真核查两起报案中事故车辆和人伤的损失部位、损失痕迹、事故现场、就诊情况等，确定是否属于重复索赔或冒名顶替。

4）查明事故损失情况

（1）确定人伤案件的损失类型。核实伤者人数、性别、年龄及事故发生前所在部位，以确定是"本车车上人员"还是"第三者人员"。

（2）预估人伤事故的损失金额。根据查明的各方人员伤亡情况，对人伤事故涉及的损失金额进行预估，并在查勘记录中记录。人伤事故的损失金额是指事故造成人员伤亡所涉及的直接损失金额，即不考虑事故责任比例、免赔率、赔偿比例等因素。

5）初步判断保险责任

结合承保和现场查勘情况，判断事故是否属于机动车交通事故责任强制保险或商

业机动三者险的保险责任。对不属于保险责任或存在条款列明的责任免除、加扣免赔情形的,应收集好相关证据,并在查勘记录中注明。暂时不能对保险责任进行判断的,应在查勘记录中写明理由。同时,积极与事故处理交警进行沟通,力争责任划分公正、公平。

6) 拍摄事故现场、受损车辆及伤者伤情照片

拍摄事故现场照片的目的是通过照片反映事故现场的概况,以及痕迹、物品的特征,为研究事故现场情况,分析判断事故性质和物证鉴定提供客观依据。

凡涉及人员伤亡的案件,必须对事故现场进行拍照。

(1) 第一现场查勘的,应有反映事故现场全貌的全景照片,以及反映肇事车辆号牌、车辆损失、人伤碰撞部位及损失程度的远、近景照片。

(2) 对复勘或非第一现场查勘的,事故照片应重点放在碰撞部位及损伤情况上,通过碰撞部位及损伤情况来判断事故发生机理。

7) 缮制人伤案件的现场查勘记录

(1) 根据查勘结果认真填写《人伤案件现场查勘记录》,并争取让当事人签字确认。

① 分别登记保险车辆车上人员和三者车辆、三者人员的死亡、受伤人数及伤情。

② 对于多车互碰的案件,应对每辆三者车所涉及的人员伤亡情况进行逐车登记。

③ 对人员伤亡情况较为复杂的案件,应在《人伤案件查勘记录》备注栏中进行登记。

(2) 重大、复杂或有疑点的案件,应在询问有关当事人、证明人后,在《车辆人伤事故现场查勘询问笔录》中记录,并由被询问人签字确认。

(3) 现场查勘人员应在查勘当天完成对事故驾驶员和事故伤者的追踪调查,做好驾驶员及伤者询问笔录,详细记录伤者身份、职业、收入情况,以及受伤部位和就诊医院等,死亡案件则记录死者身份、损伤部位及家庭情况等。

2. 履行告知义务

(1) 告知当事人人伤案件处理的相关法律法规及保险合同规定,以及人伤各项费用赔偿标准及处理的注意事项,如多车互碰,应告知客户先通过交强险进行赔偿处理,超过交强险责任限额的部分,由商业保险进行赔偿;医疗费补偿是按社会医疗保险的相关规定赔付等。

(2) 出具《车险人伤案件理赔须知》,告知被保险人索赔时所需提供的单证。

(3) 双方确认签字后交被保险人或报案人。

3. 现场查勘及复勘应注意的事项

(1) 确认伤亡人员明确的碰撞部位,以及碰撞后伤者或尸体所在位置及姿势。

(2) 明确路面上的车辆轮胎擦划痕迹和其他与事故及人伤相关的痕迹。

(3) 车辆机件和其他遗留物在路面上的痕迹。如自行车、摩托车被车辆撞倒时形成的挫划痕迹。

(4) 人体或随身物品划痕,如车碰撞行人,在路面上遗留鞋底划痕由重到轻,重端可判断能力为车辆行驶的方向。

3.5.3 住院探视

受害人住院治疗的,在伤者入院 3 天内进行住院探视,住院探视由查勘人员完成,伤者住院满 7 天的,必须进行医疗探视,医疗探视由人伤核损人员完成。

住院探视应了解伤情发展、治疗方案、费用情况,并对事故真实性、伤者身份、家庭关系等情况进行调查询问。

受害人损伤机理分析。所有人伤损失金额在 3 000 元以上的案件,在现场查勘、事故调查和医疗探视等工作的基础上,应由人伤调查责任人在报案后 7 天内完成受害人损伤机理分析,综合分析受害人所受损伤与事故情况是否相符,确认事故真实性和损伤合理性。

住院探视内容如下。

1. 了解事故经过

人伤案件的调查人员需面见驾驶员,了解事故发生的时间、地点、事故原因、事故责任等信息,初步判断是否属于保险责任,并完成驾驶员询问笔录。同时,人伤案件调查人员还需面见伤者,了解事故发生经过与驾驶员所述是否相符。

2. 了解受伤程度

(1) 门诊案件需了解受伤人数、伤者姓名、性别、年龄、职业、就诊医院、诊断结果、目前发生医疗费用及继续治疗费用预计。

(2) 急诊留观病人,除了解伤者姓名、性别、年龄、职业、目前发生医疗费用外,3 天后应进行电话回访,如伤者住院则安排住院探视,否则按普通门诊案件处理。

(3) 住院治疗的重点了解受伤人数、伤者姓名、就诊医院、就诊科室、床位号、诊断结果、是否需要手术治疗、目前发生医疗费用及继续治疗费用预计。

3. 立案预估与调整

根据调查结果,预估人伤损害金额,在理赔工作流系统案件补充说明中分项注明医疗费用和补偿费用的预估金额,并填写和上传《车险人伤案件调查表》(见附件)作为立案凭证。所有人伤案件还需在 15 个工作日内进行跟踪(电话或查勘),并根据跟踪信息调整原始估损金额。

4. 履行告知义务

(1) 明确为非保险责任的,可以告知客户通过 95590 申请注销,不予立案。

(2) 属于保险责任的,主动向客户讲解理赔流程,告知保险赔偿标准和需要提交的索赔资料,重点提示客户本公司可以提供人伤案件医疗援助和法律援助服务。

3.5.4 医疗探视

住院多于 7 天的人伤案件应由人伤核损人员提供专业的医疗探视服务。

医疗探视方法如下。

1. 探视前准备

（1）熟悉案情：了解事故类型、出险经过、伤亡情况，核对承保信息，拟定探视工作要点。

（2）探视预约：接到住院探视任务后，主动与被保险人预约探视时间，根据伤者所住医院的区域，合理安排查勘的行程，提高工作效率。

（3）探视准备：准备好查勘用相关资料，包括探视记录表、印泥、介绍信、录音笔和数码相机等设备。

2. 医疗探视

（1）前往医院探视：人伤调查人员接到探视任务后与被保险人联系，前往医院进行探视工作。

（2）核对伤者信息：至护士站，核对伤者姓名、年龄、性别、床号。记录伤者住院号、简单诊断、入院时间（精确到小时）。查询伤者目前账上的预缴款，已用款或欠款。如果护士站不能查询伤者的医疗费用，可以至出入院处查询。

（3）了解事故原因：至病房，首先代表保险公司向伤者进行慰问，并询问伤者受伤经过，初步判断是否是保险事故。

（4）了解受伤程度：了解伤者受伤部位、受伤程度以及既往病史，判断是否需要护理，如需要护理，了解护理人员及收入状况。

（5）拍照与取证：对伤者全貌、受伤部位、床头卡拍照存档（此三张照片必须上传理赔流），若伤者人不接受询问或者拍照的，应拍摄床头卡照片或病房标志。

（6）了解治疗情况：询问主治或责任医生，了解伤者的病情（包括入院时情况、具体诊断）、治疗情况（具体用药、手术名称、材料、疗效）、愈后情况、预估费用等。

（7）协商治疗方案：积极与主治医生或责任医生沟通协商，陈述保险理赔范围和标准，争取参与制订治疗方案和用药范围，对明显不合理的用药和治疗方案及时与主治医师或责任医生沟通，预防和减少非医保费用。向医生解释相关疾病的误工时间国家标准，预防过长的病假证明的产生。

（8）履行告知义务。

① 向客户、伤者及其陪护人员阐明保险理赔政策和理赔范围、赔偿标准。

② 对于可能涉及评残的，应告知被保险人关于评残的注意事项，优先推荐伤者到与本公司有合作的伤残鉴定机构进行伤残评定；客户不接受本公司推荐的，要求被保险人提前通知本公司关于伤者的评残日期、评残机构等情况，本公司将派专人协同伤者与被保险人一起参与评残过程。

③ 向客户讲解理赔流程，告知客户理赔时需提交的索赔资料，重点提示客户本公司可以提供"医疗专业援助"和"法律专业援助服务"。

（9）填写探视记录：将探视获取的主要信息记录在《车险人伤案件住院探视表》，在24小时内扫描上传至理赔工作流系统。

3.5.5 医疗跟踪

1. 中期跟踪

估损金额大于 10 万元的人伤案件或住院时间超过一个月的人伤案件,应进行医疗中期跟踪。

工作要求如下。

(1)跟踪内容:重点向医生了解伤者病情进展及医药费的使用情况,了解后续治疗方案和预计医疗费用和补偿费用,防止小伤大养。

(2)跟踪记录:在原《车险人伤案件住院探视表》中添加中期跟踪信息。

(3)告知义务:应告知客户在伤者出院前和事故调解前,本公司均可以提供医疗专业援助服务。

(4)信息流转:在 24 小时内将更新后的《车险人伤案件住院探视表》扫描上传至理赔工作流系统。

2. 出院后跟踪

出院时间超过三个月的人伤案件,应进行出院后康复情况跟踪,对符合结案条件的及时提供人伤援助服务。

跟踪方式:电话跟踪为主、探视跟踪为辅。

工作要求如下。

(1)跟踪内容:重点了解伤者出院后的病情治疗进展状况,防止故意拖延治疗等情形的发生,有利于缩短结案周期。

(2)跟踪记录:将每次出院后电话跟踪的内容录入理赔流系统留言内,供后期核损参考。

(3)告知义务:告知被保险人在事故调解前,本公司提供伤残鉴定的指导和现场参与事故调解以及参与诉讼的援助服务。

(4)提前结案:对于部分有提前结案意愿的伤者,在综合考虑伤情后如果判断提前结案有利于减少公司赔偿金额的,拟定提前结案方案,报运营中心人伤核损处审批。

(5)信息流转:将跟踪或提前结案的信息录入系统。

3. 伤残跟踪

适用范围:需进行伤残鉴定的人伤案件。

跟踪方式:推荐了鉴定机构的,电话跟踪,非推荐鉴定机构的,现场参与。

工作步骤如下。

1)鉴定受理

(1)对客户已告知需进行伤残鉴定的,人伤理赔人员应积极协助客户参与鉴定。

(2)对未告知,但调查或住院探视初步判断可能达到伤残等级的,应与客户沟通,积极了解可能进行伤残鉴定的时间,以便参与鉴定。

(3)对已评残未告知,或前期调查和探视不到位,或前期探视判断达不到伤残的,则应及时了解、收集鉴定结果进行分析,确定鉴定结果的真实性、合理性和公平性。

93

2）熟悉案情

人伤理赔人员登录理赔工作流系统，了解事故经过及前期的诊断及治疗情况，判断鉴定时机是否合理，发现评残时间过早的，应及时提出异议。

3）评残时机的把握

人伤理赔人员在面对评残案件时，应对案件及伤情进行认真分析，根据不同伤情判断出伤者评残的最合理时间，并提醒客户与伤者就评残时间达成一致。

4）优先推荐

人伤理赔人员接到伤残鉴定通知后，应优先推荐和引导伤者到当地公信力较高或与本公司有业务合作的伤残鉴定机构进行伤残鉴定。

5）参与鉴定

伤者不接受本公司推荐的，要求被保险人提前通知本公司关于伤者的评残日期、评残机构等情况，本公司将派专人参与和跟踪评残过程。

6）跟踪鉴定结果

鉴定后一周内应电话跟踪鉴定机构的鉴定结果，发现疑义的及时向鉴定机构反馈或要求复评。

7）信息流转

参与鉴定后，及时将鉴定结论录入理赔工作流系统，供后续核损参考。

3.5.6　人伤援助服务

1. 定义

车险人伤援助服务是指发生涉及人伤的保险责任事故后，保险公司全程参与人伤案件处理，包括协助被保险人进行事故调解、配合被保险人参与人伤诉讼，跟踪指导被保险人提供索赔资料，为被保险人提供一种更为人性化、专业化的服务援助。

2. 适用范围

适用所有人伤案件。

3. 服务方式

（1）1万元以下人伤案件以电话咨询与辅导为主，柜面咨询与调解为辅。

（2）1万元至5万元的人伤案件以柜台咨询为主，现场协助调解为辅。

（3）5万元以上人伤案件及 VIP 客户，协助被保险人进行现场事故调解甚至协助诉讼。

4. 服务流程

（1）援助服务告知：所有人伤案件在进行首次调查时即告知客户本公司开展人伤案件处理援助服务相关事宜。

（2）援助服务受理：根据客户需求、索赔金额以及前期处理情况，确定所提供的援助服务方式。

（3）了解具体案情：人伤核损人员收到援助服务要求后，应详细了解保单情况、事故经过和前期处理情况,以及受理时所处状况。

(4) 提供援助服务:人伤核损人员协助参与事故调解或应诉咨询服务的,首先,向被保险人说明事故调解的程序、权利和义务关系,讲解交通事故民事赔偿法律关系与保险合同补偿关系的差异;其次,告知本公司的赔偿标准、范围及依据,最后,根据事前准备好的调解方案,协助被保险人进行事故调解,达成调解意向并填写调解协议草案。

(5) 履行告知义务:人伤核损人员在提供援助服务时,应向被保险人详细讲解理赔流程和索赔所需提供的单证,并告知全国通赔和在线查询的特色服务。

(6) 留档备案:参与援助服务的工作人员在援助服务完成后,需将调解协议草案留档备案。

(7) 服务反馈:援助服务结束后,向被保险人发放服务意见反馈表,现场征集客户反馈意见,并根据客户反馈意见持续改进服务工作。

3.6 特殊案件理赔处理规定

3.6.1 高风险案件处理规定

1. 定义

(1) 估损金额超 10 000 元的案件。

(2) 估损金额 3 000 元至 10 000 元案件,出险次数大于或等于 3 次。

(3) 估损金额 3 000 元至 10 000 元案件,出险次数大于或等于 2 次,出险时间为 20:00 至 6:00。

(4) 估损金额 3 000 元至 10 000 元案件,出险时间距报案日期 2 天以上(包括 2 天)。

2. 处理流程

1) 判断案件类型

查勘员接到任务,根据报案信息及查勘信息,判断是否属于高风险案件。查勘定损员按照高风险案件要求完成查勘任务,及时提交高风险审核。

2) 上传相关单证

查勘定损员完成高风险案件查勘后,及时上传相应的单证,包括车损照片、查勘报告、碰撞草图、询问笔录、多次出险比对表等。

3. 高风险审核

高风险案件单证上传完毕后,高风险审核人员及时对案件进行审核。审核合格的高风险案件,高风险审核人员应在 1 天内提交高风险任务;审核不合格的高风险案件,高风险审核人员在高风险目录中留言,将该案件暂存处理,及时指导查勘定损员完成后续的调查工作。暂存的高风险案件由高风险审核人员跟踪处理,直至高风险案件完成为止。

4. 调查方法

(1) 对于出险时间接近起保日期的案件,特别是超万元案件,必须重点核实受损部位

的新旧程度及报警情况,判断出险时间是否在保险期内,并要求提供前次保单记录,重点核实涉案人员关系,判断是否由人为制造事故。

（2）所有驾驶员与被保险人、驾驶员与行驶证车主、被保险人与行驶证车主不一致的案件,必须对被保险人和驾驶员分别进行笔录,重点了解驾驶员的驾驶行为是否经过被保险人允许,车辆出险时间是否在营业性维修场所维修保养或测试期间,被保险车辆在保险期间发生转卖或转让后风险是否持续增加。

（3）对于 22 时以后出险的案件,特别是节假日夜间出险的重大案件,必须通过笔录和走访调查确定驾驶员是否存在酒后驾驶行为或调包行为,查勘时应注意事故车内是否有呕吐物,并了解车辆出险前的行踪及报警记录情况。

（4）对于水淹车案件,必须测量实际水淹的最高水位,对容易积水的多个部位进行查勘核实,分析车辆的浸水方式及实际水淹高度,并及时会同被保险人要求维修单位对浸水车辆进行拆解,同时向维修厂方提出维修意见。

（5）对于火灾及自燃案件,必须及时笔录了解起火的时间、火源的来源、起火的形态、起火时的风向、车辆行驶方向、车辆的装载情况、施救的情况、车辆的使用年限、出险前车险的维修部位及保养记录等。

（6）对于盗抢案件,必须查勘事故现场的环境,并笔录了解盗抢地点是否为收费看管、盗抢地点或路口是否有监控录像、被保险人的身份和工作性质、被保险人是否存在债权纠纷、出险前车辆是否出借、出借人与被保险关系、被保险车辆的转卖情况、被保险车辆日常使用情况和使用人、被保险车辆出险前的维修情况及配置情况,并走访事故现场附近的人员。

5. 处理要求

（1）查勘节点 3 天内必须完成系统录入。

（2）风险处理程序必须在提交后 1 天内完成资料录入。

（3）高风险审核人员通知查勘定损员完成后续的调查工作,查勘定损员在 3 天内还未处理的,高风险审核人员将下发催办函进行督办。

 ## 3.6.2　疑义案件处理规定

1. 案件认定

凡是由运营中心检查反馈、分公司核赔反馈、品质管理岗、核损员及查勘定损员在案件处理过程中发现存在疑问的案件皆认定为疑义案件。

2. 处理职责

疑义案件采用分级处理的方式,将处理的责任落实到个人。

原则上,核损通过案件核损员是该案件的处理责任人;核损未通过的案件,查勘员是该案件的处理责任人;品质管理岗检查过的案件,品质管理岗是该案件的处理责任人。

3. 处理流程

疑义案件统一由品质管理岗进行备案,然后分配给相关责任人进行处理。相关责任人在处理时效内,将案件核实清楚以后再将结果汇报给品质管理岗,由品质管理岗统一备案上报。

4. 处理要求

对于疑义案件应慎重对待,既要保证案件时效,又要做到不错赔。

5. 处理时效

(1) 仅涉及单证,或换修标准的普通疑义案件应在自案件反馈至中心起 3 天内进行处理。

(2) 需调查的疑难案件处理责任人应在 7 天内对疑义案件进行核实,并在系统内留下核实的结果。

(3) 部分较复杂案件允许适当延长时效,但是处理责任人必须在系统内写明原因及目前处理的情况。

(4) 案件核实情况在上报品质管理岗时,由品质管理岗进行最终审定。如果还是存在疑问,品质管理岗将案件退回处理责任人再进一步核实,核实的时间不超过一周。

(5) 调查无果、取证难度大、当事人不配合调查处理的上报品质管理岗,由公司内部组织会商并决定是否聘请第三方评估机构介入调查处理。

 3.6.3 注销拒赔案件处理规定

1. 注销的定义

注销案件是指事故原因不属于保险责任或事故原因虽属于保险责任,但被保险人同意放弃索赔的案件。

2. 注销的分类

注销可分为两种:报案注销和立案注销。

1) 报案注销

(1) 查勘人员电话联系报案人了解事故情况,对于明显不属保险责任且报案人同意注销的,由报案人打电话至保险公司主动申请撤销报案。

(2) 注销跟踪。查勘人员关注案件的注销进展情况,报案人未打电话撤案的,查勘人员提示报案人及时拨打保险公司电话注销报案。跟踪直至案件注销为止。

(3) 报案人不拨打保险公司电话注销报案,则由查勘定损员在"案件补充说明"中说明注销理由,后通知内勤办理注销手续。

2) 立案注销

(1) 注销上报。查勘人员上报注销案件必须上传相应的事故照片、查勘报告和直接理赔费用登记表等查勘单证。查勘报告必须注明注销理由,并且由客户签字确认。

(2) 注销处理。注销案件由立案人员进行审核,立案人员对上传单证进行审核。审核无误的,进行立案操作,然后由立案人员提交注销申请并做好登记工作。查勘资料上传不齐的,由立案人员通知查勘人员补充上传后,在进行注销处理。

(3) 注销跟踪。立案人员提交注销申请,对案件的进展情况进行跟踪,直至案件注销

为止。

（4）时效要求。上报后 1 个工作日内处理完毕。

3. 拒赔的定义

拒赔案件是指事故原因不属于保险责任，而且客户仍然坚持索赔的案件。

4. 拒赔的预警机制

（1）预警：拒赔案件作为案件管控过程中，最直接的减损手段。在查勘案件的过程中，发现案件有拒赔的切入点，要及时预警，以便超前反馈、及时布置、防风险于未然。

（2）预警时效：为便于及时地控制风险，要求案件在查勘后 24 小时内预警。

（3）预警的上报：10 000 元以下的案件上报区经理；10 000～50 000 元的案件上报大案主管；50 000 元以上的案件上报公司。

5. 拒赔的操作

1）上报

案件流转的各环节理赔人员均可申报拒赔申请。拒赔案件上报时必须上传相应的事故照片、查勘报告、调查资料和拒赔理由等相关信息。

2）初审

拒赔案件由区经理初审后，符合拒赔条件的，上报查勘定损中心核损部复核。

3）预警

核损人员接到拒赔案件上报后，需对相关单证进行审核。确认案件存在疑义的，应在案件补充说明中作预警留言。

4）处理

经核损人员审核，拒赔理由充分的，由核损人员。填写《车险赔案注销申请表》，按照拒赔审批流程流转。发现拒赔理由不充分的，及时指导查勘人员补充相关资料。

5）审批

拒赔案件审批由核损主管、品质管理岗和处室负责人会签，超权限的报运营中心核赔处审核。

6）预警解除

经审核，拒赔条件不成立的，及时案件补充说明中留言解除拒赔预警，通知查勘人员按正常案件处理。

7）提交

拒赔案件集中由立案人员在理赔工作流中进行拒赔申请的提交和登记，并对拒赔案件的进展进行跟踪，直至拒赔流程结束。

8）通知

（1）口头告知。在查勘人员收到审批意见后，1 个工作日内向客户详细说明拒赔的原因。

（2）书面告知。被保险人强烈要求本公司出具书面报告的，由中心出具书面的拒赔报告，加盖公章，传真至被保险人本人。

3.7 技能实训：一般车辆损失查勘定损

1. 安全要求及注意事项

(1) 不准赤脚或穿拖鞋、高跟鞋和裙子上课，留长发者要戴工作帽。

(2) 进入汽车实训场地后，未经老师批准，不得动用实训车上的各种设备。

(3) 实训时，未经老师批准，不准进入车厢内，防止汽车意外启动造成重大事故。

(4) 使用举升机时，支撑点必须正确，要防止车辆倾斜，升降过程中注意人员安全。

(5) 着正装或保险公司查勘工作服，佩戴工牌。

2. 设备/工具/耗材要求

(1) 设备与工具：查勘车辆、笔记本电脑、数码相机、PDA 设备、智能手机、钢卷尺、手电、简易施救工具、必要单证。

(2) 耗材：笔、伞、服务用水。

3. 保险理赔案例实训

案例 3-1　一般单车事故

2015 年 6 月 20 日 18 时，张小姐下班后驾车回家，在小区里倒车时由于估算不足，撞上了小区花坛，事故导致张小姐车子右后叶子板损伤。张小姐随即拨打了保险公司报案电话报案。保险公司客服在接到报案电话后，首先询问了出险事故车的保险信息，并在系统内搜索相关保单信息，对案件的详细情况进行记录，在要求张小姐拨打 110 进行报警后马上派定损员前往事故现场进行查勘。半小时后，保险公司定损人员小李到达张小姐所在小区，对事故现场进行了查勘，并对事故车辆及碰撞部位、事故证明材料等进行拍照存档。在了解事故损失情况后，小李根据现场查勘情况开具了定损单及查勘报告，同时，张小姐在定损单及查勘报告上签字进行确认。

(1) 按要求填写索赔申请书(见作业单 3-12 机动车辆保险索赔申请及赔款领取授权书)。

(2) 按要求填写定损单及查勘报告(作业单 3-13 机动车辆保险小额案件查勘定损记录)。

(3) 使用相机拍摄标的车车损照片、事故现场照片。拍摄方法参照图 3-93～图 3-96。

图 3-93　标的车损失照片(1)

图 3-94　标的车损失照片(2)

图 3-95　标的车损失照片（3）　　　　　　　**图 3-96　标的车车架号照片**

（4）使用相机拍摄事故证明、标的车行驶证、标的驾驶员驾驶复印件、保单、被保险人身份证、被保人银行卡、标的车定损单。拍摄方法参照图 3-97～图 3-106。

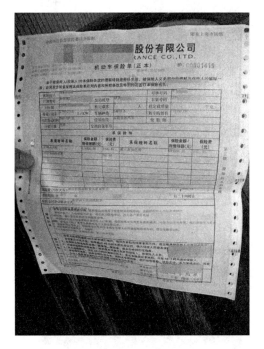

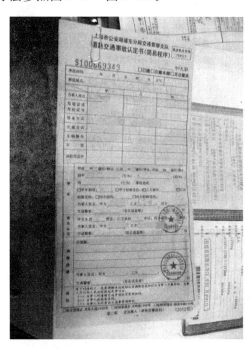

图 3-97　保单　　　　　　　　　　　　　　　**图 3-98　事故证明**

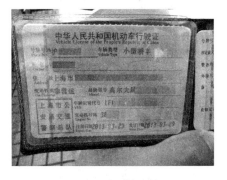

图 3-99　行驶证正证　　　　　　　　　　　**图 3-100　行驶证副证**

图 3-101　驾驶证正证

图 3-102　驾驶证副证

图 3-103　身份证正面

图 3-104　身份证反面

图 3-105　银行卡正面

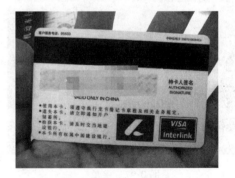

图 3-106　银行卡反面

案例 3-2　一般两车事故

　　小王周六与女朋友相约去郊区自驾游。下午返城时,小王驾车不慎与前方一辆别克车发生追尾。双方下车查看后发现损失不大,在用手机对碰撞部位等进行简单拍摄后,双方将车辆移到路边。随后小王拨打了 110 电话报警,交警达到现场后根据事故情况判定该事故小王负全责并指导事故双方现场填写《机动车物损交通事故损害赔偿协议书》。随后,小王电话通知了自己的保险公司,进行报案,保险公司随即指派了定损人员小刘与小王进行了联系,双方约定在就近的事故处理中心进事故定损。在事故定损中心,定损员小刘根据报案信息,对双方车辆进行了定损,并对损失部位、事故证明材料等进行拍照存档。根据现场查勘情况小刘开具了定损单及查勘报告,同时,事故双方在定损单及查勘报告上签字进行确认。

(1) 按要求填写《机动车物损交通事故损害赔偿协议书》(见作业单 3-16 机动车物损交通事故损害赔偿协议书)。

(2) 按要求填写索赔申请书(见作业单 3-12 机动车辆保险索赔申请及赔款领取授权书)。

(3) 按要求填写定损单及查勘报告(见作业单 3-13 机动车辆保险小额案件查勘定损记录)。

(4) 使用相机拍摄标的车车损照片、三者车车损照片、事故现场照片。

(5) 使用相机拍摄事故证明、标的车定损单、三者车定损单、标的车行驶证、标的驾驶员驾驶证、三者行驶证、三者驾驶证、三者交强险保单、保单、被保险人身份证、被保人银行卡。

案例 3-3　一般物损事故

上周,小明驾车去银行办事,由于路线不熟悉开过了头。在路口掉头时,不慎撞上路边花坛。事故导致花坛内一株小树苗折断,小明的车右前侧损坏。事故发生后,小明马上拨打了 110 报警,并电话通知了保险公司,客服在核对了保险信息后,对事故情况进行记录并马上指派定损人员前往事故现场查勘。定损员老吴到达现场后,马上对现场情况进行查勘,并根据路政部门开具的路政损失收据(参见图 3-90)对物损情况进行定损。对损失部位、事故证明材料等进行拍照存档。定损完成后,老吴根据车、物损情况开具定损单及查勘报告,同时,小明在定损单及查勘报告上签字进行确认。

(1) 按要求填写索赔申请书(见作业单 3-12 机动车辆保险索赔申请及赔款领取授权书)。

(2) 按要求填写定损单及查勘报告(见作业单 3-13 机动车辆保险小额案件查勘定损记录)。

(3) 使用相机拍摄标的车车损照片、事故现场照片、物损照片(拍摄方法参照图 3-107、图 3-108)。

图 3-107　物损照片

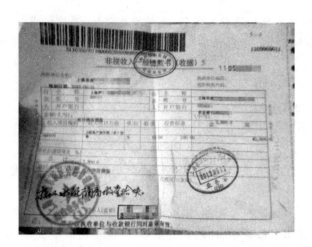

图 3-108　物损清单

（4）使用相机拍摄索赔申请书、事故证明、标的车定损单、物损清单、物损定损单、物损发票、标的车行驶证、标的驾驶员驾驶证、保单、被保险人身份证、被保人银行卡。

案例 3-4　小额人伤事故

小朱新考了驾照，第一天上路，转弯时不小心把正常过马路的常老太太撞到了。导致其右脚踝扭伤。小朱随即拨打了 110 报警，同时电话通知了保险公司。交警判定小朱负本次事故全责。并叫来救护车把常老太太送去了医院。保险公司客服在接到小朱的报案后，自行核对保险信息详细记录事故情况，并指派了定损员王师傅对案件进行查勘定损。王师傅在赶到事故现场后，对肇事车辆进行了查勘，发现标的车没有损坏，随后王师傅对车辆及事故证明等材料进行拍照存档（拍摄要求见本模块 3.3.4 定损实务），并根据事故情况填写了查勘报告。同时，小朱在定损单及查勘报告上签字进行确认。随后王师傅与常老太太取得了联系，询问了解伤情及治疗情况，并填具人伤案件调查表（见作业单 3-2 车险人伤案件调查表（第 1 次）），对三者伤情进行记录，以便后续人伤核损人员对伤情发展作出准确判断。

（1）按要求填写索赔申请书（见作业单 3-12 机动车辆保险索赔申请及赔款领取授权书）。

（2）按要求填写人伤案件调查表（见作业单 3-2 车险人伤案件调查表（第 1 次））。

（3）按要求填写定损单及查勘报告（见作业单 3-13 机动车辆保险小额案件查勘定损记录）。

（4）使用相机拍摄标的车车损照片、事故现场照片、人伤照片（拍摄要求见本模块 3.3.4 定损实务）。

（5）使用相机拍摄事故证明、标的车定损单、伤者门诊手册、伤者门诊诊断证明，伤者门诊医疗票据，伤者病假单、伤者收入减少证明、伤者门诊处方、标的车行驶证、标的驾驶员驾驶证、保单、被保险人身份证、被保人银行卡、人伤定损单、人伤探视表（拍摄要求见本模块 3.3.4 定损实务）。

4. 判断车辆损失是否达到换修标准

1）钣金

（1）车身

目前，汽车上所采用的整体式车身结构，包括最新型的整体式车身，其车架和车身均是由大量不同尺寸、不同形状的薄钢板组成。这些薄钢板通过装配或焊接组成一个整体。这样保证整体式车身具有一个整体的结构刚度。车身的强度也由每个分部分共同承担。动力系统（发动机）、传动系统和悬架被固定在加强地板、边梁和横梁上，如图 3-109 所示。加强地板、边梁和横梁又称作下部车身，提供了车身的最大强度。整体式车身取消了独立的车架和车身。

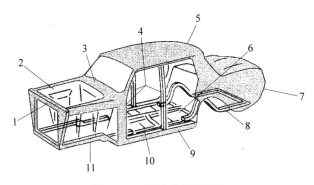

图 3-109　整体式车身结构

1—散热器托架（前围）；2—车轮罩板；3—中围板；4—车门立柱；5—车顶盖；
6—地板；7—后叶；8—后梁部分；9—地板边梁；10—地板梁；11—前梁

车身的损坏可分为五种不同的形式：歪斜、下垂、弯皱、呈菱形和扭曲。

车身一般在中围板、地板受损变形严重且经修理后钢板材质发生质变、影响今后使用安全的前提下予以更换。

（2）叶子板

更换叶子板或整形所要拆装的部件：内衬、边灯、大灯、前保。

修复工艺：小面积修理可先拆内衬，根据损坏部位来决定是否拆装其他部件，如：保险杆、天线等，修理可使用内顶、吊拉、敲击。

更换条件：前大灯基点破损、叶子板无规则撕裂、缺损、多重皱折。

注意事项：大面积变形不是更换的必要条件。

（3）机盖（引擎盖）

机盖结构：骨架、皮、机盖锁座。

修复工艺：常规修理无须拆卸，可直接在车上修理，如吊拉、内顶、敲击等，损坏面积较大或筋骨需整形则要拆卸剥皮修理。

更换条件：表面 50% 以上凹陷、四边撬起、加强筋（骨架）严重变形、大面积铲伤、机盖锁复合加强固定部位破坏；中部成拱状，且夹角小于 90°。

注意事项：更换时要注意查看机盖铰链、锁扣、撑杆、机盖照明灯等附件。

（4）车门

车门结构：门壳、摇窗机、门玻璃、导向滑槽、落水密封条、内饰板、杂物箱、内扣手、门内拉手、门锁、外饰条(或外饰板)、外拉手、倒车镜、音响喇叭。

修理工艺：一般整形需拆内衬，整形面积较大的要考虑拆装摇窗机以及视情况是否拆卸玻璃、滑槽等，更换时需拆装反光镜。

在整车的车门中驾驶室门是使用频率之最，在可换可不换的情况适当放宽。

车门更换条件：车门撕裂(不包括平行规则破裂)、车门撞击后使车门内骨架变形、大面积擦伤、窗框扭曲明显变形。

注意事项：更换时了解该车型是否有门皮、窗框等单件更换，奥迪 A6、奥迪 100 等只有门壳及窗框。

（5）前围

结构：由分体式与整体式之分。

分体式：由上横梁、下横染、大灯框架组成，如：富康、奥迪、红旗、别克。

整体式：桑塔纳、捷达。

修理工艺：一般情况需拆中网、大灯、水箱、冷凝器等，如下横梁整形需拆保险杆。

更换条件：分体式严重变形(单件更换)，整体式下横梁严重变形。

注意事项：更换要慎重，根据不同结构区别对待。

（6）后叶子板

左右后叶子板、一般通常有一面是带油箱盖(加油孔盖)结构、后叶子板门边框、后斜柱板。

修理工艺：同前叶子板。

更换后叶子板条件：无规则的撕裂、呈波纹型的皱纹、加油孔撞击后无法按正常钣金整形、角处无基点。

注意事项：尽量以修复为主，如更换有加油口的需拆油箱。

（7）后围

后围分两种：一种为后围板；另一种为后围梁。

修理工艺：修理后围板，需拆卸后尾灯；修理后围梁，需拆后保险杆，可用吊、敲等常规方式修理。

更换条件：破裂、严重变形、无基准。

注意事项：后字牌一般为一次性的。

（8）左右纵梁

纵梁是车壳整体及发动机安装载重部分，纵梁不正直接影响车辆轴距，导致车辆不能正常行驶。

修理工艺：纵梁变形，一般以修复、校正为主。

更换条件：开口(焊点拉开)、扭曲断裂。

（9）后厢盖

结构：盖体、锁、灯具、铰链等。

修理工艺：同机盖，如附带后尾灯的需拆卸尾灯，一般修理可在车上进行，后厢盖变形，一般以修复、校正为主。

更换条件：无规则撕裂、以破损为主、加强筋严重变形、骨架分离。

注意事项：修理及更换时注意观察铰链及锁机构。

（10）车顶

修理工艺：一般无破损性损坏无须更换，轻微损坏可不拆内衬，以吊拉复原。

更换条件：起皱、破损、大面积变形。

注意事项：车顶有单铁皮及附带骨架之分。

2）底盘

底盘的结构：由转向系统、悬挂系统、制动系统组成。

（1）转向系统：分为手动转向系统和助力转向系统。

结构：方向机、横拉杆、转向节、助力转向油泵、转向柱、转向盘。其中，方向机有机械和液压两种，多为铝合金与铸钢外壳。分循环球式和齿轮齿条式。

检查方向机损坏：

① 看撞击点方向机是否受伤。

② 排除伤迹以后，左右打方向，如手感左右不一，检查齿条是否变形、液压方向机一定要打开高压油管或发动以后检查泄漏。

③ 如一时无法判断，可以断开方向左右球头、拉杆，使方向机在毫无负荷的情况下检查。

更换条件：外表损坏、齿条是否弯曲。

助力转向油泵：一般情况下外皮带盘容易变形，可以更换。泵体以泵轴用手转动无阻力为准（将油管泄压）。

转向拉杆：由可调套管、内球头、外球头组成。更换以断裂为主。

齿轮齿条式转向系统如图 3-110、图 3-111 所示。

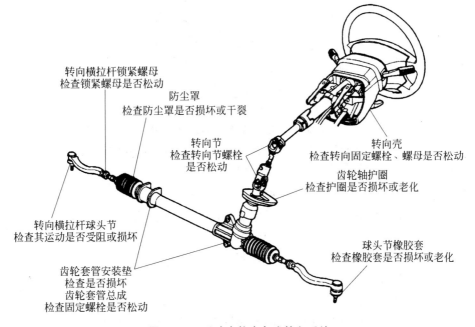

图 3-110　手动齿轮齿条式转向系统

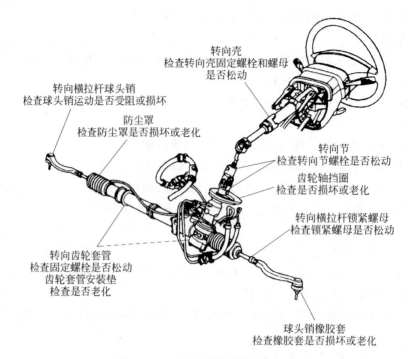

图 3-111　助力齿轮齿条式转向系统

循环球式转向系统如图 3-112 所示。

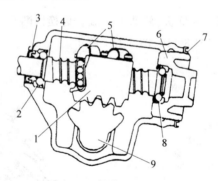

图 3-112　循环球式转向系统的结构

1—方形螺母；2,8—球轴承；3—密封；4—蜗杆；5—循环球和导槽；

6—调整塞；7—螺母；9—扇形齿轮轴

（2）悬挂系统分为半独立式悬挂和独立式悬挂，结构如图 3-113、图 3-114 所示。

避震外壳（柱杆）：内、外倾角超过其本身自由角，有被撞击后的伤迹（泥、漆成皱纹型扭曲）

三角摆臂：以锁紧孔撕坏、扭曲变形以眼见为准。

球笼：以内部滚珠碎落为准。

半轴：弯曲、转动轮胎来判断。

注：悬挂系统由于较难判断其损坏件，还可以用排除法确定更换件。

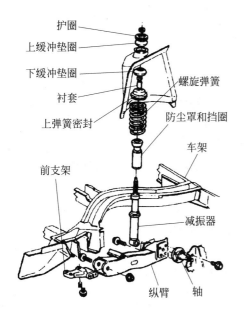

图 3-113　后悬挂(非独立式)

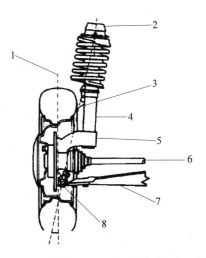

图 3-114　麦弗逊悬架前悬挂系统(独立式)

1—真实轴线；2—上支座；3—转向轴倾斜角；
4—柱杆；5—驱动轴；7—下控制臂；8—球头节

（3）元宝梁（边梁和横梁框架结构）：起横距、载重、前轮定位作用，如图 3-115 所示。

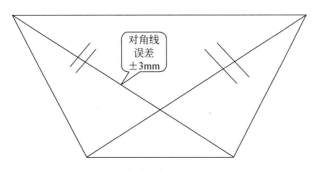

图 3-115　元宝梁对角线比较的方法

判断：除撞击可以明显地目测到以外，还可以从元宝梁对角线来测定以及检查固定螺栓、衬套（除正常磨损外）。

对角线比较：误差±3mm 内，不换。

（4）后桥。

判断：检查后轮边外倾斜角度（除桑塔纳 2000 型外，因本身设计有外倾角），在转动轮时发现轴头变形以外，可用以下办法来验证后桥。

① 先从后桥找中心点，向后桥固架两端延伸，比较两端延伸轴距，误差在±5mm 以内。

② 检查后桥孔是否扭曲。

③ 如独立后悬挂,受撞击后一般是后桥摆臂变形。

各种车辆损坏以眼见为准。

3)制动系统

制动系统由制动总泵、制动管路、制动软管、制动分泵、制动助力器、防抱死制动泵(ABS)、驻车制动器、轮鼓/轮盘、制动蹄/片、车速传感器等组成。

制动总泵:外壳多为合金,受撞击后以裂痕、断裂为依据予以更换。

制动分泵:多为合金,受撞击后以裂痕、断裂为依据予以更换。

制动助力器:壳为薄金属,受撞击后以变形为依据(因内在皮膜可能漏气)。

防抱死制动泵(ABS):一能模块与泵体可分体更换。

4)动力系统

动力系统由发动机、离合器、变速箱、差速器、传动轴组成

(1)发动机由缸盖、缸体、进排气门、凸轮轴、曲轴、连杆、活塞以及外部辅件等组成。

缸盖:由铝合金、铸钢、铸铁三种材料浇铸,内有水道、油道。

判断缸盖是否更换的方法。

① 看被撞部位是否在水道、油道上。

② 撞击部分是否存在隐性裂纹。

注:一般损坏、缺损都可以修复。

缸体:同缸盖。

曲轴:为铸件一般不会变形,以断为准。

注:有些表面经过特殊处理,维修手册上注明,按实际情况处理。

辅件:发电机、空调泵、水泵、分电器。

发电机:以外壳碎、裂为准。

空调泵:以泵体碎裂为准,一般受撞击后,大都为损坏电子离合器,可单换。

(2)离合器是用于分离或接合发动机与手动变速器或传动轴之间联系进行动力传递的装置。它采用摩擦片、压盘、飞轮表面和分离轴承来完成。

一般受撞击后不会损坏。

(3)变速箱是由一系列齿轮组成的装置,用以提高驱动轮上的扭矩,以便能够顺利加速。在自动变速器中,采用液力变矩器代替离合器。

5. 确定工时费用

参考如表3-3～表3-6所示的工时收费标准,计算车辆维修工时费用。

表3-3　保险事故车工时参考表

修理工时单价	适用车型	修理工时单价	适用车型
20	8万～18万元 桑车、波罗、高尔夫、宝来、凯越等	32	32万～50万元 奥迪、荣御、皇冠等
28	18万～32万元 广本、别克、帕萨特等	50	50万元以上 凯迪拉克、宝马、奔驰等

表 3-4　整形修理工时

整形内容	小面积（900cm² 下）	中面积（2 500² cm 下）	大面积（2 500cm² 上）
车顶整形	5	12	20
前部			
机盖整形	2.5～5	10	15
前叶子板整形	2.5	5	8
水箱框架整形（上部）	2.5		
水箱框架整形（下部）	7		
保险杠骨架整形	2.5		
前纵梁整形	5～10		
前立柱整形	10		
前挡框架整形	5		
中部			
排气管	4		
中柱整形	5～10		
后立柱整形	8 以下		
车门整形	2.5～5	12	20
中围板整形	5		
车身底板整形	2.5	8	15
车身边梁整形	10 以下		
尾部			
行李箱盖整形	2.5～5	10	20
后围板整形	2.5～10		
行李箱底板整形	2.5～8		
后叶整形	2.5～5	10	15
后纵梁整形	5～20		
后挡框架整形	5 以下		
后三角窗框架整形	6 以下		

表 3-5　更换修理工时

单拆内顶	5	拆装后叶	15
玻璃拆装	5（嵌入）10（黏结）	拆装中网	1
拆装机盖	2.5	拆装前保	2.5
拆装前叶	5	拆装前保骨架	2.5
拆装轮罩	1	拆装后保	2.5
拆装水箱框架	10	拆装水箱、冷凝器	8
拆装前纵梁	15	抽真空加液	5
拆装中立柱	15	拆装或更换仪表台	15
拆装车门	10	拆装大灯	1
拆装车门内饰板（含窗机等附件）	4	拆装前小灯	0.5
		拆装后尾灯	1
拆装行李箱盖	4	拆装前避震	4
拆装后围板	8	拆装方向盘	1

续表

拆装方向机	10(机械)15(液压)	拆装冷泵电子离合器	5
拆装排气管	2(后)3(中)3(前)	拆装助力泵	2
拆装正时皮带	4	拆装油底壳	5
拆装涨紧轮	2	拆装空滤	2
拆装水泵	2	拆装外视镜	1(机械)2(电动)
拆装发电机	2	拆装悬挂系统	10(以下)
拆装冷泵	2	拆装各种皮带	1

表 3-6　漆工工时

部　　位	工时	漆辅料(元)
车顶喷漆	10	220
中网喷漆	2	50
前保喷漆	8	180
水箱框架喷漆	2	50
发动机盖喷漆	10	220
前叶喷漆	6	150
前围框喷漆	2	80
前纵梁喷漆	2	50
中围板喷漆	2	80
前轮内罩板喷漆	2	50
下边梁喷漆	5	80
前立柱喷漆	2	50
中柱喷漆	2	50
车门喷漆	8	200
上边梁喷漆	5	100
后叶喷漆	8	200
后纵梁喷漆	2	50
后围喷漆	5	100
后行李箱盖喷漆	10	220
后轮内罩板喷漆	3	80
行李箱底板喷漆	3	120
后行李箱门喷漆	10	220
后围板喷漆	5	150
车身底板喷漆	10	200
饰条喷漆	1	40
后视镜喷漆	1	40
大灯框喷漆	1	40
裙边饰板喷漆	4	80

注：金属漆、人工及漆辅料同时上浮 20%，如损坏两件(大件)以上，相加后下浮 20%，新件油漆辅料再上浮 20%。

人工制定的指导思想如下。

（1）体现主动、准确、公平、迅速的定损原则。

（2）该人工以每一项目的单一人工计算，无叠加人工。

（3）工时取最大值及最小值区间。

（4）更换总成件已包含拆装。

（5）根据实际情况，如材料价格较大，以鼓励修复，降低修理费用，可依据人工上限上浮 50％计算。

（6）该人工单项工时数为最高限额。

 练习与思考题

1. 判断题（正确的打√，错的打×）

（1）现场优先原则中现场案件是指客户报案时，出险车辆在事故现场或事故现场附近的案件，现场案件优先调度出险地就近查勘定损人员。　　　　　　　（　　）

（2）对于事故碰撞痕迹明显或事故损失较大，保险车辆失去行驶能力的单方事故，可以通过目测的方法判断事故真伪。　　　　　　　　　　　　　　　（　　）

（3）标的车的定损原则应尽量满足客户要求，可以调换的一律调换。　（　　）

（4）工时费核定标准：根据配件价格大小。　　　　　　　　　　　　（　　）

（5）物损的定损要有具体的品种、数量、规格、型号、价格依据。　　（　　）

（6）修复验车的目的是为了严格控制修换标准，维护被保险人利益，预防应换未换及以次充好，有效控制虚假赔案和道德风险。

2. 不定项选择题

（1）（　　）不是理赔必要单证。

　　A. 标的车司机驾驶证　　　　　　　　B. 三者车被保险人身份证

　　C. 标的车行驶证　　　　　　　　　　D. 被保险人身份证

（2）小额案件必须同时满足（　　）等条件。

　　A. 事故清晰　　　　　　　　　　　　B. 责任明确

　　C. 损失在 3 000 元以下　　　　　　　D. 出险三次以内

（3）疑难案件调查包括（　　）。

　　A. 痕迹对比核实　　　　　　　　　　B. 人员关系调查核实

　　C. 走访调查　　　　　　　　　　　　D. 关联性调查

（4）大案定损工时应按实际的市场维修工时，结合本公司的情况，在各分项工时叠加后，根据案件金额的大小，扣除一定的比例，至少不少于（　　）。

　　A. 3　　　　　　　B. 5　　　　　　　C. 15　　　　　　　D. 10

（5）受害人住院治疗的，在伤者入院（　　）天内进行住院探视，住院探视由查勘人员完成，伤者住院满（　　）天的，必须进行医疗探视，医疗探视由人伤核损人员完成。

　　A. 7　　　　　　　B. 8　　　　　　　C. 3　　　　　　　D. 1

3. 简答题

（1）汽车理赔的基本流程包括哪些步骤？

（2）现场查勘上岗前需要做哪些准备工作？

（3）简述复勘的步骤。

（4）车辆定损原则是什么？

（5）简述修复验车的方法。

（6）简述小额案件操作流程。

（7）推定全损应该注意哪几个方面？

（8）车险大额案件的必备单证有哪些？

（9）核对标的车应注意哪些地方？

模块 4

互联网时代的汽车保险

近年来,互联网和移动互联网的迅猛发展对很多传统行业带来了新的挑战。我国保险业已经发展了几十年,但近年来的发展速度却逐渐放缓,行业发展的瓶颈促使人们去探寻新的保险商业模式——互联网保险。

本模块将对目前互联网保险概况进行简要介绍。

◎ **学习目标**

1. 知识目标
(1) 了解互联网保险的含义及优势;
(2) 了解互联网保险的主要经营模式;
(3) 熟悉目前常见互联网承保及理赔方式。

2. 能力目标
(1) 能够简单列举互联网保险的主要经营模式及代表;
(2) 能简单总结互联网保险与传统保险的差异。

◎ **案例导入**

小李车险快到期了,听说互联网保险方便快捷,但不知道如何才能购买,出险理赔又和传统保险有什么区别。

◎ **学习方案**

(1) 了解互联网保险承保知识;
(2) 了解互联网理赔流程等;
(3) 了解传统理赔与互联网理赔的服务区别。

拓 扑 图

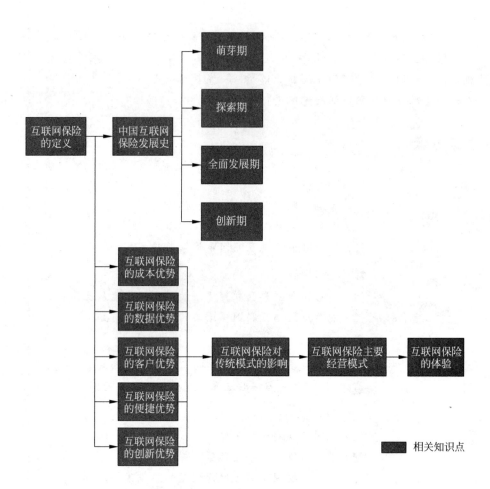

萌芽期

探索期

全面发展期

创新期

互联网保险
的定义

中国互联网
保险发展史

互联网保险
的成本优势

互联网保险
的数据优势

互联网保险
的客户优势

互联网保险对
传统模式的影响

互联网保险主要
经营模式

互联网保险
的体验

互联网保险
的便捷优势

互联网保险
的创新优势

相关知识点

4.1　互联网保险概况

随着互联网技术的发展,互联网金融随之应运而生。互联网已逐渐成为金融市场中一个重要的交易渠道和不可分割的重要组成部分。保险公司适应新形势的发展,纷纷加入互联网金融的创新浪潮中积极开展互联网保险业务。本文通过分析互联网保险的优势和发展中存在的主要问题,提出了互联网保险发展的策略。

 4.1.1　什么是互联网保险

互联网保险是新兴的一种以计算机互联网为媒介的保险营销模式,有别于传统的保险代理人营销模式。互联网保险是指保险公司或新型第三方保险网以互联网和电子商务技术为工具来支持保险销售经营管理活动的经济行为。

 4.1.2　中国互联网保险发展史

从 1997 年我国产生第一张通过互联网销售的保险单开始,互联网保险在我国发展已有近 20 年的历史。2011 年至 2013 年,国内经营互联网保险业务的公司从 28 家增至 60 家,年均增长达 46%;规模保费从 32 亿元增至 291 亿元,3 年间增幅总体达 810%,年均增长率达 202%;投保客户数从 816 万人增至 5 437 万人,增幅达 566%。纵观互联网保险的发展历史,可以分为四个阶段。

1. 萌芽期(1997—2005 年)

1997 年年底,我国第一个面向保险市场和保险公司内部信息化管理需求的专业中文网站——中国保险信息网诞生,成为我国最早的保险行业第三方网站。在成立当天即收到客户的投保意向书,从而实现了我国第一张通过互联网销售的保险单,标志着我国保险业迈入了互联网之门。2000 年 3 月,首次实现网上投保功能的电子商务保险网站"保险网"诞生;2001 年 3 月,太保北京分公司开通了"网神",推出了 30 多个险种,开始了真正意义上的保险网销。

然而,鉴于当时互联网和电子商务整体市场环境尚不成熟,配套制度不健全,消费者对互联网保险的认识不深入等原因,加之第一次互联网泡沫破裂的影响,这一阶段互联网保险市场未能实现大规模发展,整个互联网金融的发展举步维艰,对保险公司业务发展的促进作用有限。

2. 探索期(2005—2011 年)

2005 年 4 月《中华人民共和国电子签名法》的颁布,成为互联网保险步入加速发展期的标志。《电子签名法》是我国推进电子商务发展,扫除电子商务发展障碍的重要步骤,被称为"中国首部真正意义上的信息化法律",自此电子签名与传统手写签名和盖章具有同等的法律效力。随即,中国人保财险实现了第一张全流程电子保单。截至 2009 年年底,全行业实现网上保费收入合计 77.7 亿元,其中财产险保险收入 51.7 亿元,人身险保费收入 26 亿元。与此同时,阿里巴巴等电子商务平台的兴起为中国互联网市场带来了新一轮的发展热潮。伴随着新的市场发展趋势,互联网保险开始出现市场细分。一批以保险中介和保险信息服务定位的保险网站纷纷涌现。有些网站在风险投资的推动下,得到了更大的发展。

然而,由于此时网络渠道的有限性,网络信息缺乏诚信保障,加上各保险公司对互联网的认识不一等原因,虽然互联网保险发展已步入正轨,但保费规模还是相对较小,电子商务渠道的战略价值还没有完全体现出来,因此在渠道资源配置方面处于被忽视的边缘地带。保险电子商务仍然未能得到各公司决策者的充分重视,缺少切实有力的政策扶持。

3. 全面发展期(2012—2013 年)

2011 年 9 月,中国保监会正式下发《保险代理、经纪公司互联网保险业务监管办法》,互联网保险业务逐渐走向规范化、专业化。各保险企业信托官方网站、保险超市、门户网站、离线商务平台、第三方电子商务平台等多种方式,开展互联网业务,逐步探索互联网业务管理模式。其中,2013 年被称为互联网金融元年,保险行业也在这一年取得跨越式发展,以万能险为代表的理财型保险引爆第三方电子商务平台市场。

随着电子商务和移动互联网的发展,互联网保险不再是保险产品放到互联网上售卖这么简单,而是要充分挖掘和满足互联网金融时代应运而生的保险需求,更多地为互联网企业、平台、个人提供专业的保险保障服务。保险公司探索将保单查询、报案理赔等后续服务由线下搬到线上,节约运营成本、缩短交易周期的同时,提高服务效率、进一步提升客户满意度。经过一段时间的分析,保险行业已摸索出一套相对可控、可靠的体系和经验,确立起互联网保险的基本模式。保险公司进军电子商务已经成为不可阻挡的趋势。

4. 创新期(2013 年至今)

根据我国互联网信息技术中心发布的数据,2013 年互联网保险取得跨越式发展,以万能险为代表的理财型保险产品促进了第三方电子商务平台的大爆发。电子商务、互联网支付等相关行业的高速发展也为保险行业的电商化奠定了产业及用户基础,保险电商化时代已经到来。

"机构和产品创新"成为目前互联网保险的主要特征。一方面,产险公司基于互联网经济的需要,开发出网购退货运费险,网游账号装备险和微信支付安全险等新产品,为新兴网络风险提供保障;寿险公司根据互联网渠道和客户的特点,推出网络专营的万能险等保险理财产品,满足客户多样化需求,并取得积极的成效。另一方面,保险公司与互联网企业探索以股权为纽带,共同发起设立网络保险公司,为互联网的经营者和参与者提供专业的保险解决方案。数据显示,2014 年全行业互联网保险业务收入超过 870 亿元,约占全年保费收入的 4%,相比 2013 年互联网业务收入的 317.9 亿元,同比增长 174%。总体来看,尽管近年来我国互联网保险业务总体规模偏小,但增长迅速,表现出了发展的巨大潜力。

4.1.3　互联网保险的优势

1. 成本优势

随着传统渠道的佣金和人工费用的攀升,造成传统渠道下收益不高。保险公司在线上售卖保险产品,相当于把原先的渠道环节打通,原本落入代理人、渠道的佣金将直接成为收益的一部分转到客户手中,大大降低了管理成本和产品费率,提高了这一险种的年化收益率。在网上出售保单比传统营销方式节省 50%～70%的费用。

2. 数据优势

在保险产品的设计中,需要进行大量的数据演算。传统销售情况下,保险公司并不能直接接触到客户数据,会产生客户的信息由渠道的经办人代填的情况。现有的数据模型得不到提炼和完善,限制了国内保险公司的发展,导致各家公司之间产品同质化现象严重。在线上,保险公司可以直接面对客户,客户的信息将第一时间录入数据库中,从而减少了信息被截留的概率,并且能尽可能地让信息保持完整,有助于进一步的客户需求开发。

3. 客户优势

无论是传统的线下销售渠道,还是电销,都是以保险公司主动寻求客户为主,客户被动地接收一些保险讯息,而网销更多的是以客户的主动性占据主导,保险公司处于被动的位置,需要等着客户自身有强烈的意愿去购买保险,客户一般需自己弄清楚保险条款,明确保险责任等,显然,这样的保险意识对于保险发展还尚欠成熟的中国而言过于苛刻。

4. 便捷优势

各家开展网络营销的保险主体,都在其主页的醒目地方设置了网络保险产品平台链接,里面不仅有产品介绍、投保须知,能让客户对产品有初步了解,更有常见问题、在线咨询、服务专线等多种方式为客户答疑解惑。此外,客户填好投保资料后,如果满足保险公司的承保条件,立即会得到保险公司提供的交费链接,而交费成功后,很快就能通过E-mail 或登录网站获得电子保单,所用时间比其他渠道大大减少,投保流程比线下更为便捷。

5. 创新优势

网络销售保险,照搬传统业务至线上的做法已经落伍,更多的保险公司开始在互联网平台上进行产品的创新。推出适合互联网销售的新型保险产品。由于互联网具有国际开放性,保险公司可以通过建立网站、搜索引擎营销、通过其他相关网站发布公司信息等多层次信息发布方式,用较低廉的成本来扩大公司影响力和知名度,有利于保险公司树立和宣传品牌形象。

4.1.4　互联网保险对传统模式的影响

1. 对保险经营观念的颠覆

互联网对保险行业最大的颠覆，是从"客户思维"到"用户思维"的改变。传统"客户思维"模式下，保险公司运用 4P 营销理论（即产品 Product、价格 Price、渠道 Place、促销 Promotion），将公司产品推销给消费者。而在互联网时代，由于信息量大、信息流动快，能最大限度地消除信息不对称。信息不对称被加速打破后，消费者购买决策过程发生巨大变化，消费者拥有了更多的知情权和选择权，买卖双方权力将发生转移，促使行业加速进入用户主权时代。"用户思维"模式下，个性化的产品、极致的消费体验、简约的形式、跨界的资源整合以及大数据的分析运用等能力成为竞争的关键。

2. 对行业销售入口的冲击

保险销售是对具有同样风险特征的个体聚合的过程。对个体的不同定义方式，派生出了营销、直销、代理等不同销售渠道。而互联网天生就是"连接""聚合"的途径，可以很容易克服空间上的限制，将人群风险特征进行无限细分，充分利用小众人群的"长尾效应"，组合成个性化的"团单"进行承保。在此背景下，决定业务量的将是互联网平台的流量。传统模式下，依靠网点数量和人力规模进行一对一营销的传统优势，由于成本较高，必将受到一定程度的削弱和冲击。

3. 对行业服务要求的改变

"用户主权"形势下，消费者借助全新的信息环境，依据用户评价、亲友推荐、专家评论等信息，可以更为精确地预测目标产品或服务的实际体验品质。此背景下，能否开发更加个性化和按需定制的产品，能否建立超过消费者预期的极致体验，将成为制胜根本，必将促使保险行业更加注重服务品质，更为关注消费者个性化需求。

4.1.5　互联网保险的主要经营模式

1. 保险公司自建网络平台

国内大型保险集团基本都拥有了自己的网络销售平台，如中国人寿的"国寿 e 家"、中国平安保险的"网上商城"、"万里通"，以及泰康保险的"泰康在线"等。

2. 微信公众号

继银行纷纷登录微信后，各家保险公司也纷纷瞄上了这个用户数突破 5 亿的大平台。据不完全统计，截至目前，已有近 30 家保险公司开通了微信公众号，通过微信平台销售保险产品及提供服务，如永安保险公司的"一指禅"微信公众号等。至此开启了保险行业移动服务新时代，保险业正式进入"微时代"。

3. 电商平台

就电商平台来看，目前淘宝、苏宁、京东、腾讯、网易等由商平台均已涉足保险销售。按照险种分类，主要涉及有汽车保险、意外保险、健康医疗保险、少儿女性保险、旅游保险、财产保险、投资型保险等大类。

4. 专业第三方保险中介平台

第三方保险中介平台则不属于任何保险公司,是由保险经纪公司、保险代理公司等保险中介及兼业代理公司建立的网络保险平台,提供保险服务。目前行业内知名度较高的平台主要有优保网、慧泽网、中民保险网等。

5. 专门的网络保险公司

目前市场具有保险牌照的专业网络保险公司仅有在 2013 年成立的"三马"保险一众安在线一家。

4.2　互联网保险体验

为了使大家对互联网保险产品有更深一步的了解认识,下面将通过永安保险"一指禅"微信公众号平台进行操作演示。

1. 从微信添加开始

添加笔者个人公众号"车勤工作室"(微信号:sunjianjing_cq),发送数字"1"索要二维码。

扫描识别二维码,如图 4-1 所示。

顺利关注后,"一指禅"会给您推送如图 4-2 所示的界面。

图 4-1　二维码界面图示

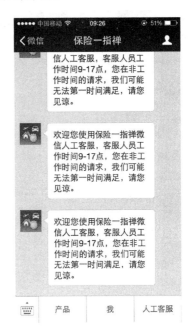

图 4-2　"保险一指禅"界面

功能介绍如下。

产品："一指禅"的"货架"！点开它,所有通过一指禅可购买的产品,一目了然。

我：查看订单、查询积分、管理团队、积分兑换。

人工客服：日常关于解绑、银行卡支付的问题,点开它,会有专业人工座席为你服务！服务时间界面上已经显示啦！

2. 订单积分查询介绍

点击"我",进入如图 4-3 所示操作界面。

我的积分：你的业务费用,通过积分迅速展示。

我的订单：订单=保单,你的每笔保单全在这里。

我的团队：你发展了多少团员,一目了然。

我的二维码：你的专属！

积分规则：积分和费用的关系,看了你不再傻傻分不清楚了！

3. 产品体验

点击"产品",进入保险产品展示页面,如图 4-4 所示。

点击相应险种名称即可进入购买流程,如图 4-5 所示。

图 4-3　操作界面

图 4-4　保险产品展示页面

图 4-5　保险产品购买

4.3　互联网时代下的新型理赔方式

随着互联网的不断发展,保险公司理赔处理方式也在逐渐发生着变化。传统的保险理赔流程是客户出险后电话通知保险公司,保险公司安排查勘核定损失。事故处理完毕后,客户还要将厚厚一沓资料提交到保险公司进行审核。保险公司根据客户提供的案件资料,进行人工审核,决定是否理赔及赔付金额。整个理赔过程环节过多,受空间、时间、人力等客观因素制约,理赔效率低。然而伴随着移动互联网发展,通过移动互联网技术的创新,可以尽可能压缩和改变传统理赔流程中的环节,如图 4-6 所示。

图 4-6　传统理赔与微信理赔差异图

以车险为例,目前比较常见的有视频定损和微信定损。视频定损是指定损员将损失情况拍成视频短片通过移动查勘设备上传保险公司系统,由后台人员进行统一处理。而微信定损指客户在车辆发生保险事故后,通过微信平台完成事故照片的拍摄和上传工作。

保险公司根据照片反馈的损失大小，进行后续理赔工作。当案情简单、损失明确的情况，保险公司会通过微信端与客户确认理赔金额，并将理赔款打到客户账户。客户收到理赔款，即可撤离现场，选择合适的时间修理车辆。从客户出险报案到赔款支付完成，整个理赔过程可以在一个小时内完成，这在过去是不可想象的。图 4-7 就是目前永安保险公司微信定损模式流程图。

图 4-7　永安保险公司微信定损模式流程图

图　4-7（续）

练习与思考题

简答题

（1）什么是互联网保险？

（2）互联网保险的主要经营模式有哪些？

模块 5

商业车险费率改革

2015 年 3 月 24 日,保监会发布了《深化商业车险条款费率管理制度改革试点工作方案》,提出商业车险改革的时间表和路线图,并且从 4 月 1 日开始,确定黑龙江、山东、广西、重庆、陕西、青岛等 6 个保监局所辖地区为改革试点地区,并逐步向全国进行推广。

本模块将对修改后的新版商业车险条款进行简单介绍。

◎ 学习目标

1. 知识目标

(1) 熟悉商业车险费率改革的背景;

(2) 掌握商业车险条款修改主要内容。

2. 能力目标

能够准确根据新旧条款判断保险事故赔付情况。

◎ 案例导入

商业车险费率改革以后,客户李先生来咨询新版车险条款与老条款的差异,保险公司职员晓伟进行了详细的解释。

◎ 学习方案

讲解商业车险条款主要的修改内容。

拓 扑 图

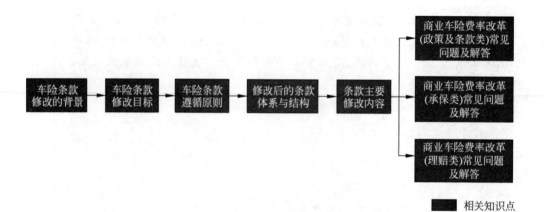

5.1　车险条款修改背景

1. 现行商业车险条款无法满足社会需求

消费者对保险保障需求不断增加,社会公众和被保险人法制观念、维权意识增强,主要表现在:

(1) 关于车险的诉讼、纠纷与诉讼增多,其中相当部分与现行商业条款相关。

(2) 新闻媒体关于"高保低赔"、"无责不赔"等问题报道引起社会大众广泛关注。

2. 立足于行业健康发展,致力于从根源上解决矛盾

(1) 回应公众关注,满足社会需求。较为彻底地解决社会公众关注和实践中争议较多的问题,更好地保护消费者权益。

(2) 形成行业车险条款标杆,明确商业车险服务的基本标准。减少消费者在条款选择上的困扰。同时,减少因大量新条款不成熟、不合理产生的社会试错成本。

(3) 提高保险公司车险服务水平,促进行业持续健康发展。促进保险公司加强内部控制和提升服务水平,加速转型升级,从而促进行业健康发展。

5.2　车险条款修改的目标和遵循的原则

1. 车险条款修改的目标

(1) 更好地保护投保人、被保险人合法权益。

(2) 解决"高保低赔"等社会公众关切的问题。

(3) 进一步解决司法审判实践中反映出的突出问题。

(4) 优化条款体系和结构,便于消费者理解和阅读。

2. 车险条款遵循的原则

(1) 合法性原则。坚持条款约定符合《保险法》及司法解释的规定。

(2) 合理性原则。坚持条款内容符合社会公众合理预期和我国保险行业发展实际。

(3) 通俗性原则。坚持推进条款通俗化,减少社会公众在条款理解层面的困难。

(4) 人性化原则。坚持条款约定尊重生命价值,使保险条款更加人性化。

5.3　修改后的条款体系、结构

1. 合并保险条款,体现风险差异

(1) 高、中、低三套条款体系共存,将丰富条款种类,赋予保险消费者选择权,如图 5-1 所示。同时,将有助于社会大众深化理解保险风险和费率匹配的关系(商业车险高端、基本条款是以综合险条款为基础,通过缩减或扩大保险责任、责任免除进行开发,开发后将适时征求意见后推出)。

图 5-1 风险差异对比图

（2）体现风险差异。特种车，摩托车、拖拉机，单程提车单独设置条款，其余机动车采用统一的条款。

（3）新的商业车险条款在整合了家庭自用车、非营业用车、营业用车条款等车损险条款，同时合并了四个主险条款，并且增加了特种车条款。

2. 优化条款结构，便于消费者理解

（1）四个主险合并为一个条款，如图 5-2 所示。

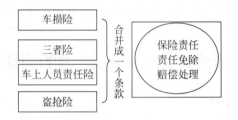

图 5-2 主险合并

（2）优化后的条款结构，如图 5-3 所示。

```
总则                                 ┌ 保险责任
车损、三者、车上人责任、盗抢          │ 责任免除
通用条款                             │ 免赔率与免赔额
附加险                               │ 保险金额/责任限额
释义                                 └ 赔偿处理
```

图 5-3 条款结构

5.4 条款主要修改内容

5.4.1 正面回应社会公众关注热点，积极维护消费者合法权益

1. 合理确定保险金额和赔偿处理问题(解决"高保低赔")

2009 年 A 款车损险条款规定：

（1）保险金额约定：投保时被保险人机动车的新车购置价确定。本保险合同中的新

车购置价是指保险合同签订地购置与被保险机动车同类型新车的价格(含车辆购置税)。

（2）赔偿处理约定：按投保时被保险机动车的新车购置价确定保险金额的：发生全部损失时，在保险金额内计算赔偿，保险金额高于保险事故发生时被保险机动车实际价值的，按保险事故发生时被保险机动车的实际价值计算赔偿。其中，实际价值＝新车购置价－折旧金额(保险事故发生时的新车购置价×被保险机动车已使用月数×月折旧率)。

新版商业车损险条款规定：

（1）保险金额约定：保险金额按照投保时被保险机动车的实际价值确定。投保时被保险机动车的实际价值由投保人与保险人根据投保时的新车购置价减去折旧金额后的价格协商确定或其他市场公允价值协商确定。

（2）赔偿处理约定：机动车损失赔偿按照以下方法计算。

全部损失：赔款＝(保险金额－被保险人已从第三方获得的赔偿金额)×(1－事故责任免赔率)×(1－绝对免赔率之和)－绝对免赔额。

如图 5-4 所示。

图 5-4 解决"高保低赔"

2. 删除车损险事故责任比例赔偿及完善代位求偿约定

（1）为了进一步保护消费者权益，更好地适应社会发展，新版商业车损险删除"保险人依据被保险机动车驾驶人在事故中所负的事故责任比例，承担相应的赔偿责任"约定，即被保险人不论是否有责，车辆损失均可以在车损险项下全额赔偿。

（2）新版商业车险完善了代位求偿约定，这也对保险理赔人员的理赔工作提出了更高的要求，如图 5-5 所示。

修改前	因第三方造成保险事故； 未约定"被保险人可直接向本保险人索赔"相关事项。
修改后	因第三方造成保险事故： 1. 被保险人可向第三方索赔； 2. 被保险人可向第三方的保险公司索赔； 3. 被保险人可向本保险人代位求偿。

图 5-5 完善代位求偿约定

3. 将三者险中"被保险人、驾驶人的家庭成员人身伤亡"列入成本范围

如图 5-6 所示。

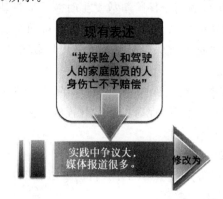

图 5-6　更人性化的条款

 5.4.2　扩大保险责任范围,提供保障服务能力

新版商业车险条款较现行商业车险条款增加 9 项保险责任,删除 15 项责任免除,在进一步扩大了保险责任范围的同时,更好地维护投保人、被保险人利益,满足消费者对保险保障的需求,减少矛盾、避免纠纷。

1. 增加的 9 项保险责任

车损险保险责任部分,增加 9 项保险责任,删除一项"海啸"责任,并明确施救费用在赔偿金额之外另行计算。

(1) 自然灾害部分:较 A、B 款增加台风、热带风暴、暴雪、冰凌、沙尘暴。将 C 款雪灾改为暴雪,删除原 A、B、C 款海啸,将雹灾改为冰雹。

(2) 增加了受到被保险机动车所载货物、车上人员意外撞击的保险责任。

(3) 非营业车增加了"自燃"责任免除。

(4) 非营业车营业车增加了"教练期间"的保险责任。

(5) 较 A 款营业车增加了"火灾、爆炸"责任。

2. 删除的 15 项责任免除项目

删除的 15 项责任免除项目所涉及险种见表 5-1。

表 5-1　删除项目所涉及险种

删除责任免除项目	涉 及 险 种
共 7 项	机动车损失保险、机动车第三者责任保险、机动车车上人员责任保险、机动车全车盗抢保险
共 1 项	机动车损失保险
共 1 项	机动车第三者责任保险
共 3 项	机动车车上人员责任保险
共 3 项	机动车全车盗抢保险

1）通用条款变化

通用条款方面共减少七条责任免除事项，分别是：

（1）驾驶证失效或审验未合格。

（2）其他依照法律法规或公安机关交通管理部门有关规定不允许驾驶保险机动车的其他情况下驾车。

（3）发生保险事故时无公安机关交通管理部门尚未核发合法的行驶证、号牌，或临时号牌或临时移动证。

（4）改变使用性质未如实告知。

（5）发动机车架号同时变更。

（6）诉讼法、仲裁费。

（7）责任免除的兜底条款，即其他不属于保险责任范围内的损失和费用。

2）车损险责任免除的变化

（1）删除"被保险机动所载货物坠落、倒塌、撞击、泄漏造成的损失"属于原车载货物掉落责任附加险的赔偿范围，此次修订，纳入到主险的责任范围中。

（2）将"发生保险事故时被保险机动车无公安机关交通管理部门核发的行驶证或号牌"改成"发生保险事故时被保险机动车的行驶证、号牌被注销"。

（3）增加"本身质量缺陷""核反应、核辐射"导致的车辆损失。

3）三者险责任免除的变化

（1）删除了"被保险机动车拖带微投保交强险的机动车（含挂车）或被未投保交强险的其他机动车拖带"造成的损失。

（2）增加"超出《道路交通事故受伤人员临床诊疗指南》和国家基本医疗保险标准的医疗费用"。

（3）增加"停车费、保管费、扣车费、罚款、罚金或惩罚性赔款"。

（4）将"仲裁或者诉讼费用以及其他相关费用"修订为"律师费，未经保险人事先书面同意的诉讼法、仲裁费"。

（5）事故发生后，驾驶人在未依法采取措施驾驶被保险机动车或者遗弃被保险机动车逃离事故现场改为"离开"。

4）车上人员险责任免除的变化

（1）删除"车上人员在被保险机动车车下时遭受的人身伤亡"，可以理解为针对车上人员因事故被甩出车外以及下车查看时被本车伤害的情形，将此情形列入保险责任中。

（2）删除"车门没有完全闭合"的责任免除。

（3）删除"保险车辆被抢夺、抢劫过程中造成的人身伤亡"的责任免除。

（4）增加"超出《道路交通事故受伤人员临床诊疗指南》和国家基本医疗标准的医疗费用"。

（5）"仲裁或者诉讼费用以及其他相关费用"修订为"律师费，未经保险人事先书面同意的诉讼法、仲裁费"。

（6）事故发生后，驾驶人在未依法采取措施驾驶被保险机动车或者遗弃被保险机动车逃离事故现场改为"离开"。

5) 盗抢险责任免除的变化

(1) 删除"驾驶人饮酒,吸食或注射毒品、被药物麻醉后使用被保险机动车"。

(2) 删除"租赁机动车与承租人同时失踪"。

(3) 删除"被盗窃未遂造成的损失"。

(4) 增加损失项目无法重新核定的,仅对于不能证明的部分拒绝赔偿。

(5) 增加事故车修理之前应双方协商,如果不协商就修理导致的无法确定的损失。

6) 调整免赔比例,单列免赔率/额

(1) 将免赔率/额作为单独章节。

(2) 统一各主险的事故责任免赔率,与三者险取齐。即将车损险、车上人员责任险的事故免赔率由"5%、8%、10%、15%"修改为"5%、10%、15%、20%"。

(3) 各主险均删除指定驾驶人和约定行驶区域的免赔率约定。即投保时指定驾驶人,保险事故发生时为非指定驾驶人使用被保险机动车的,增加免赔率5%;投保时约定指定行驶区域,保险事故发生在约定区域以外的,增加免赔率10%。

(4) 车损险删除"被保险人根据有关法律法规规定选择自行协商方式处理交通事故,不能证明事故原因的,免赔率为20%"。

(5) 盗抢险删除"发生全车损失,被保险人未能提供《机动车行驶证》、车辆购置税完税证明(车辆购置附加费缴费证明)或免税证明的,每缺少一项,增加免赔率1%"。

(6) 将车损险违反安全装载规定的免赔率从5%升至10%。

(7) 车损险增加绝对免赔额的约定。

5.4.3 进一步明确概念,减少和预防纠纷发生

1. 进一步明确保险责任和除外责任的关系

保险责任和除外责任的关系具体如图5-7所示。

图5-7 对保险责任和除外责任的关系进一步明确

2. 进一步明确"第三者"概念

"第三者"概念具体如图5-8所示。

《2009版三者险条款》　　　《新版三者险条款》

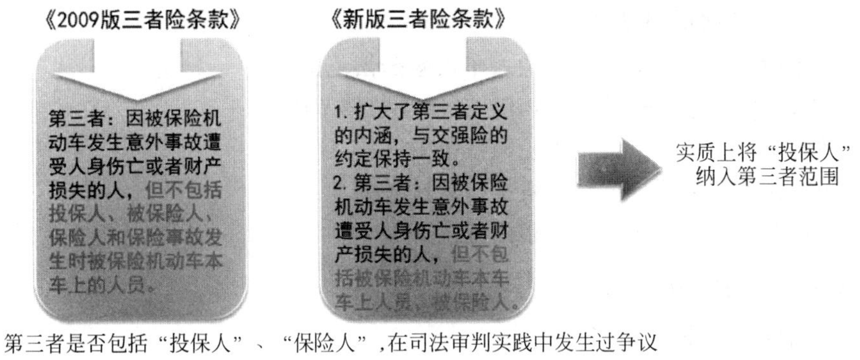

第三者：因被保险机动车发生意外事故遭受人身伤亡或者财产损失的人，但不包括投保人、被保险人、保险人和保险事故发生时被保险机动车本车上的人员。

1. 扩大了第三者定义的内涵，与交强险的约定保持一致。
2. 第三者：因被保险机动车发生意外事故遭受人身伤亡或者财产损失的人，但不包括被保险机动车本车上人员、被保险人。

实质上将"投保人"纳入第三者范围

第三者是否包括"投保人"、"保险人"，在司法审判实践中发生过争议

图 5-8　进一步明确"第三者"概念

3. 进一步明确"车上人员"概念

"车上人员"概念具体如图 5-9 所示。

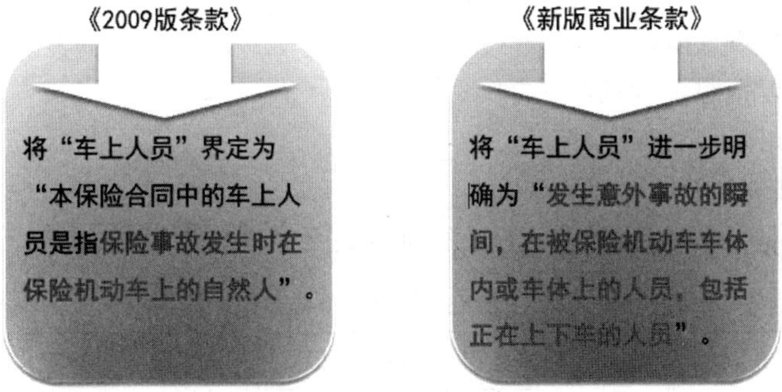

《2009版条款》　　　　　《新版商业条款》

将"车上人员"界定为"本保险合同中的车上人员是指保险事故发生时在保险机动车上的自然人"。

将"车上人员"进一步明确为"发生意外事故的瞬间，在被保险机动车车体内或车体上的人员，包括正在上下车的人员"。

图 5-9　"车上人员"的进一步明确

5.4.4　整合附加险，扩大主险承保范围

修改后的附加险如图 5-10 所示。

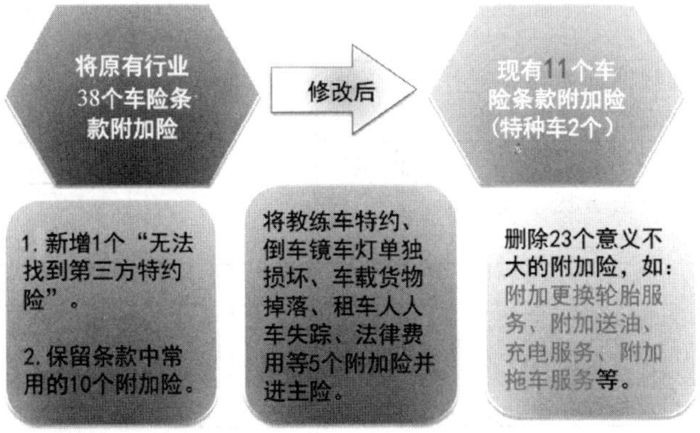

将原有行业38个车险条款附加险

修改后

现有11个车险条款附加险（特种车2个）

1. 新增1个"无法找到第三方特约险"。
2. 保留条款中常用的10个附加险。

将教练车特约、倒车镜车灯单独损坏、车载货物掉落、租车人人车失踪、法律费用等5个附加险并进主险。

删除23个意义不大的附加险，如：附加更换轮胎服务、附加送油、充电服务、附加拖车服务等。

图 5-10　修改后的附加险

1.5 个并进主险保险责任

（1）倒车镜车灯单独损坏——纳入车损险赔偿范围。

（2）车载货物掉落——纳入车损险、三者险赔偿范围。

（3）教练车特约——纳入车损险赔偿范围。

（4）租车人人车失踪——纳入盗抢险赔偿范围。

（5）法律费用——纳入责任险赔偿范围。

2. 保留 10 个附加险

（1）玻璃单独破碎险。

（2）自燃损失险。

（3）新增设备损失险。

（4）车身划痕损失险。

（5）发动机涉水损失险。

（6）修理期间费用补偿险。

（7）车上货物责任险。

（8）精神损害抚慰金责任险。

（9）不计免赔险。

（10）制定修理厂险。

商业车险示范条款的主险与附加险的对应关系见表 5-2。

表 5-2　商业车险示范条款的主险与附加险的对应关系

条款名称	附加险	主险				不计免赔率险对应附加险	备注
		车损险	三者险	车上人	盗抢险		
机动车综合商业保险示范条款	（1）玻璃单独破碎险	✓					
	（2）自燃损失险	✓				✓	
	（3）新增加设备损失险	✓				✓	
	（4）车身划痕损失险	✓				✓	
	（5）发动机涉水损失险	✓				✓	仅家用、机关、企业
	（6）修理期间费用补偿险	✓					
	（7）车上货物责任险		✓			✓	
	（8）精神损害抚慰金责任险		✓	✓		✓	
	（9）不计免赔率险	✓	✓	✓	✓		
	（10）车损无法找到第三方特约险	✓					
	（11）指定修理厂险	✓					

条款名称	附 加 险	主　险				不计免赔率险对应附加险	备　注
		车损险	三者险	车上人	盗抢险		
特种车综合商业保险示范条款	(1) 玻璃单独破碎险	✓					
	(2) 自燃损失险	✓				✓	
	(3) 新增加设备损失险	✓				✓	
	(4) 修理期间费用补偿险	✓					
	(5) 车上货物责任险		✓			✓	
	(6) 精神损害抚慰金责任险		✓	✓		✓	三者险或车上人
	(7) 不计免赔率险	✓	✓	✓	✓		
	(8) 车损无法找到第三方特约险	✓					
	(9) 指定修理厂险	✓					
	(10) 起重、装卸、挖掘车辆损失扩展条款	✓					
	(11) 特种车辆固定设备、仪器损坏扩展条款	✓					
摩托车、拖拉机综合商业保险示范条款	(1) 不计免赔率险	✓	✓	✓	✓		
	(2) 车损无法找到第三方特约险	✓					
机动车单程提车保险示范条款	(1) 不计免赔率险	✓	✓	✓	—		
	(2) 车损无法找到第三方特约险	✓			—		

3. 删除 23 个附加险及特约条款

- 可选免赔额特约条款
- 更换轮胎服务特约条款
- 送油、充电服务特约条款
- 拖车服务特约条款
- 附加换件特约条款
- 随车行李物品损失特约条款
- 新车特约条款 A
- 新车特约条款 B
- 附加油污污染责任保险条款
- 附加机动车出境保险条款
- 异地出险住宿费特约保险
- 特种车保险批单
- 特种车车辆损失扩展险条款

- 特种车固定机具、设备损失险条款
- 多次出险增加免赔率特约条款
- 约定区域通行费用特约条款
- 零部件、附属设备被盗窃险条款
- 使用安全带特约条款
- 免税车辆关税责任险条款
- 节假日行驶区域扩展特约条款
- 全车盗抢附加高尔夫球具盗窃险条款
- 异地出险住宿费特约条款
- 救援费用特约条款

4. 扩大风险覆盖面,增加车损险无法找到第三方特约险

投保了机动车损失保险后,可投保本附加险。投保了本附加险后,对于机动车损失保险第十一条(二)款列明的,被保险机动车损失应当由第三方负责赔偿,但因无法找到第三方而增加的由被保险人自行承担的 30% 免赔金额,保险人负责赔偿。

 5.4.5　简化被保险人义务约定和索赔材料,减轻被保险人负担

1. 被保险人义务

有关被保险人义务的修改如图 5-11 所示。

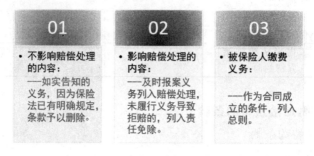

图 5-11　有关被保险人义务修改

2. 保险人义务

(1) 如实告知的义务。

(2) 解除合同的义务。

(3) 受理报案的义务。

(4) 及时赔偿的义务。

保留及时赔偿的义务,纳入通用条款,其他义务为保险法内容,本着简化条款的原则,予以删除。

3. 被保险人索赔资料

(1) 减少了车损险的营运许可证或道路运输许可证复印件等。

（2）减少了盗抢险的驾驶证复印件、行驶证副本、被保险人身份证复印件、道路运输许可证或运营许可证复印件等。

（3）减少了盗抢险全套车钥匙等。

5.5　商业车险费率改革的常见问题

5.5.1　政策及条款类

（1）为什么要进行商业车险改革？

答：随着汽车保有量和投保率的快速提升，车险的覆盖面、影响力都在不断扩大，车险的价格和服务对数亿老百姓都可能产生影响，所以车险既是行业的重大问题，也是一个民生问题、公共热点问题。随着经济社会的发展、法律的调整及行业本身的变化，现行的商业车险条款费率管理制度一些不适应外部环境变化的问题逐步显现，主要表现为条款不适应司法实践的变化、监管定位不够清晰、行业转型缺乏动力、消费者保护不到位等。2012 年以来，以解决社会关心的热点问题为契机，中国保监会针对商业车险管理制度中存在的深层次矛盾和问题开展了多轮调研。经过慎重研究，认为行业只有通过进一步深化改革，才能解决车险市场长期存在的一些体制性机制性问题，更好地保护投保人、被保险人合法权益，推动保险行业加快转型升级，促进保险市场可持续健康发展。

（2）商业车险改革对消费者有什么好处？

答：商业车险改革有利于保护消费者利益。一是促进费率公平。预计改革前后商业车险总体费率水平保持平稳，但费率与风险更加匹配，众多驾驶习惯好、出险频率低的低风险车主将享受更低的车险费率。二是拓宽保障范围。新的示范条款扩大了保险责任范围，提高了保障服务能力，有利于更好地保障消费者权益。三是扩大消费者选择权。行业示范条款和保险公司创新型条款并存，丰富商业车险产品供给，满足多层次、多样化的保险需求。四是提升消费者满意度。保险公司以优质优价为目标良性竞争可以在商业车险价格、服务等方面提高消费者的满意度，让更多的人买得起车险，用得好车险。解决车险市场长期存在的一些体制性机制性问题，更好地保护投保人、被保险人合法权益，推动保险行业加快转型升级，促进保险市场可持续健康发展。

（3）商业车险改革的主要目标和内容是什么？

答：商业车险改革的核心目标是建立健全市场化的条款费率形成机制，一方面强调"放开前端"，逐步扩大财产保险公司商业车险定价自主权；另一方面坚持"管住后端"，强化事中事后监管和偿付能力监管刚性约束。

（4）商业车险改革的主要任务是什么？

答：商业车险改革的主要任务是建立市场化的条款费率形成机制，释放保险公司发展创新的活力，激发行业组织自我管理的动力。

（5）修订行业示范条款的出发点是什么？都包括哪些内容？

答：本次示范条款从维护消费者利益、创建和谐社会的立足点出发，对车险产品保险责任进行了调整，对车险行业内部的承保、理赔服务流程进行了改造，并删除了部分容易引起纠纷的责任免除。

行业示范条款包括中国保险行业协会机动车综合商业保险示范条款(2014版);中国保险行业协会特种车综合商业保险示范条款(2014版);中国保险行业协会摩托车、拖拉机综合商业保险示范条款(2014版);中国保险行业协会机动车单程提车保险示范条款(2014版)。

(6)示范条款修订的主要亮点有哪些?

答:一是扩大责任提升保障,本次条款修订共减少15条责任免除事项;二是社会关注热点解决,如车损险保险金额确定方式,代位求偿机制的实施等;三是明确概念减少纠纷,明确了如车上人员、第三者等概念;四是险种整合体系清晰,原有38个附加险及特约条款保留10个,新增1个。

(7)行业示范条款包括哪些主险?

答:主险包括机动车损失保险、机动车第三者责任保险、机动车车上人员责任保险、机动车全车盗抢保险共四个独立的险种,投保人可以选择投保全部险种,也可以选择投保其中部分险种。

(8)行业示范条款包括哪些附加险?

答:包括玻璃单独破碎险、自燃损失险、新增加设备损失险、车身划痕损失险、发动机涉水损失险、修理期间费用补偿险、车上货物责任险、精神损害抚慰金责任险、不计免赔率险、机动车损失保险无法找到第三方特约险、指定修理厂险。

(9)行业示范条款的附加险为什么比原来还减少了,会不会限制投保人的选择?

答:减少附加险数量,一方面是因为将一些附加险并进了主险保险责任,使主险保障范围更宽,以更好地维护消费者利益。另一方面减少协会条款数量,但允许符合条件的保险公司开发特色附加险条款,可以丰富保险产品种类,加大投保人的选择余地。

(10)行业示范条款通用条款减少了哪些责任免除事项?

答:通用条款方面,共减少七条责任免除事项,分别是:a.驾驶证失效或审验未合格;b.其他依照法律法规或公安机关交通管理部门有关规定不允许驾驶保险机动车的其他情况下驾车;c.发生保险事故时无公安机关交通管理部门尚未核发合法有效的行驶证、号牌,或临时号牌或临时移动证;d.改变使用性质未如实告知;e.发动机车架号同时变更;f.诉讼费、仲裁费;g.责任免除的兜底条款。

(11)车损险条款修订减少了哪些责任免除事项?

答:车损险条款减少了一条责任免除事项:被保险机动车所载货物坠落、倒塌、撞击、泄漏造成的损失。

(12)第三者责任险条款修订减少了哪些责任免除事项?

答:第三者责任险条款减少了一条责任免除事项:被保险机动车拖带未投保机动车交通事故责任强制保险的机动车(含挂车)或被未投保机动车交通事故责任强制保险的其他机动车拖带。

(13)第三者的概念是什么?

答:是指因被保险机动车发生意外事故遭受人身伤亡或者财产损失的人,但不包括被保险机动车本车车上人员、被保险人。

（14）车上人员责任险条款修订减少了哪些责任免除事项？

答：车上人员责任险条款减少了三条责任免除事项，一是车门没有完全闭合；二是车上人员在被保险机动车车下时遭受的人身伤亡；三是保险车辆被抢夺、抢劫过程中造成的人身伤亡。

（15）车上人员的概念是什么？

答：是指发生意外事故的瞬间，在被保险机动车车体内或车体上的人员，包括正在上、下车的人员。

（16）盗抢险条款修订减少了哪些责任免除事项？

答：盗抢险条款减少了三条责任免除事项，一是被盗窃未遂造成的损失；二是驾驶人饮酒、吸食或注射毒品、被药物麻醉后使用被保险机动车；三是承租人或经承租人许可使用保险车辆的驾驶人与保险车辆同时失踪。

（17）什么是代位求偿权？代位求偿对消费者有哪些利好？

答：行业示范条款中，对车损险明确了三种索赔方式供被保险人选择，即向责任对方索赔、向责任对方的保险公司索赔和代位求偿。

保险代位求偿权又称保险代位权，是指因第三者对保险标的的损害造成保险事故的，保险人自向被保险人赔偿保险金后，依法享有的在赔偿金额范围内代为行使被保险人对第三者请求赔偿的权利。

"代位求偿"适用于被保险人投保车损险且发生车损险保险责任范围内的事故，事故责任明确，未得到责任对方的赔偿，保险公司依据保险合同约定先行赔付，并在赔偿金额范围内获得代位求偿的权利，而被保险人应当按照法律规定积极协助保险公司进行追偿。这样就避免了消费者因第三方怠于赔付而引起的损失，更好地保护了消费者的利益。

无责方车辆申请代位求偿，在得到代位保险公司赔款后，不算出险次数，不会影响续保保费。

（18）被保险人的兄弟姐妹是否构成家庭成员？

答：被保险人的兄弟姐妹不构成家庭成员，根据综合条款对家庭成员的解释"家庭成员"指配偶、子女、父母。所以，被保险人的兄弟姐妹不能认定为是家庭成员。

 ## 5.5.2　承保类

（1）商业车险新条款执行后，是否可以将之前承保的旧条款换成新条款？

答：不可以，根据中保协《机动车商业保险承保实务要点（试点地区试行版）》规定，新条款上线后，不同产品体系之间不能批改，即承保时一旦确定某一产品，则不能批改为其他产品，只能退保后重新出具其他产品的保单。

应提醒保险消费者的是，部分客户如选择解除旧产品合同，重新投保新产品，则要按照上年保单为短期单的标准处理。新保单 NCD 浮动首先考虑短期单承保期间内的赔付情况：若短期单内存在赔案，新保单则按照赔案次数进行上浮；若短期单内未发生赔案，则进一步考虑短期单的承保期限。短期单的承保期限以 6 个月为标准：短期单内未发生赔案的前提下，若短期单的承保期限大于或等于 6 个月，将短期单视同整年单，并结合以往年度赔付情况来确定新保单的浮动；若短期单的承保期限小于 6 个月,则忽略该短期单,根据短期单投保时的浮动情况确定新保单的浮动。

（2）保险公司可否随便调整费率?

答：保险公司将按相关规定拟订商业车险条款费率,杜绝频繁调整条款费率损害保险消费者权益。除精算预期与经营实际发生重大偏差等原因外,原则上调整频率不高于半年一次。

（3）商业车险费率改革后,商业险保费如何计算?

答：商业车险保费＝基准保费×费率调整系数

基准保费＝基准纯风险保费/（1－附加费用率）

费率调整系数＝无赔款优待系数×交通违法系数×自主核保系数×自主渠道系数

（4）什么是费率调整系数?

答：是指根据对保险标的的风险判断,对保险基准保费进行上下浮动比率的调整,包括无赔款优待系数,自主核保系数,自主渠道系数和交通违法系数,费率调整系数＝无赔款优待系数×自主核保系数×自主渠道系数×交通违法系数,是保单折扣率的计算依据。

（5）费率调整系数使用适用于哪些条款?

答：费率调整系数适用于机动车综合商业保险、特种车商业保险、单程提车保险,不适用于摩托车和拖拉机商业保险。

（6）什么是"车型定价"?

答：即使是相同新车购置价的车辆,不同车辆的安全系数也是不同的,面临的风险、出险的概率也不同,它们的维修成本存在巨大的差异。"车型定价"的本质是以车型作为风险分组维度,以"车型"作为定价的参考依据。

（7）什么是"零整比"?

答：所谓"零整比",即市场上车辆全部零配件的价格之和与整车销售价格的比值。也就是具体车型的配件价格之和与整车销售价格的比值。

（8）商业车险无赔款优待系数 NCD 是如何规定的?

答：无赔款优待系数 NCD 是根据客户所投保车辆上一年或上几年的出险情况进行浮动费率的系数,由中保协制定并颁布,并通过车险信息平台统一查询使用。

（9）无赔款优待系数的计算依据是什么?

答：车险信息平台查找结案时间在"上张保单"投保查询时至"本保单"投保查询时间（包含）之间的赔付情况,作为无赔款优待系数的计算依据。

（10）无赔款优待系数 NCD 系数值如何与出险情况对应?

答：NCD 系数值,连续 3 年不出险为 0.6,连续 2 年不出险为 0.7,上年不出险为 0.85,新车、上年出险 1 次或平台有不浮动原因为 1.0,上年出险 2 次为 1.25,上年出险 3 次为 1.5,上年出险 4 次为 1.75,出险 5 次及以上为 2.0。

（11）什么是车险信息平台?

答：车险平台全称为车险行业信息集中平台,是集交强险、商业险承保、理赔功能为一体的综合性车险信息平台,由各财险公司共同出资统一建立的全国平台。从商业价值看,行业车险信息集中平台规范了车险经营市场,防止恶意竞争,统一车险业务理解,避免单方对政策和实务的理解错误,同时规避道德风险;在行业价值方面,以车辆信息为主链,可以综合汇总保险业的车险、公安交警部门、地税部门、交通运输部门、卫生部门,以及政府信息办等相关系统中与车辆相关的数据信息;通过整合信息资源,集中信息数据,提供信息服务。

目前我省车辆(拖拉机、摩托车除外)投保交强险、商业车险都需通过车险平台。

(12)车险信息平台返回的无赔优系数,保险公司可以调整吗?如果返回的系数有错误,如何处理?

答:无赔优系数NCD返回给保险公司后,保险公司必须据实使用,不得更改。如发现标的无赔优系数平台返回错误的:若保单在保险期限内的由原承保保险公司进行信息调整;若保单在保险期间外的,由续保保险公司提供行驶证等相关资料,平台核实后协助处理。理赔案件信息错误导致无赔优系数错误:原保险公司应负责处理其公司产生的问题赔案。

(13)车辆上年保单为短期单,本年度投保无赔优系数如何确定?

答:平台在技术可支持时,投保车辆"上张保单"为短期单时,无赔优系数取该短期单无赔优系数、最近一张完整年度保单无赔优系数、新保系数这三者中的较高值。

(14)如客户想退保重新投保新条款,无赔优系数如何确定?

答:改革后,消费者如果想投保新产品,只能退保后重新投保。但需要提醒消费者的是,如退保重新投保新产品,新保单NCD浮动首先考虑短期单承保期间内的赔付情况:若短期单内存在赔案,新保单则按照赔案次数进行上浮;若短期单内未发生赔案,则进一步考虑短期单的承保期限。短期单的承保期限以6个月为标准:短期单内未发生赔案的前提下,若短期单的承保期限大于或等于6个月,将短期单视同整年单,并结合以往年度赔付情况来确定新保单的浮动;若短期单的承保期限小于6个月,则忽略该短期单,根据短期单投保时的浮动情况确定新保单的浮动。

(15)投保人投保短期保单,保费如何计算?

答:短期保险费＝年保险费×N/365(N为投保人的投保天数)

(16)车险信息平台如何界定新车?

答:当车龄(保险起期-车辆初登日期)小于9个月,且平台未匹配到标的存在完整年度历史保单时,平台判断标的为"新车"。

(17)车辆上年没有交通违法记录,投保时保费是否有优惠?

答:对于平台已经与交通管理平台对接的地区,可以使用交通违法系数进行费率的浮动,交通违法系数由平台返回保险公司,保险公司据实使用,不得调整。对于平台未与交通管理平台对接的地区,交通违法系数由平台返回保险公司系数值1.0,保险公司不得调整。

(18)主车、挂车连接使用后是一个整体,挂车为何要投保?

答:主车与挂车各自有牌照,是两个独立的保险标的;在实际运输活动中主车与挂车并不是一一对应,存在一台主车对应多台挂车的情况;在交通事故中主、挂车可能需要分别承担事故责任与赔偿责任;主、挂车可能属于不同的车主。故主车、挂车需要分别投保才能获得相应的保险风险保障。

（19）商业车险改革后，车损险保额该如何确定？

答：车损险保额按投保时被保险机动车的实际价值确定。投保时被保险机动车的实际价值由投保人与保险人根据投保时的新车购置价减去折旧金额后的价格协商确定或其他市场公允价值协商确定。

（20）车辆实际价值如何协商确定？

答：协商实际价值（即车损险保额）由客户与保险公司共同协商确定，车辆发生全损时按照车辆的协商实际价值全额赔付。若协商实际价值远高于行业实际参考价值，车辆发生全损时的不当得利会触发客户的逆选择风险，若协商实际价值远低于行业实际参考价值，车辆发生全损时易引发客户投诉。故在与客户协商实际价值时，应尽量与行业实际参考价值一致，原则上不能超过上下浮动30%的区间。

（21）什么是新车购置价？

答：指本保险合同签订地购置与被保险机动车同类型新车的价格，无同类型新车市场销售价格的，由投保人与保险人协商确定。

（22）什么是市场公允价值？

答：指熟悉市场情况的买卖双方在公平交易的条件下和自愿的情况下所确定的价格，或无关联的双方在公平交易的条件下一项资产可以被买卖或者一项负债可以被清偿的成交价格。

消费者如果想投保新产品，只能退保后重新投保。但需要提醒消费者的是，如退保重新投保新产品，则要按照上年保单为短期单的无赔优系数标准执行。

（23）行业是否有参考的车辆折旧系数？

答：目前行业参考的车辆折旧系数仍然沿用了原商业车险条款中折旧率表，即按月计算折旧金额的方案。因为国家层面还没有出台相关的规定，而且我国的二手车市场还不完善，没有行业公认的汽车折旧计算方法。

（24）折旧金额如何计算？

答：折旧按月计算，不足一个月的部分，不计折旧。最高折旧金额不超过投保时被保险机动车新车购置价的80%。

折旧金额＝新车购置价×被保险机动车已使用月数×月折旧系数

（25）保险公司在承保自燃损失险时，是如何确定保险金额的？

答：根据自燃损失附加险中第三条保险金额由投保人和保险人在投保时被保险机动车的实际价值内协商确定。

（26）投保人投保时，保险公司应履行哪些告知义务？

答：一是向投保人提供投保单并附商业险条款，向投保人介绍条款，主要包括保险责任、保险金额、保险价值、责任免除、投保人义务、被保险人义务、赔偿处理等内容；二是对于投保人选择投保基本型条款的，应详细说明基本型条款的保障范围以及与其他类型条款的差异；三是关于免除保险人责任的条款内容必须在投保单上作出足以引起投保人注意的提示，并对该条款的内容以《机动车商业保险投保提示书》或《机动车辆保险免责事项说明书》等形式向投保人作出明确说明；四是保险人在履行如实告知义务时应客观准确全面,实事求是,不能故意隐瞒关键信息误导客户。

(27)投保人不履行如实告知义务可能导致哪些法律后果?

答:投保人故意或因重大过失未履行如实告知义务,足以影响保险人决定是否同意承保或提高保险费率的,保险人有权解除合同;投保人故意不履行如实告知义务的,保险人对于合同解除前发生的保险事故,不承担赔偿保险金的责任,并不退还保险费;投保人因重大过失未履行如实告知义务,对保险事故的发生有严重影响的,保险人对于合同解除前发生的保险事故,不承担赔偿保险金的责任,但退还保费。

(28)在投保手续方面与以往有什么较大的变化?

答:为确保保险人提示投保人阅读条款,尤其是责任免除部分,投保人需要在《免责事项说明书》中"投保人声明"一页上手写:"保险人已明确说明免除保险人责任条款的内容及法律后果"的内容并签名。

(29)商业险保单是否可以即时生效?

答:投保人可与保险人约定保险期间的起止时点,但起保时点必须在保险人接受投保人的投保申请时点及确认全额保费入账时点之后。

(30)即时生效保单终止日期如何确定?

答:即时生效保单保险止期统一调整为终保日期的 24:00,即保险起期当日剩余时间为赠送保险期限。

(31)批单的起止日期如何计算?

答:批单的起保日期:保险责任开始前完成批改,批单的起保日期为原保单的起保日期;保险责任开始后完成批改,批单的起保日期为批改手续办理完成日期之后。

批单的终保日期:同原保单的终保日期。

(32)退保时投保人无法提供保险单怎么办?

答:对于投保人无法提供保险单的,投保人应向保险人书面说明情况并签字(章)确认,保险人同意后可办理退保手续。

(33)保险责任开始前,投保人申请解除保险合同应承担多少手续费?

答:保险责任开始前,投保人申请解除保险合同,保险公司可按照条款规定向投保人收取 3% 的退保手续费后办理退保手续。

(34)关于保险期间的批改有什么规定?

答:保单起期前批改保险期间,公司可通过批单形式进行批改,修改后的保单起期不能早于批单生成时间,且批改后保险期间应不大于 1 年。保单起期后禁止批改保险期间,符合监管停驶、复驶管理规定办理保险期间顺延的除外。商业车险的停驶、复驶可参照《停驶机动车交强险业务处理暂行办法》(中保协发〔2009〕68 号)操作,即商业险合同有效期内停驶的营业性机动车可以办理保险期间顺延,停驶机动车在商业险合同有效期内只能办理 1 次保险期间顺延,顺延期间最短不低于 1 个月,最长不超过 4 个月。

(35)批改时,对于上张保单是车贷投保多年的,无赔优的计算区间如何确定?

答:使用示范条款承保的保单,批改时对于上张保单是车贷投保多年的,无赔优的计算区间是上张保单的起保日期到本保单的投保查询日期。

（36）什么情况下保险人可以按照合同约定增加保险费或者解除合同？

答：一是投保人未如实告知重要事项，对保险费计算有影响的，并造成按照保单年度重新核定保险费上升的；二是在保险合同有效期限内，被保险机动车因改装、加装、使用性质改变等导致危险程度增加，未及时通知保险人，且未办理批改手续的。

（37）批改保费的计算规则是什么？

答：当投保人申请批改车辆的使用性质/所属性质时，对于批改后保费计算的追溯时间有两种情况：一种为全程批改，即按投保查询时点计算纯风险保费，如最初出单时信息录入错误；另一种为非全程批改，即按批改查询时点计算纯风险保费，如车辆批改过户导致的使用性质/所属性质变更。

（38）发生什么变更事项时，投保人可申请对保险单进行批改？

答：一是车辆行驶证车主或使用性质变更；二是车辆及人员基本信息变更；三是车辆承保险别变更；四是变更其他事项。

（39）录单过程中过户车辆未点选过户选项，怎样操作补交该单折扣差额？

答：首先上报电子联系单，待行协批示后，在系统内对该单进行批改（例如，修改车牌号一位），系统自动带出折扣差额，客户将差额补缴后，再将该单批改为原状态（例如，车牌号修改为正确车牌）即可。

（40）贷款车辆在完成还款后，如何解除保单第一受益人特约？

答：客户须持身份证及银行出示的贷款结清证明到柜面办理，如银行未提供证明的，可提供车辆登记证代替结清证明，柜员要核实客户提供的车辆登记证是否为该车辆，车辆登记证上必须要有解除抵押字样，满足以上条件方可办理该业务。

（41）实行商业车险改革试点，其他省牌照的车辆可以到我省投保吗？

答：根据规定，保险公司不能主动招揽异地车业务，但对于确实在本地使用的异地车辆，车辆使用地的保险公司可以承保，但依据不同公司的承保规定，可能需要投保人提供被保险人本地暂住证、被保险车辆在本地使用的声明、带有本地参照物的验车照片等相关材料。

 ### 5.5.3 理赔类

（1）车辆发生碰撞事故，车上乘客被甩出车外后又该车被碾压，该乘客应界定为车上人员还是第三者？

答：应界定为车上人员，行业示范条款明确约定车上人员是指发生意外事故的瞬间，在被保险机动车车体内或车体上的人员，包括正在上下车的人员。

（2）乘客上车过程中，车辆突然起动，导致乘客摔伤，该乘客能否界定为车上人员？

答：界定为车上人员，行业示范条款明确车上人员是指发生意外事故的瞬间，在被保险机动车车体内或车体上的人员，包括正在上下车的人员。

（3）车辆停放时被其他车辆撞坏，找不到肇事方，该车投保了车损险，保险公司如何赔付？

答：按照损失70%赔付，行业示范条款约定"被保险机动车的损失应当由第三方负责赔偿，无法找到第三方的，实行30%的绝对免赔率"；如果附加《机动车损失保险无法找到

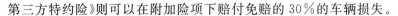

第三方特约险》则可以在附加险项下赔付免赔的 30％的车辆损失。

（4）车辆出险后，如果需要施救，请问保险公司如何给付施救费用？

答：对于必要的、合理的施救费用，保险公司给予赔付。施救费用另行计算，最高不超过保险金额的数额；如果施救的财产中含未保险的财产，按照应施救财产的实际价值占总施救财产的实际价值比例分摊施救费用。

（5）车辆停放时轮胎被盗，该车了投保盗抢险，保险公司如何赔付？

答：不赔，盗抢险条款约定非全车遭盗窃，仅车上零部件或附属设备被盗窃或损坏属于责任免除。

（6）货车由于所载货物超宽行驶时与桥洞相撞，货车及桥洞损失保险公司是否赔付？

答：车损不赔，条款约定违反安全装载是保险事故发生的直接原因的，造成标的车损失为责任免除；桥洞损失属于三者财产损失，按照条款约定扣除 10％的绝对免赔后赔付。

（7）车辆投保第三者责任险，发生意外事故，造成三者人员死亡，三者家属向保险公司提出索要精神损害抚慰金，保险公司是否赔付？

答：不能赔付，三者险条款约定精神损害抚慰金为除外责任；如果投保附加《精神损害抚慰金责任险》条款，可以在保险限额内进行赔偿。

（8）王大妈养了一条宠物狗，平时视为自己儿女，一天晨练时被过往的机动车撞死，王大妈悲痛欲绝，除要求肇事司机赔偿 1 000 元狗款外，还要求肇事司机赔偿其精神损失费 5 000 元，请问如果肇事车辆承保了商业三者险，并附加了精神损害抚慰金责任险，对于王大妈要求的精神抚慰金保险公司是否应该赔付？

答：不赔付，附加精神损害抚慰金责任险的保险责任约定：只有造成第三者或车上人员的人身伤亡，受害人据此提出精神损害赔偿请求，保险公司依据法院判决及保险合同约定进行赔付，因此本次事故对于小动物的死伤，不赔偿精神抚慰金。

（9）车辆发生事故造成了 4S 店售车前单独加装的前保险杠护杠损坏，保险公司是否赔付护杠损失？

答：不能赔付，因为车损险条款约定本车标准配置以外的新增设备损失为除外责任；如果投保附加新增设备险的情况下，且该零部件也在列明的备件范围内，则可以赔付。

（10）如何界定驾驶员饮酒及醉酒？

答：驾驶机动车时每 100ml 血液中含有的酒精量大于等于 20mg，小于 80mg 的为酒后驾驶；每 100ml 血液中含有的酒精量大于等于 80mg 时则为醉酒驾驶。

（11）王某倒车时，不慎将自己父亲撞伤，同时又撞坏了父亲家的大门，保险公司是否能在商业三者险项下赔付事故损失？

答：王某父亲受伤保险公司应赔付，因为三者险条款责任免除仅约定了"被保险人、被保险人允许的驾驶人、本车车上人员的人身伤亡"为责任免除。

王某父亲家大门损失保险公司不赔付，因为三者险条款责任免除约定了被保险人及其家庭成员所有财产的损失为责任免除。

（12）标的车投保了车损险，附加车身划痕损失险，只要车被划伤了，保险公司均应赔偿吗？

答：不是的，车身划痕险条款约定以下几种情况责任免除，一是被保险人及其家庭成员、驾驶人及其家庭成员的故意行为造成的损失；二是因投保人、被保险人与他人的民事、经济纠纷导致的任何损失；三是车身表面自然老化、损坏，腐蚀造成的任何损失。

（13）车辆投保商业三者险，附加车上货物责任险，发生翻车交通事故，车上拉的10头奶牛，当场死亡2头，走失8头，保险公司如何赔付奶牛损失？

答：车上货物责任险条款约定"偷盗、哄抢、自然损耗、本身缺陷、短少、死亡、腐烂、变质、串味、生锈，动物走失、飞失、货物自身起火燃烧或爆炸造成的货物损失"为责任免除，因此保险公司只能赔付事故中死亡的2头奶牛损失。

（14）车辆出险后车主要求到某专业维修厂进行修理，但是保险公司认为该修理厂价格较高，没有达成一致，什么情况下车主可以自己选择修理厂修理？

答：投保了车损险并附加了指定修理厂险条款，被保险人方可到指定修理厂进行修理。

（15）被保险人将车辆借给朋友使用，其朋友利用车辆盗窃石油途中发生交通事故，造成车辆损坏，保险公司是否赔付？

答：不予赔付，条款约定"被保险人或其允许的驾驶人故意或重大过失，导致被保险机动车被利用从事犯罪行为造成的车损"为责任免除。

（16）已获得学习资格的学员独立练习开车发生事故，保险公司是否赔偿？

答：不赔付，行业示范条款约定学习驾驶时无合法教练员随车指导造成的车损，为责任免除。

（17）驾驶证过了换证时间，但查询公安交管系统该证件为有效状态，驾驶员持该驾驶证驾车发生事故，保险公司是否赔付？

答：赔付，行业示范条款删除了人保公司2009版条款关于"驾驶证有效期已届满"的责任免除项目，但该行为会受到公安交管部门的行政处罚。

（18）三者车辆被交警扣留停车场，产生的停车费，保险公司是否赔付？

答：不赔，按照第三者责任条款约定停车费、保管费、扣车费、罚款、罚金或惩罚性赔款，为责任免除。

（19）车辆加装氙气大灯，某日车辆因为大灯线路过载起火燃烧，该车已投保自燃损失险，该事故造成的损失保险公司是否赔付？

答：不赔，自燃损失险条款责任免除约定由于擅自改装、加装电器及设备导致被保险机动车起火造成的损失，属于除外责任。

（20）车辆在涉水行驶过程中导致发动机进水而损毁，保险公司是否赔付？

答：不赔付，车损险条款约定发动机进水后导致的发动机损坏为责任免除；如果附加发动机涉水损失险，发动机损失可以赔付，需扣除15%的绝对免赔。

（21）车辆投保了修理期间费用补偿险，发生事故的车辆修复仅需一天，能否得到修理期间费用补偿险的补偿？

答：不能，该附加险约定每次事故的绝对免赔额为1天的赔偿金额，且不适用主险中的各项免赔率、免赔额的约定。

（22）李某驾车涉水行驶时，前保险杠被水流兜坏，保险公司对前杠损失是否赔付？

答：不赔付，行业示范条款关于碰撞的释义明确为被保险机动车或其符合装载规定的货物与外界固态物体之间发生的、产生撞击痕迹的意外撞击,因此本次事故不构成碰撞责任。

(23) 车辆驶时因急刹车,车厢内所载货物将车体撞坏,此次事故造成的车辆损失保险公司是否赔付?

答:赔付,行业示范条款车损险保险责任约定标的车受到被保险机动车所载货物、车上人员意外撞击为保险责任。

(24) 王某投保了交强险,某日王某醉酒驾车将第三者行人张某撞伤,现伤者张某向保险公司请求赔偿,保险公司是否赔付?

答:先赔付,后向王某(致害人)追偿。依据最高人民法院《关于审理道路交通事故损害赔偿案件适用法律若干问题的解释》规定因"醉酒、服用国家管制的精神药品或者麻醉药品后驾驶机动车发生交通事故导致第三者人身损害,当事人请求保险公司在交强险责任限额范围内予以赔偿,人民法院应予支持;保险公司在赔偿范围内向侵权人主张追偿权的,人民法院应予支持"。

(25) A 车与 B 车相撞,交警队判定 B 车全责,双方因交通事故主产生矛盾,B 车不配合赔偿事宜,A 车损失是否可以直接向 B 车的保险公司申请赔偿?

答:可以,《保险法》第六十五条规定被保险人怠于请求的,第三者有权就其应获赔偿部分直接向保险人请求赔偿。

(26) A 车与 B 车相撞,交警队判定 B 车全责,B 车车主没有赔偿能力,A 车损失是否可以向 A 车的保险公司申请赔偿?

答:如果 A 车承保车损险,可以请求保险公司赔付,保险公司代位赔付 A 车损失后,取得向 B 车车主追偿的权力,向 B 车车主追偿 A 车损失。前提是 A 车在保险公司未赔偿之前,不能放弃对第三方请求赔偿的权利,还需配合提供必要的文件和所知道的有关情况。

(27) 车辆投保车上人员责任险,发生交通事故造成车上人员受伤,交警队判定标的车负事故的主要责任,被保险人能向承保的保险公司申请赔偿伤人的全部损失吗?

答:不能,行业示范条款车上人员责任险条款约定车上人员责任险按责赔付。

(28) 保险事故发生后,多长时间可以领到赔款?

答:保险人收到被保险人的赔偿请求后,应当及时作出核定;情形复杂的,应当在三十日内作出核定。保险人应当将核定结果通知被保险人;对属于保险责任的,在与被保险人达成赔偿协议后十日内,履行赔偿义务。保险合同对赔偿期限另有约定的,保险人应当按照约定履行赔偿义务。

(29) 一台停放车辆起火燃烧,公安消防部门火因鉴定结论为"燃烧严重,火因无法确定,不排除自然原因",请问车辆损失保险公司是否赔付?

答:不赔付,条款约定不明原因火灾造成的车辆损失属于责任免除。

(30) 车辆在修理厂修复竣工后,修理工试车过程中发生碰撞事故,标的车损失保险公司是否赔付?

答:不赔付,车损险条款约定在营业性场所维修、保养、改装期间造成的车损为责任免除。

（31）一台自卸车在行驶过程中翻斗突然升起，将空中通信电缆刮断，由此造成的通信电缆损失保险公司是否赔付？

答：不赔付，行业示范条款三者责任条款约定"被保险机动车在行驶过程中翻斗突然升起，或没有放下翻斗，或自卸系统（含机件）失灵"导致的人身伤亡、财产损失和费用为责任免除。

（32）王某驾车撞亡一行人后驾车逃离现场，迫于压力，第二天王某投案自首，王某为车辆投保了交强险及商业三者险，保险公司对亡人损失费用是否赔付？

答：保险公司在交强险责任限额内赔付行人死亡损失费用，但商业三者险不赔付。因为交强险没有将肇事逃逸列为责任免除，而商业三者险约定"事故发生后，在未依法采取措施的情况下驾驶被保险机动车或者遗弃被保险机动车离开事故现场"为责任免除。

（33）王某将车借给朋友张某，张某以王某欠款为由，将车辆据为己有并失去联系，王某为该车投保了车损险、盗抢险，保险公司对王某车辆损失是否赔付？

答：不赔付，盗抢险条款约定"因投保人、被保险人与他人的民事、经济纠纷导致的任何损失"为责任免除。

（34）附加了不计免赔条款，发生了保险事故，保险公司是否就可全额赔付？

答：不是，下列情况下，应当由被保险人自行承担的免赔金额，保险人不负责赔偿。

① 机动车损失保险中应当由第三方负责赔偿而无法找到第三方的。

② 因违反安全装载规定而增加的。

③ 发生机动车全车盗抢保险约定的全车损失保险事故时，被保险人未能提供《机动车登记证书》、机动车来历凭证的，每缺少一项而增加的。

④ 机动车损失保险中约定的每次事故绝对免赔额。

⑤ 可附加本条款但未选择附加本条款的险种约定的。

⑥ 不可附加本条款的险种约定的。

（35）驾驶营业性货车发生保险事故，驾驶员没有交通运输管理部门核发的道路货物运输资格证，保险公司对车辆损失是否赔付？

答：不赔付，依照行业示范条款责任免除约定"驾驶出租机动车或营业性机动车无交通运输管理部门核发的许可证书或其他必备证书"为责任免除。

（36）王某驾车发生一起保险事故，保险公司及时对损失做出了核定，并达成赔偿协议，但由于保险公司工作人员原因，赔款耽误了两个月才赔付到账，王某向保险公司提出赔偿赔款利息损失要求，保险公司是否赔付利息损失？

答：赔偿，行业示范条款约定保险人未及时履行十日内赔付义务的，除支付赔款外，应当赔偿被保险人因此受到的损失。

（37）牵引车及挂车，投保第三者责任险（主车限额 10 万元，挂车限额 5 万元）、发生保险事故后，三者损失 15 万元，保险公司能全部赔偿损失吗？（不考虑交强险）

答：不能全额赔付，三者险条款约定主车和挂车连接使用时视为一体，发生保险事故时，由主车保险人和挂车保险人按照保险单上载明的机动车第三者责任保险责任限额的比例，在各自的责任限额内承担赔偿责任，但赔偿金额总和以主车的责任限额为限，因此保险公司只能赔付 10 万元。

（38）因紧急刹车,发生本车上副驾驶室乘坐人员头部碰撞前挡玻璃,本车前挡玻璃破碎,乘员受伤的事故。车辆投保车损险,未投保玻璃单独破碎险,也没投保车上人员责任险,保险公司是否赔付前挡玻璃损失?

答：不赔付,车损险条款约定"未发生被保险机动车其他部位的损坏,仅发生被保险机动车前后风挡玻璃和左右车窗玻璃的损坏"为责任免除。

（39）保险机动车被盗窃、抢劫、抢夺,需经出险当地县级以上公安刑侦部门立案证明,满多少天未查明下落的全车损失保险公司承担全车盗抢险的赔偿责任?

答：60 天。

（40）此次改革实施"无责代赔,先赔后追",被保险人是否需要向保险公司交"追偿费用"?

答：此次改革在车损险中实施"无责代赔,先赔后追",被保险人可以更快获得赔款,享受更好的服务。当然,实施车损险"无责代赔,先赔后追",会一定程度增加保险公司的成本。但为更好发挥保险社会管理功能、促进社会和谐、服务消费者,消费者在保费外无需增加费用。

　练习与思考题

单项选择题

1. 商业车险条款费率改革后,(　　)不属于被保险人车损险的索赔方式。
   A. 由受害方直接向责任方索赔
   B. 根据《保险法》第六十五条规定,受害方直接向责任方保险公司索赔
   C. 受害人向其车损险承保公司申请按照"代位求偿"方式先行赔付,并将向责任方追偿的权利转让给保险公司
   D. 向出险机动车的经销商索赔

2. 根据行业示范条款规定,被保险机动车的损失应当由第三方负责赔偿的,无法找到第三方的,实行(　　)的绝对免赔额。
   A. 10%　　　　　B. 20%　　　　　C. 30%　　　　　D. 25%

3. 如果消费者在投保车损险的同时,投保机动车损失保险无法找到第三方特约险,当被保险机动车的损失应当由第三方负责赔偿的,无法找到第三方的情形,消费者可以在此附加险项下得到本应自负的(　　)赔款。
   A. 10%　　　　　B. 20%　　　　　C. 30%　　　　　D. 25%

4. 根据行业示范条款规定,各主险事故责任免赔率调整为(　　)。
   A. 5%、8%、10%、15%　　　　　B. 5%、10%、15%、20%
   C. 3%、5%、8%、10%　　　　　D. 3%、5%、8%、15%

5. 商业车险条款费率改革后,保单起期前批改保险期间,公司可通过批单形式进行批改,修改后的保单起期不能早于批单生成时间,且批改后保险期间应不大于(　　)。
   A. 1 年　　　　　B. 6 个月　　　　　C. 3 个月　　　　　D. 9 个月

6. 根据行业示范条款规定,投保机动车辆在保险事故中发生全部损失,赔款计算方

式为(　　　)。

    A. 赔款＝(保险金额－被保险人已从第三方获得的赔偿金额)×(1－事故责任免赔率)×(1－绝对免赔率之和)－绝对免赔额

    B. 赔款＝(保险金额－被保险人已从第三方获得的赔偿金额)×(1－事故责任免赔率)×(1－绝对免赔率之和)

    C. 赔款＝(保险金额－被保险人已从第三方获得的赔偿金额)×(1－事故责任免赔率)－绝对免赔额

    D. 赔款＝(保险金额－被保险人已从第三方获得的赔偿金额)×(1－事故责任免赔率－绝对免赔率之和)－绝对免赔额

7. 根据行业示范条款规定,下面说法正确的是(　　　)。

    A. 驾驶营运客车需提供营运车驾驶资格证,但驾驶营运货车无需提供

    B. 驾驶营运货车需提供营运车驾驶资格证,但驾驶营运客车无需提供

    C. 驾驶营运货车及驾驶营运客车均需提供营运车驾驶资格证

    D. 以上说法均不正确

8. 根据行业示范条款规定,投保机动车辆在保险事故中发生部分损失,赔款计算方式为(　　　)。

    A. 赔款＝(实际修复费用－被保险人已从第三方获得的赔偿金额)×(1－事故责任免赔率)×(1－绝对免赔率之和)－绝对免赔额

    B. 赔款＝(实际修复费用－被保险人已从第三方获得的赔偿金额)×(1－事故责任免赔率)×(1－绝对免赔率之和)

    C. 赔款＝(实际修复费用－被保险人已从第三方获得的赔偿金额)×(1－事故责任免赔率)－绝对免赔额

    D. 赔款＝(实际修复费用－被保险人已从第三方获得的赔偿金额)×(1－事故责任免赔率－绝对免赔率之和)－绝对免赔额

9. 根据行业示范条款规定,在线上代位求偿案件中,符合互审条件的为(　　　)。

    A. 金额在 5 000 元以上的代位追偿案件,需要互审

    B. 金额在 4 000 元以上的代位追偿案件,需要互审

    C. 金额在 3 000 元以上的代位追偿案件,需要互审

    D. 金额在 2 000 元以上的代位追偿案件,需要互审

10. 根据行业示范条款规定,车损险删除的责任免除是(　　　)。

    A. 实习期驾驶消防车、救护车、工程救险车

    B. 被保险机动车所载货物坠落、倒塌、撞击、泄漏造成的损失

    C. 依照法律法规或公安机关交通管理部门有关规定不允许驾驶保险车辆的其他情况下驾车

    D. 其他不属于保险责任范围内的损失和费用,保险人不负责赔偿

11. 根据行业示范条款规定,盗抢险发生全车损失,被保险人办理理赔需要提供完整《机动车登记证书》、机动车来历凭证明的,每缺少一项,增加免赔率(　　　)。

    A. 1%   B. 2%   C. 3%   D. 4%

12. 商业车险条款费率改革后,3 年未出险车辆的无赔优系数要比费改前低(　　)。

　　A. 0.1　　　　　　B. 0.2　　　　　　C. 0.3　　　　　　D. 0.4

13. 根据行业示范条款规定,保险机动车被盗窃、抢劫、抢夺,需经出险当地县级以上公安刑侦部门立案证明,满(　　)天未查明下落的全车损失保险公司承担全车盗抢险的赔偿责任。

　　A. 20　　　　　　B. 30　　　　　　C. 50　　　　　　D. 60

14. 根据行业示范条款规定,保险责任开始前,投保人申请合同解除,保险公司收取(　　)手续费。

　　A. 1%　　　　　　B. 2%　　　　　　C. 3%　　　　　　D. 4%

15. 根据行业示范条款规定,车辆借给朋友使用,因为其盗窃在被警察追赶过程中导致撞到花坛上,保险公司对车损(　　)。

　　A. 赔偿　　　　　　B. 不赔偿

16. 根据行业示范条款规定,车辆投保了修理期间费用补偿险,该附加险每次事故的绝对免赔额为(　　)天的赔偿金额,不适用主险中的各项免赔率、免赔额约定。

　　A. 1　　　　　　B. 2　　　　　　C. 3　　　　　　D. 4

17. 根据行业示范条款规定,车损险保险金额说法正确的是(　　)。

　　A. 依据车辆的新车购置价(含税)确定

　　B. 依据车辆的新车购置价(不含税)确定

　　C. 依据车辆的新车购置价内协商确定

　　D. 依据投保时车辆实际价值确定

18. 根据行业示范条款规定,(　　)属于第三者范围。

　　A. 投保人　　　　　B. 被保险人　　　　　C. 被保险机动车本车车上人员

19. 根据行业示范条款规定,当车辆发生全损时按照(　　)为基准计算赔款。

　　A. 保险金额

　　B. 出险时的实际价值

　　C. 按照二手车市场价格确定金额

　　D. 实际修复金额但不高于新车购置价

20. 根据行业示范条款规定,已使用 2 年的车辆,在承保时应按(　　)确定车损险的保险金额。

　　A. 协商确定保额但不高于新车购置价　　　B. 投保时的实际价值

　　C. 新车购置价　　　　　　　　　　　　　D. 以上都可以

附录 机动车商业保险行业基本条款(A 款)
(部分条款)

非营业用汽车损失保险条款

总 则

第一条 非营业用汽车损失保险合同(以下简称本保险合同)由保险条款、投保单、保险单、批单和特别约定共同组成。凡涉及本保险合同的约定,均应采用书面形式。

第二条 本保险合同中的非营业用汽车是指在中华人民共和国境内(不含港、澳、台地区)行驶的党政机关、企事业单位、社会团体、使领馆等机构从事公务或在生产经营活动中不以直接或间接方式收取运费或租金的自用汽车,包括客车、货车、客货两用车(以下简称被保险机动车)。

第三条 本保险合同为不定值保险合同。保险人按照承保险别承担保险责任。附加险不能单独投保。

保 险 责 任

第四条 保险期间内,被保险人或其允许的合法驾驶人在使用被保险机动车过程中,因下列原因造成被保险机动车的损失,保险人依照本保险合同的约定负责赔偿。

（一）碰撞、倾覆、坠落；

（二）火灾、爆炸、自燃；

（三）外界物体坠落、倒塌；

（四）暴风、龙卷风；

（五）雷击、雹灾、暴雨、洪水、海啸；

（六）地陷、冰陷、崖崩、雪崩、泥石流、滑坡；

（七）载运被保险机动车的渡船遭受自然灾害(只限于驾驶人随船的情形)。

第五条 发生保险事故时,被保险人为防止或者减少被保险机动车的损失所支付的必要的、合理的施救费用,由保险人承担,最高不超过保险金额的数额。

责 任 免 除

第六条 下列情况下,不论任何原因造成被保险机动车损失,保险人均不负责赔偿。

（一）地震及其次生灾害。

（二）战争、军事冲突、恐怖活动、暴乱、扣押、收缴、没收、政府征用。

（三）竞赛、测试、教练,在营业性维修、养护场所修理、养护期间。

（四）利用被保险机动车从事违法活动。

（五）驾驶人饮酒、吸食或注射毒品、被药物麻醉后使用被保险机动车。

（六）事故发生后,被保险人或其允许的驾驶人在未依法采取措施的情况下驾驶被保险机动车或者遗弃被保险机动车逃离事故现场，或故意破坏、伪造现场、毁灭证据。

（七）驾驶人有下列情形之一者：

1. 无驾驶证或驾驶证有效期已届满；

2. 驾驶的被保险机动车与驾驶证载明的准驾车型不符；

3. 实习期内驾驶执行任务的警车、消防车、救护车、工程救险车以及载有爆炸物品、易燃易爆化学物品、剧毒或者放射性等危险物品的被保险机动车，实习期内驾驶的被保险机动车牵引挂车；

4. 持未按规定审验的驾驶证，以及在暂扣、扣留、吊销、注销驾驶证期间驾驶被保险机动车；

5. 使用各种专用机械车、特种车的人员无国家有关部门核发的有效操作证；

6. 依照法律法规或公安机关交通管理部门有关规定不允许驾驶被保险机动车的其他情况下驾车。

（八）非被保险人允许的驾驶人使用被保险机动车。

（九）被保险机动车转让他人，被保险人、受让人未履行本保险合同第三十三条规定的通知义务，且因转让导致被保险机动车危险程度显著增加而发生保险事故。

（十）除另有约定外，发生保险事故时被保险机动车无公安机关交通管理部门核发的行驶证或号牌，或未按规定检验或检验不合格。

第七条　被保险机动车的下列损失和费用，保险人不负责赔偿。

（一）自然磨损、朽蚀、腐蚀、故障；

（二）玻璃单独破碎，车轮单独损坏；

（三）无明显碰撞痕迹的车身划痕；

（四）人工直接供油、高温烘烤造成的损失；

（五）自燃仅造成电器、线路、供油系统、供气系统的损失；

（六）遭受保险责任范围内的损失后，未经必要修理继续使用被保险机动车，致使损失扩大的部分；

（七）因污染（含放射性污染）造成的损失；

（八）市场价格变动造成的贬值、修理后价值降低引起的损失；

（九）标准配置以外新增设备的损失；

（十）发动机进水后导致的发动机损坏；

（十一）被保险机动车所载货物坠落、倒塌、撞击、泄漏造成的损失；

（十二）被盗窃、抢劫、抢夺，以及因被盗窃、抢劫、抢夺受到损坏或车上零部件、附属设备丢失；

（十三）被保险人或驾驶人的故意行为造成的损失；

（十四）应当由机动车交通事故责任强制保险赔偿的金额。

第八条　保险人在依据本保险合同约定计算赔款的基础上，按照下列免赔率免赔。

（一）负次要事故责任的免赔率为5%，负同等事故责任的免赔率为8%，负主要事故责任的免赔率为10%，负全部事故责任或单方肇事事故的免赔率为15%；

（二）被保险机动车的损失应当由第三方负责赔偿的，无法找到第三方时，免赔率为 30%；

（三）被保险人根据有关法律法规规定选择自行协商方式处理交通事故，不能证明事故原因的，免赔率为 20%；

（四）投保时约定行驶区域，保险事故发生在约定行驶区域以外的，增加免赔率 10%。

第九条　其他不属于保险责任范围内的损失和费用。

保 险 金 额

第十条　保险金额由投保人和保险人从下列三种方式中选择确定，保险人根据确定保险金额的不同方式承担相应的赔偿责任。

（一）按投保时被保险机动车的新车购置价确定。

本保险合同中的新车购置价是指在保险合同签订地购置与被保险机动车同类型新车的价格（含车辆购置税）。

投保时的新车购置价根据投保时保险合同签订地同类型新车的市场销售价格（含车辆购置税）确定，并在保险单中载明，无同类型新车市场销售价格的，由投保人与保险人协商确定。

（二）按投保时被保险机动车的实际价值确定。

本保险合同中的实际价值是指新车购置价减去折旧金额后的价格。

投保时被保险机动车的实际价值根据投保时的新车购置价减去折旧金额后的价格确定。

折 旧 率 表

车 辆 种 类	月 折 旧 率
9 座以下客车	0.60%
低速货车和三轮汽车	1.10%
其他车辆	0.90%

折旧按月计算，不足一个月的部分，不计折旧。最高折旧金额不超过投保时被保险机动车新车购置价的 80%。

折旧金额＝投保时的新车购置价×被保险机动车已使用月数×月折旧率

（三）在投保时被保险机动车的新车购置价内协商确定。

保 险 期 间

第十一条　除另有约定外，保险期间为一年，以保险单载明的起讫时间为准。

保 险 人 义 务

第十二条　保险人在订立保险合同时，应向投保人说明投保险种的保险责任、责任免除、保险期间、保险费及支付办法、投保人和被保险人义务等内容。

第十三条　保险人应及时受理被保险人的事故报案，并尽快进行查勘。

保险人接到报案后 48 小时内未进行查勘且未给予受理意见，造成财产损失无法确定的，以被保险人提供的财产损毁照片、损失清单、事故证明和修理发票作为赔付理算依据。

第十四条　保险人收到被保险人的索赔请求后，应当及时作出核定。

（一）保险人应根据事故性质、损失情况，及时向被保险人提供索赔须知。审核索赔材料后认为有关的证明和资料不完整的，应当及时一次性通知被保险人补充提供有关的证明和资料；

（二）在被保险人提供了各种必要单证后，保险人应当迅速审查核定，并将核定结果及时通知被保险人。情形复杂的，保险人应当在三十日内作出核定；保险人未能在三十日内作出核定的，应与被保险人商定合理期间，并在商定期间内作出核定，同时将核定结果及时通知被保险人；

（三）对属于保险责任的，保险人应在与被保险人达成赔偿协议后十日内支付赔款；

（四）对不属于保险责任的，保险人应自作出核定之日起三日内向被保险人发出拒绝赔偿通知书，并说明理由；

（五）保险人自收到索赔请求和有关证明、资料之日起六十日内，对其赔偿金额不能确定的，应当根据已有证明和资料可以确定的数额先予支付；保险人最终确定赔偿金额后，应当支付相应的差额。

第十五条　保险人对在办理保险业务中知道的投保人、被保险人的业务和财产情况及个人隐私，负有保密的义务。

投保人、被保险人义务

第十六条　投保人应如实填写投保单并回答保险人提出的询问，履行如实告知义务，并提供被保险机动车行驶证复印件、机动车登记证书复印件。

在保险期间内，被保险机动车改装、加装或从事营业运输等，导致被保险机动车危险程度显著增加的，应当及时书面通知保险人。否则，因被保险机动车危险程度显著增加而发生的保险事故，保险人不承担赔偿责任。

第十七条　除另有约定外，投保人应当在本保险合同成立时交清保险费；保险费交清前发生的保险事故，保险人不承担赔偿责任。

第十八条　发生保险事故时，被保险人应当及时采取合理的、必要的施救和保护措施，防止或者减少损失，并在保险事故发生后 48 小时内通知保险人。故意或者因重大过失未及时通知，致使保险事故的性质、原因、损失程度等难以确定的，保险人对无法确定的部分，不承担赔偿责任，但保险人通过其他途径已经及时知道或者应当及时知道保险事故发生的除外。

第十九条　发生保险事故后，被保险人应当积极协助保险人进行现场查勘。

被保险人在索赔时应当提供有关证明和资料。

发生与保险赔偿有关的仲裁或者诉讼时，被保险人应当及时书面通知保险人。

第二十条　因第三方对被保险机动车的损害而造成保险事故的，保险人自向被保险人赔偿保险金之日起，在赔偿金额范围内代位行使被保险人对第三方请求赔偿的权利，但被保险人必须协助保险人向第三方追偿。

保险事故发生后，保险人未赔偿之前，被保险人放弃对第三者请求赔偿的权利的，保险人不承担赔偿责任。

被保险人故意或者因重大过失致使保险人不能行使代位请求赔偿的权利的，保险人可以扣减或者要求返还相应的赔款。

赔 偿 处 理

第二十一条 被保险人索赔时,应当向保险人提供与确认保险事故的性质、原因、损失程度等有关的证明和资料。

被保险人应当提供保险单、损失清单、有关费用单据、被保险机动车行驶证和发生事故时驾驶人的驾驶证。

属于道路交通事故的,被保险人应当提供公安机关交通管理部门或法院等机构出具的事故证明、有关的法律文书(判决书、调解书、裁定书、裁决书等)和通过机动车交通事故责任强制保险获得赔偿金额的证明材料。

属于非道路交通事故的,应提供相关的事故证明。

第二十二条 保险事故发生时,被保险人对被保险机动车不具有保险利益的,不得向保险人请求赔偿。

第二十三条 被保险人或被保险机动车驾驶人根据有关法律法规规定选择自行协商方式处理交通事故的,应当立即通知保险人,协助保险人勘验事故各方车辆、核实事故责任,并依照《交通事故处理程序规定》签订记录交通事故情况的协议书。

第二十四条 因保险事故损坏的被保险机动车,应当尽量修复。修理前被保险人应当会同保险人检验,协商确定修理项目、方式和费用。否则,保险人有权重新核定;无法重新核定的,保险人有权拒绝赔偿。

第二十五条 被保险机动车遭受损失后的残余部分由保险人、被保险人协商处理。

第二十六条 保险人依据被保险机动车驾驶人在事故中所负的事故责任比例,承担相应的赔偿责任。

被保险人或被保险机动车驾驶人根据有关法律法规规定选择自行协商或由公安机关交通管理部门处理事故未确定事故责任比例的,按照下列规定确定事故责任比例:

被保险机动车方负主要事故责任的,事故责任比例为70%;

被保险机动车方负同等事故责任的,事故责任比例为50%;

被保险机动车方负次要事故责任的,事故责任比例为30%。

第二十七条 保险人按下列方式赔偿。

(一)按投保时被保险机动车的新车购置价确定保险金额的:

1.发生全部损失时,在保险金额内计算赔偿,保险金额高于保险事故发生时被保险机动车实际价值的,按保险事故发生时被保险机动车的实际价值计算赔偿。

保险事故发生时被保险机动车的实际价值根据保险事故发生时的新车购置价减去折旧金额后的价格确定。

保险事故发生时的新车购置价根据保险事故发生时保险合同签订地同类型新车的市场销售价格(含车辆购置税)确定,无同类型新车市场销售价格的,由被保险人与保险人协商确定。

折旧金额=保险事故发生时的新车购置价×被保险机动车已使用月数×月折旧率

2.发生部分损失时,按核定修理费用计算赔偿,但不得超过保险事故发生时被保险机动车的实际价值。

(二)按投保时被保险机动车的实际价值确定保险金额或协商确定保险金额的:

1．发生全部损失时,保险金额高于保险事故发生时被保险机动车实际价值的,以保险事故发生时被保险机动车的实际价值计算赔偿;保险金额等于或低于保险事故发生时被保险机动车实际价值的,按保险金额计算赔偿。

2．发生部分损失时,按保险金额与投保时被保险机动车的新车购置价的比例计算赔偿,但不得超过保险事故发生时被保险机动车的实际价值。

(三)施救费用赔偿的计算方式同本条(一)、(二),在被保险机动车损失赔偿金额以外另行计算,最高不超过保险金额的数额。

被施救的财产中,含有本保险合同未承保财产的,按被保险机动车与被施救财产价值的比例分摊施救费用。

第二十八条　保险事故发生时,被保险机动车重复保险的,保险人按照本保险合同的保险金额与各保险合同保险金额的总和的比例承担赔偿责任。

其他保险人应承担的赔偿金额,保险人不负责赔偿和垫付。

第二十九条　保险人受理报案、现场查勘、参与诉讼、进行抗辩、要求被保险人提供证明和资料、向被保险人提供专业建议等行为,均不构成保险人对赔偿责任的承诺。

第三十条　下列情况下,保险人支付赔款后,本保险合同终止,保险人不退还非营业用汽车损失保险及其附加险的保险费。

(一)被保险机动车发生全部损失;

(二)按投保时被保险机动车的实际价值确定保险金额的,一次赔款金额与免赔金额之和(不含施救费)达到保险事故发生时被保险机动车的实际价值;

(三)保险金额低于投保时被保险机动车的实际价值的,一次赔款金额与免赔金额之和(不含施救费)达到保险金额。

保险费调整

第三十一条　保险费调整的比例和方式以保险监管部门批准的机动车保险费率方案的规定为准。

本保险及其附加险根据上一保险期间发生保险赔偿的次数,在续保时实行保险费浮动。

合同变更和终止

第三十二条　本保险合同的内容如需变更,须经保险人与投保人书面协商一致。

第三十三条　在保险期间内,被保险机动车转让他人的,受让人承继被保险人的权利和义务。被保险人或者受让人应当及时书面通知保险人并办理批改手续。

因被保险机动车转让导致被保险机动车危险程度显著增加的,保险人自收到前款规定的通知之日起三十日内,可以增加保险费或者解除本保险合同。

第三十四条　保险责任开始前,投保人要求解除本保险合同的,应当向保险人支付应交保险费5%的退保手续费,保险人应当退还保险费。

保险责任开始后,投保人要求解除本保险合同的,自通知保险人之日起,本保险合同解除。保险人按日收取自保险责任开始之日起至合同解除之日止期间的保险费,并退还剩余部分保险费。

争 议 处 理

第三十五条 因履行本保险合同发生的争议,由当事人协商解决。

协商不成的,提交保险单载明的仲裁机构仲裁。保险单未载明仲裁机构或者争议发生后未达成仲裁协议的,可向人民法院起诉。

第三十六条 本保险合同争议处理适用中华人民共和国法律。

附 则

第三十七条 本保险合同(含附加险)中术语的含义如下。

不定值保险合同: 指双方当事人在订立保险合同时不预先确定保险标的的保险价值,而是按照保险事故发生时保险标的的实际价值确定保险价值的保险合同。

碰撞: 指被保险机动车与外界物体直接接触并发生意外撞击、产生撞击痕迹的现象。包括被保险机动车按规定载运货物时,所载货物与外界物体的意外撞击。

倾覆: 指意外事故导致被保险机动车翻倒(两轮以上离地、车体触地),处于失去正常状态和行驶能力、不经施救不能恢复行驶的状态。

坠落: 指被保险机动车在行驶中发生意外事故,整车腾空后下落,造成本车损失的情况。非整车腾空,仅由于颠簸造成被保险机动车损失的,不属坠落责任。

火灾: 指被保险机动车本身以外的火源引起的、在时间或空间上失去控制的燃烧(即有热、有光、有火焰的剧烈的氧化反应)所造成的灾害。

暴风: 指风速在28.5米/秒(相当于11级大风)以上的大风。风速以气象部门公布的数据为准。

地陷: 指地壳因为自然变异、地层收缩而发生突然塌陷以及海潮、河流、大雨侵蚀时,地下有孔穴、矿穴,以致地面突然塌陷。

次生灾害: 地震造成工程结构、设施和自然环境破坏而引发的火灾、爆炸、瘟疫、有毒有害物质污染、海啸、水灾、泥石流、滑坡等灾害。

玻璃单独破碎: 指未发生被保险机动车其他部位的损坏,仅发生被保险机动车前后风挡玻璃和左右车窗玻璃的损坏。

车轮单独损坏: 指未发生被保险机动车其他部位的损坏,仅发生轮胎、轮辋、轮毂罩的分别单独损坏,或上述三者之中任意两者的共同损坏,或三者的共同损坏。

竞赛: 指被保险机动车作为赛车参加车辆比赛活动,包括以参加比赛为目的进行的训练活动。

测试: 指对被保险机动车的性能和技术参数进行测量或试验。

教练: 指尚未取得合法机动车驾驶证,但已通过合法教练机构办理正式学车手续的学员,在固定练习场所或指定路线,并有合格教练随车指导的情况下驾驶被保险机动车。

自燃: 指在没有外界火源的情况下,由于本车电器、线路、供油系统、供气系统等被保险机动车自身原因发生故障或所载货物自身原因起火燃烧。

污染: 指被保险机动车正常使用过程中或发生事故时,由于油料、尾气、货物或其他污染物的泄漏、飞溅、排放、散落等造成被保险机动车污损或状况恶化。

营业运输: 指经由交通运输管理部门核发营运证书,被保险人或其允许的驾驶人利用被保险机动车从事旅客运输、货物运输的行为。未经交通运输管理部门核发营运证书，被保险人或其允许的驾驶人以牟利为目的，利用被保险机动车从事旅客运输、货物运输的，视为营业运输。

单方肇事事故：指不涉及与第三方有关的损害赔偿的事故，但不包括因自然灾害引起的事故。

转让：指以转移所有权为目的，处分被保险机动车的行为。被保险人以转移所有权为目的，将被保险机动车交付他人，但未按规定办理转移（过户）登记的，视为转让。

第三十八条　保险人按照保险监管部门批准的机动车保险费率方案计算保险费。

第三十九条　在投保非营业用汽车损失保险的基础上，投保人可投保附加险。

附加险条款未尽事宜，以本条款为准。

营业用汽车损失保险条款

总　　则

第一条　营业用汽车损失保险合同（以下简称本保险合同）由保险条款、投保单、保险单、批单和特别约定共同组成。凡涉及本保险合同的约定，均应采用书面形式。

第二条　本保险合同中的营业用汽车是指在中华人民共和国境内（不含港、澳、台地区）行驶的，用于客、货运输或租赁，并以直接或间接方式收取运费或租金的汽车（以下简称被保险机动车）。

第三条　本保险合同为不定值保险合同。保险人按照承保险别承担保险责任。附加险不能单独投保。

保　险　责　任

第四条　保险期间内，被保险人或其允许的合法驾驶人在使用被保险机动车过程中，因下列原因造成被保险机动车的损失，保险人依照本保险合同的约定负责赔偿。

（一）碰撞、倾覆、坠落；

（二）外界物体坠落、倒塌；

（三）暴风、龙卷风；

（四）雷击、雹灾、暴雨、洪水、海啸；

（五）地陷、冰陷、崖崩、雪崩、泥石流、滑坡；

（六）载运被保险机动车的渡船遭受自然灾害（只限于驾驶人随船的情形）。

第五条　发生保险事故时，被保险人为防止或者减少被保险机动车的损失所支付的必要的、合理的施救费用，由保险人承担，最高不超过保险金额的数额。

责　任　免　除

第六条　下列情况下，不论任何原因造成被保险机动车损失，保险人均不负责赔偿。

（一）地震及其次生灾害。

（二）战争、军事冲突、恐怖活动、暴乱、扣押、收缴、没收、政府征用。

（三）竞赛、测试、教练，在营业性维修、养护场所修理、养护期间。

（四）利用被保险机动车从事违法活动。

（五）驾驶人饮酒、吸食或注射毒品、被药物麻醉后使用被保险机动车。

（六）事故发生后，被保险人或其允许的驾驶人在未依法采取措施的情况下驾驶被保险机动车或者遗弃被保险机动车逃离事故现场，或故意破坏、伪造现场、毁灭证据。

（七）驾驶人有下列情形之一者：

1. 无驾驶证或驾驶证有效期已届满；

2. 驾驶的被保险机动车与驾驶证载明的准驾车型不符；

3. 实习期内驾驶公共汽车、营运客车或者载有爆炸物品、易燃易爆化学物品、剧毒或者放射性等危险物品的被保险机动车，实习期内驾驶的被保险机动车牵引挂车；

4. 持未按规定审验的驾驶证，以及在暂扣、扣留、吊销、注销驾驶证期间驾驶被保险机动车；

5. 使用各种专用机械车、特种车的人员无国家有关部门核发的有效操作证，驾驶营运客车的驾驶人无国家有关部门核发的有效资格证书；

6. 依照法律法规或公安机关交通管理部门有关规定不允许驾驶被保险机动车的其他情况下驾车。

（八）非被保险人允许的驾驶人使用被保险机动车。

（九）被保险机动车转让他人，被保险人、受让人未履行本保险合同第三十三条规定的通知义务，且因转让导致被保险机动车危险程度显著增加而发生保险事故。

（十）除另有约定外，发生保险事故时被保险机动车无公安机关交通管理部门核发的行驶证或号牌，或未按规定检验或检验不合格。

第七条　被保险机动车的下列损失和费用，保险人不负责赔偿。

（一）自然磨损、朽蚀、腐蚀、故障；

（二）玻璃单独破碎，车轮单独损坏；

（三）无明显碰撞痕迹的车身划痕；

（四）人工直接供油、高温烘烤造成的损失；

（五）火灾、爆炸、自燃造成的损失；

（六）遭受保险责任范围内的损失后，未经必要修理继续使用被保险机动车，致使损失扩大的部分；

（七）因污染（含放射性污染）造成的损失；

（八）市场价格变动造成的贬值、修理后价值降低引起的损失；

（九）标准配置以外新增设备的损失；

（十）发动机进水后导致的发动机损坏；

（十一）被保险机动车所载货物坠落、倒塌、撞击、泄漏造成的损失；

（十二）被盗窃、抢劫、抢夺，以及因被盗窃、抢劫、抢夺受到损坏或车上零部件、附属设备丢失；

（十三）被保险人或驾驶人的故意行为造成的损失；

（十四）应当由机动车交通事故责任强制保险赔偿的金额。

第八条　保险人在依据本保险合同约定计算赔款的基础上，按照下列方式免赔。

（一）负次要事故责任的免赔率为 5%，负同等事故责任的免赔率为 8%，负主要事故

责任的免赔率为 10％,负全部事故责任或单方肇事事故的免赔率为 15％;

（二）被保险机动车的损失应当由第三方负责赔偿的,无法找到第三方时,免赔率为 30％;

（三）被保险人根据有关法律法规规定选择自行协商方式处理交通事故,不能证明事故原因的,免赔率为 20％;

（四）违反安全装载规定的,增加免赔率 5％;因违反安全装载规定导致保险事故发生的,保险人不承担赔偿责任;

（五）投保时约定行驶区域,保险事故发生在约定行驶区域以外的,增加免赔率 10％;

（六）保险期间内发生多次保险事故的(自然灾害引起的事故除外),免赔率从第三次开始每次增加 5％。

第九条　其他不属于保险责任范围内的损失和费用。

保 险 金 额

第十条　保险金额由投保人和保险人从下列三种方式中选择确定,保险人根据确定保险金额的不同方式承担相应的赔偿责任。

（一）按投保时被保险机动车的新车购置价确定。

本保险合同中的新车购置价是指在保险合同签订地购置与被保险机动车同类型新车的价格(含车辆购置税)。

投保时的新车购置价根据投保时保险合同签订地同类型新车的市场销售价格(含车辆购置税)确定,并在保险单中载明,无同类型新车市场销售价格的,由投保人与保险人协商确定。

（二）按投保时被保险机动车的实际价值确定。

本保险合同中的实际价值是指新车购置价减去折旧金额后的价格。

投保时被保险机动车的实际价值根据投保时的新车购置价减去折旧金额后的价格确定。

折旧率表

车 辆 种 类	月 折 旧 率	
	出　　租	其　　他
客车	1.10％	0.90％
微型载货汽车	1.10％	1.10％
带拖挂的载货汽车	1.10％	1.10％
低速货车和三轮汽车	1.40％	1.40％
其他车辆	1.10％	0.90％

折旧按月计算,不足一个月的部分,不计折旧。最高折旧金额不超过投保时被保险机动车新车购置价的 80％。

折旧金额＝投保时的新车购置价×被保险机动车已使用月数×月折旧率

（三）在投保时被保险机动车的新车购置价内协商确定。

保 险 期 间

第十一条　除另有约定外,保险期间为一年,以保险单载明的起讫时间为准。

保 险 人 义 务

第十二条　保险人在订立保险合同时,应向投保人说明投保险种的保险责任、责任免除、保险期间、保险费及支付办法、投保人和被保险人义务等内容。

第十三条　保险人应及时受理被保险人的事故报案,并尽快进行查勘。

保险人接到报案后48小时内未进行查勘且未给予受理意见,造成财产损失无法确定的,以被保险人提供的财产损毁照片、损失清单、事故证明和修理发票作为赔付理算依据。

第十四条　保险人收到被保险人的索赔请求后,应当及时作出核定。

(一)保险人应根据事故性质、损失情况,及时向被保险人提供索赔须知。审核索赔材料后认为有关的证明和资料不完整的,应当及时一次性通知被保险人补充提供有关的证明和资料;

(二)在被保险人提供了各种必要单证后,保险人应当迅速审查核定,并将核定结果及时通知被保险人。情形复杂的,保险人应当在三十日内作出核定;保险人未能在三十日内作出核定的,应与被保险人商定合理期间,并在商定期间内作出核定,同时将核定结果及时通知被保险人;

(三)对属于保险责任的,保险人应在与被保险人达成赔偿协议后十日内支付赔款;

(四)对不属于保险责任的,保险人应自作出核定之日起三日内向被保险人发出拒绝赔偿通知书,并说明理由;

(五)保险人自收到索赔请求和有关证明、资料之日起六十日内,对其赔偿金额不能确定的,应当根据已有证明和资料可以确定的数额先予支付;保险人最终确定赔偿金额后,应当支付相应的差额。

第十五条　保险人对在办理保险业务中知道的投保人、被保险人的业务和财产情况及个人隐私,负有保密的义务。

投保人、被保险人义务

第十六条　投保人应如实填写投保单并回答保险人提出的询问,履行如实告知义务,并提供被保险机动车行驶证复印件、机动车登记证书复印件。

在保险期间内,被保险机动车改装、加装等,导致被保险机动车危险程度显著增加的,应当及时书面通知保险人。否则,因被保险机动车危险程度显著增加而发生的保险事故,保险人不承担赔偿责任。

第十七条　除另有约定外,投保人应当在本保险合同成立时交清保险费;保险费交清前发生的保险事故,保险人不承担赔偿责任。

第十八条　发生保险事故时,被保险人应当及时采取合理的、必要的施救和保护措施,防止或者减少损失,并在保险事故发生后48小时内通知保险人。故意或者因重大过失未及时通知,致使保险事故的性质、原因、损失程度等难以确定的,保险人对无法确定的部分,不承担赔偿责任,但保险人通过其他途径已经及时知道或者应当及时知道保险事故发生的除外。

第十九条　发生保险事故后,被保险人应当积极协助保险人进行现场查勘。

被保险人在索赔时应当提供有关证明和资料。

发生与保险赔偿有关的仲裁或者诉讼时,被保险人应当及时书面通知保险人。

第二十条　因第三方对被保险机动车的损害而造成保险事故的,保险人自向被保险人赔偿保险金之日起,在赔偿金额范围内代位行使被保险人对第三方请求赔偿的权利,但被保险人必须协助保险人向第三方追偿。

保险事故发生后,保险人未赔偿之前,被保险人放弃对第三者请求赔偿的权利的,保险人不承担赔偿责任。

被保险人故意或者因重大过失致使保险人不能行使代位请求赔偿的权利的,保险人可以扣减或者要求返还相应的赔款。

赔 偿 处 理

第二十一条　被保险人索赔时,应当向保险人提供与确认保险事故的性质、原因、损失程度等有关的证明和资料。

被保险人应当提供保险单、损失清单、有关费用单据、被保险机动车行驶证和发生事故时驾驶人的驾驶证。

属于道路交通事故的,被保险人应当提供公安机关交通管理部门或法院等机构出具的事故证明、有关的法律文书(判决书、调解书、裁定书、裁决书等)和通过机动车交通事故责任强制保险获得赔偿金额的证明材料。

属于非道路交通事故的,应提供相关的事故证明。

第二十二条　保险事故发生时,被保险人对被保险机动车不具有保险利益的,不得向保险人请求赔偿。

第二十三条　被保险人或被保险机动车驾驶人根据有关法律法规规定选择自行协商方式处理交通事故的,应当立即通知保险人,协助保险人勘验事故各方车辆、核实事故责任,并依照《交通事故处理程序规定》签订记录交通事故情况的协议书。

第二十四条　因保险事故损坏的被保险机动车,应当尽量修复。修理前被保险人应当会同保险人检验,协商确定修理项目、方式和费用。否则,保险人有权重新核定;无法重新核定的,保险人有权拒绝赔偿。

第二十五条　被保险机动车遭受损失后的残余部分由保险人、被保险人协商处理。

第二十六条　保险人依据被保险机动车驾驶人在事故中所负的事故责任比例,承担相应的赔偿责任。

被保险人或被保险机动车驾驶人根据有关法律法规规定选择自行协商或由公安机关交通管理部门处理事故未确定事故责任比例的,按照下列规定确定事故责任比例:

被保险机动车方负主要事故责任的,事故责任比例为70%;

被保险机动车方负同等事故责任的,事故责任比例为50%;

被保险机动车方负次要事故责任的,事故责任比例为30%。

第二十七条　保险人按下列方式赔偿。

(一)按投保时被保险机动车的新车购置价确定保险金额的:

1. 发生全部损失时,在保险金额内计算赔偿,保险金额高于保险事故发生时被保险

164

机动车实际价值的,按保险事故发生时被保险机动车的实际价值计算赔偿。

保险事故发生时被保险机动车的实际价值根据保险事故发生时的新车购置价减去折旧金额后的价格确定。

保险事故发生时的新车购置价根据保险事故发生时保险合同签订地同类型新车的市场销售价格(含车辆购置税)确定,无同类型新车市场销售价格的,由被保险人与保险人协商确定。

折旧金额=保险事故发生时的新车购置价×被保险机动车已使用月数×月折旧率

2. 发生部分损失时,按核定修理费用计算赔偿,但不得超过保险事故发生时被保险机动车的实际价值。

(二)按投保时被保险机动车的实际价值确定保险金额或协商确定保险金额的:

1. 发生全部损失时,保险金额高于保险事故发生时被保险机动车实际价值的,以保险事故发生时被保险机动车的实际价值计算赔偿;保险金额等于或低于保险事故发生时被保险机动车实际价值的,按保险金额计算赔偿。

2. 发生部分损失时,按保险金额与投保时被保险机动车的新车购置价的比例计算赔偿,但不得超过保险事故发生时被保险机动车的实际价值。

(三)施救费用赔偿的计算方式同本条(一)、(二),在被保险机动车损失赔偿金额以外另行计算,最高不超过保险金额的数额。

被施救的财产中,含有本保险合同未承保财产的,按被保险机动车与被施救财产价值的比例分摊施救费用。

第二十八条 保险事故发生时,被保险机动车重复保险的,保险人按照本保险合同的保险金额与各保险合同保险金额的总和的比例承担赔偿责任。

其他保险人应承担的赔偿金额,保险人不负责赔偿和垫付。

第二十九条 保险人受理报案、现场查勘、参与诉讼、进行抗辩、要求被保险人提供证明和资料、向被保险人提供专业建议等行为,均不构成保险人对赔偿责任的承诺。

第三十条 下列情况下,保险人支付赔款后,本保险合同终止,保险人不退还营业用汽车损失保险及其附加险的保险费。

(一)被保险机动车发生全部损失;

(二)按投保时被保险机动车的实际价值确定保险金额的,一次赔款金额与免赔金额之和(不含施救费)达到保险事故发生时被保险机动车的实际价值;

(三)保险金额低于投保时被保险机动车的实际价值的,一次赔款金额与免赔金额之和(不含施救费)达到保险金额。

保险费调整

第三十一条 保险费调整的比例和方式以保险监管部门批准的机动车保险费率方案的规定为准。

本保险及其附加险根据上一保险期间发生保险赔偿的次数,在续保时实行保险费浮动。

合同变更和终止

第三十二条 本保险合同的内容如需变更,须经保险人与投保人书面协商一致。

第三十三条　在保险期间内，被保险机动车转让他人的，受让人承继被保险人的权利和义务。被保险人或者受让人应当及时书面通知保险人并办理批改手续。

因被保险机动车转让导致被保险机动车危险程度显著增加的，保险人自收到前款规定的通知之日起三十日内，可以增加保险费或者解除本保险合同。

第三十四条　保险责任开始前，投保人要求解除本保险合同的，应当向保险人支付应交保险费 5% 的退保手续费，保险人应当退还保险费。

保险责任开始后，投保人要求解除本保险合同的，自通知保险人之日起，本保险合同解除。保险人按日收取自保险责任开始之日起至合同解除之日止期间的保险费，并退还剩余部分保险费。

争 议 处 理

第三十五条　因履行本保险合同发生的争议，由当事人协商解决。

协商不成的，提交保险单载明的仲裁机构仲裁。保险单未载明仲裁机构或者争议发生后未达成仲裁协议的，可向人民法院起诉。

第三十六条　本保险合同争议处理适用中华人民共和国法律。

附 则

第三十七条　本保险合同（含附加险）中术语的含义如下。

不定值保险合同：指双方当事人在订立保险合同时不预先确定保险标的的保险价值，而是按照保险事故发生时保险标的的实际价值确定保险价值的保险合同。

碰撞：指被保险机动车与外界物体直接接触并发生意外撞击、产生撞击痕迹的现象。包括被保险机动车按规定载运货物时，所载货物与外界物体的意外撞击。

倾覆：指意外事故导致被保险机动车翻倒（两轮以上离地、车体触地），处于失去正常状态和行驶能力、不经施救不能恢复行驶的状态。

坠落：指被保险机动车在行驶中发生意外事故，整车腾空后下落，造成本车损失的情况。非整车腾空，仅由于颠簸造成被保险机动车损失的，不属坠落责任。

火灾：指被保险机动车本身以外的火源引起的、在时间或空间上失去控制的燃烧（即有热、有光、有火焰的剧烈的氧化反应）所造成的灾害。

暴风：指风速在 28.5 米/秒（相当于 11 级大风）以上的大风。风速以气象部门公布的数据为准。

地陷：指地壳因为自然变异、地层收缩而发生突然塌陷以及海潮、河流、大雨侵蚀时，地下有孔穴、矿穴，以致地面突然塌陷。

次生灾害：地震造成工程结构、设施和自然环境破坏而引发的火灾、爆炸、瘟疫、有毒有害物质污染、海啸、水灾、泥石流、滑坡等灾害。

玻璃单独破碎：指未发生被保险机动车其他部位的损坏，仅发生被保险机动车前后风挡玻璃和左右车窗玻璃的损坏。

车轮单独损坏：指未发生被保险机动车其他部位的损坏，仅发生轮胎、轮辋、轮毂罩的分别单独损坏，或上述三者之中任意二者的共同损坏，或三者的共同损坏。

竞赛：指被保险机动车作为赛车参加车辆比赛活动，包括以参加比赛为目的进行的训练活动。

测试：指对被保险机动车的性能和技术参数进行测量或试验。

教练：指尚未取得合法机动车驾驶证，但已通过合法教练机构办理正式学车手续的学员，在固定练习场所或指定路线，并有合格教练随车指导的情况下驾驶被保险机动车。

自燃：指在没有外界火源的情况下，由于本车电器、线路、供油系统、供气系统等被保险机动车自身原因发生故障或所载货物自身原因起火燃烧。

污染：指被保险机动车正常使用过程中或发生事故时，由于油料、尾气、货物或其他污染物的泄漏、飞溅、排放、散落等造成被保险机动车污损或状况恶化。

单方肇事事故：指不涉及与第三方有关的损害赔偿的事故，但不包括因自然灾害引起的事故。

转让：指以转移所有权为目的，处分被保险机动车的行为。被保险人以转移所有权为目的，将被保险机动车交付他人，但未按规定办理转移（过户）登记的，视为转让。

第三十八条　保险人按照保险监管部门批准的机动车保险费率方案计算保险费。

第三十九条　在投保营业用汽车损失保险的基础上，投保人可投保附加险。

附加险条款未尽事宜，以本条款为准。

特种车保险条款

总　　则

第一条　特种车保险合同（以下简称本保险合同）由保险条款、投保单、保险单、批单和特别约定共同组成。凡涉及本保险合同的约定，均应采用书面形式。

第二条　本保险合同中的特种车是指在中华人民共和国境内（不含港、澳、台地区）行驶的，用于牵引、清障、清扫、起重、装卸、升降、搅拌、挖掘、推土、压路等的各种轮式或履带式专用机动车，或车内装有固定专用仪器设备，从事专业工作的监测、消防、清洁、医疗、电视转播、雷达、X光检查等机动车，或油罐车、汽罐车、液罐车、冷藏车、集装箱拖头以及约定的其他机动车（以下简称被保险机动车）。

第三条　本保险合同中的第三者是指因被保险机动车发生意外事故遭受人身伤亡或者财产损失的人，但不包括投保人、被保险人、保险人和保险事故发生时被保险机动车本车上的人员。

第四条　本保险合同为不定值保险合同。保险人按照承保险别承担保险责任。附加险不能单独投保。

保　险　责　任

第五条　机动车损失保险如下。

（一）保险期间内，被保险人或其允许的合法驾驶人或操作人员在使用被保险机动车过程中，因下列原因造成被保险机动车的损失，保险人依照本保险合同的约定负责赔偿：

1. 碰撞、倾覆、坠落；

2. 火灾、爆炸、自燃；

3. 外界物体坠落、倒塌；

4．暴风、龙卷风；

5．雷击、雹灾、暴雨、洪水、海啸；

6．地陷、冰陷、崖崩、雪崩、泥石流、滑坡；

7．载运被保险机动车的渡船遭受自然灾害（只限于驾驶人或操作人员随船的情形）。

（二）发生保险事故时，被保险人为防止或者减少被保险机动车的损失所支付的必要的、合理的施救费用，由保险人承担，最高不超过保险金额的数额。

第六条　第三者责任保险如下。

保险期间内，被保险人或其允许的合法驾驶人或操作人员在使用被保险机动车过程中发生意外事故，致使第三者遭受人身伤亡或财产直接损毁，依法应当由被保险人承担的损害赔偿责任，保险人依照本保险合同的约定，对于超过机动车交通事故责任强制保险各分项赔偿限额以上的部分负责赔偿。

责　任　免　除

第七条　被保险机动车的下列损失和费用，保险人不负责赔偿。

（一）自然磨损、朽蚀、腐蚀、故障；

（二）玻璃单独破碎，车轮单独损坏；

（三）无明显碰撞痕迹的车身划痕；

（四）人工直接供油、高温烘烤造成的损失；

（五）自燃仅造成电器、线路、供油系统、供气系统的损失；

（六）遭受保险责任范围内的损失后，未经必要修理继续使用被保险机动车，致使损失扩大的部分；

（七）标准配置以外新增设备的损失；

（八）发动机进水后导致的发动机损坏；

（九）被保险机动车所载货物坠落、倒塌、撞击、泄漏造成的损失；

（十）被盗窃、抢劫、抢夺，以及因被盗窃、抢劫、抢夺受到损坏或车上零部件、附属设备丢失；

（十一）被保险机动车上固定的机具、设备由于内在的机械或超负荷、超电压、感应电等电气故障引起的损失；

（十二）作业中车体失去重心造成被保险机动车的损失；

（十三）吊升、举升的物体造成被保险机动车的损失。

第八条　被保险机动车造成下列人身伤亡或财产损失，不论在法律上是否应当由被保险人承担赔偿责任，保险人均不负责赔偿。

（一）被保险人及其家庭成员的人身伤亡、所有或代管的财产的损失；

（二）被保险机动车本车驾驶人或操作人员及其家庭成员的人身伤亡、所有或代管的财产的损失；

（三）被保险机动车本车上其他人员的人身伤亡或财产损失。

第九条　下列损失和费用，保险人不负责赔偿。

（一）被保险机动车发生意外事故，致使第三者停业、停驶、停电、停水、停气、停产、通信或者网络中断、数据丢失、电压变化等造成的损失以及其他各种间接损失；

（二）精神损害赔偿；

（三）因污染（含放射性污染）造成的损失；

（四）被保险机动车和第三者财产因市场价格变动造成的贬值、修理后价值降低引起的损失；

（五）被保险机动车被盗窃、抢劫、抢夺期间造成第三者人身伤亡或财产损失；

（六）被保险人、驾驶人或操作人员的故意行为造成的损失；

（七）仲裁或者诉讼费用以及其他相关费用；

（八）在作业中由于震动、移动或减弱支撑造成的财产、土地、建筑物的损毁及由此造成的人身伤亡；

（九）被保险机动车举升、吊升物品过程中发生意外事故，造成被吊物品的损失。

第十条　下列情况下，不论任何原因造成被保险机动车的损失或第三者的损害赔偿责任，保险人均不负责赔偿。

（一）地震及其次生灾害。

（二）战争、军事冲突、恐怖活动、暴乱、扣押、收缴、没收、政府征用。

（三）竞赛、测试，在营业性维修、养护场所修理、养护期间。

（四）利用被保险机动车从事违法活动。

（五）驾驶人或操作人员饮酒、吸食或注射毒品、被药物麻醉后使用被保险机动车。

（六）事故发生后，被保险人或其允许的驾驶人在未依法采取措施的情况下驾驶被保险机动车或者遗弃被保险机动车逃离事故现场，或故意破坏、伪造现场、毁灭证据。

（七）驾驶人或操作人员有下列情形之一者：

1. 无驾驶证或驾驶证有效期已届满；

2. 驾驶的被保险机动车与驾驶证载明的准驾车型不符；

3. 实习期内驾驶载有爆炸物品、易燃易爆化学物品、剧毒或者放射性等危险物品的被保险机动车；

4. 持未按规定审验的驾驶证，以及在暂扣、扣留、吊销、注销驾驶证期间驾驶被保险机动车；

5. 使用被保险机动车的人员无国家有关部门核发的有效操作证；

6. 依照法律法规或公安机关交通管理部门有关规定不允许驾驶被保险机动车的其他情况下驾车。

（八）非被保险人允许的驾驶人或操作人员使用被保险机动车。

（九）被保险机动车转让他人，被保险人、受让人未履行本保险合同第四十二条规定的通知义务，且因转让导致被保险机动车危险程度显著增加而发生保险事故。

（十）除另有约定外，发生保险事故时被保险机动车无公安机关交通管理部门核发的行驶证或号牌，或未按规定检验或检验不合格。

（十一）被保险机动车（不含牵引车、清障车）拖带其他机动车或物体。

第十一条　应当由机动车交通事故责任强制保险赔偿的损失和费用，保险人不负责赔偿。

被保险机动车未投保机动车交通事故责任强制保险或机动车交通事故责任强制保险

合同已经失效的,对于机动车交通事故责任强制保险各分项赔偿限额以内的损失和费用,保险人不负责赔偿。

第十二条　保险人在依据本保险合同约定计算赔款的基础上,按下列免赔率免赔。

(一)负次要事故责任的免赔率为5%,负同等事故责任的免赔率为10%,负主要事故责任的免赔率为15%,负全部事故责任或单方肇事事故的免赔率为20%;

(二)被保险机动车的损失应当由第三方负责赔偿的,无法找到第三方时,免赔率为20%;

(三)违反安全装载规定的,增加免赔率5%;因违反安全装载规定导致保险事故发生的,保险人不承担赔偿责任;

(四)投保时约定行驶区域,保险事故发生在约定行驶区域以外的,增加免赔率10%。

第十三条　其他不属于保险责任范围内的损失和费用。

保险金额和责任限额

第十四条　机动车损失保险的保险金额由投保人和保险人从下列三种方式中选择确定,保险人根据确定保险金额的不同方式承担相应的赔偿责任。

(一)按投保时被保险机动车的新车购置价确定。

本保险合同中的新车购置价是指在保险合同签订地购置与被保险机动车同类型新车的价格(含车辆购置税)。

投保时的新车购置价根据投保时保险合同签订地同类型新车的市场销售价格(含车辆购置税)确定,并在保险单中载明,无同类型新车市场销售价格的,由投保人与保险人协商确定。

(二)按投保时被保险机动车的实际价值确定。

本保险合同中的实际价值是指同类型车辆新车购置价减去折旧金额后的价格。

投保时被保险机动车的实际价值根据投保时的新车购置价减去折旧金额后的价格确定。

折旧率表

车 辆 种 类	月 折 旧 率
矿山专用车	1.10%
其他车辆	0.90%

折旧按月计算,不足一个月的部分,不计折旧。最高折旧金额不超过投保时被保险机动车新车购置价的80%。

折旧金额＝投保时的新车购置价×被保险机动车已使用月数×月折旧率

(三)在投保时被保险机动车的新车购置价内协商确定。

第十五条　第三者责任保险每次事故的责任限额,由投保人和保险人在签订本保险合同时按保险监管部门批准的限额档次协商确定。

保 险 期 间

第十六条　除另有约定外,保险期间为一年,以保险单载明的起讫时间为准。

保险人义务

第十七条　保险人在订立保险合同时,应向投保人说明投保险种的保险责任、责任免除、保险期间、保险费及支付办法、投保人和被保险人义务等内容。

第十八条　保险人应及时受理被保险人的事故报案,并尽快进行查勘。

保险人接到报案后 48 小时内未进行查勘且未给予受理意见,造成财产损失无法确定的,以被保险人提供的财产损毁照片、损失清单、事故证明和修理发票作为赔付理算依据。

第十九条　保险人收到被保险人的索赔请求后,应当及时作出核定。

(一)保险人应根据事故性质、损失情况,及时向被保险人提供索赔须知。审核索赔材料后认为有关的证明和资料不完整的,应当及时一次性通知被保险人补充提供有关的证明和资料;

(二)在被保险人提供了各种必要单证后,保险人应当迅速审查核定,并将核定结果及时通知被保险人。情形复杂的,保险人应当在三十日内作出核定;保险人未能在三十日内作出核定的,应与被保险人商定合理期间,并在商定期间内作出核定,同时将核定结果及时通知被保险人;

(三)对属于保险责任的,保险人应在与被保险人达成赔偿协议后十日内支付赔款;

(四)对不属于保险责任的,保险人应自作出核定之日起三日内向被保险人发出拒绝赔偿通知书,并说明理由;

(五)保险人自收到索赔请求和有关证明、资料之日起六十日内,对其赔偿金额不能确定的,应当根据已有证明和资料可以确定的数额先予支付;保险人最终确定赔偿金额后,应当支付相应的差额。

第二十条　保险人对在办理保险业务中知道的投保人、被保险人的业务和财产情况及个人隐私,负有保密的义务。

投保人、被保险人义务

第二十一条　投保人应如实填写投保单并回答保险人提出的询问,履行如实告知义务,并提供被保险机动车行驶证复印件、机动车登记证书复印件。

在保险期间内,被保险机动车改装、加装等,导致被保险机动车危险程度显著增加的,应当及时书面通知保险人。否则,因被保险机动车危险程度显著增加而发生的保险事故,保险人不承担赔偿责任。

第二十二条　除另有约定外,投保人应当在本保险合同成立时交清保险费;保险费交清前发生的保险事故,保险人不承担赔偿责任。

第二十三条　发生保险事故时,被保险人应当及时采取合理的、必要的施救和保护措施,防止或者减少损失,并在保险事故发生后 48 小时内通知保险人。故意或者因重大过失未及时通知,致使保险事故的性质、原因、损失程度等难以确定的,保险人对无法确定的部分,不承担赔偿责任,但保险人通过其他途径已经及时知道或者应当及时知道保险事故发生的除外。

第二十四条　发生保险事故后,被保险人应当积极协助保险人进行现场查勘。

被保险人在索赔时应当提供有关证明和资料。

引起与保险赔偿有关的仲裁或者诉讼时，被保险人应当及时书面通知保险人。

第二十五条　因第三方对被保险机动车的损害而造成保险事故的，保险人自向被保险人赔偿保险金之日起，在赔偿金额范围内代位行使被保险人对第三方请求赔偿的权利，但被保险人必须协助保险人向第三方追偿。

保险事故发生后，保险人未赔偿之前，被保险人放弃对第三者请求赔偿的权利的，保险人不承担赔偿责任。

被保险人故意或者因重大过失致使保险人不能行使代位请求赔偿的权利的，保险人可以扣减或者要求返还相应的赔款。

赔 偿 处 理

第二十六条　被保险人索赔时，应当向保险人提供与确认保险事故的性质、原因、损失程度等有关的证明和资料。

被保险人应当提供保险单、损失清单、有关费用单据、被保险机动车行驶证和发生事故时驾驶人或操作人员的驾驶证或操作证。

属于道路交通事故的，被保险人应当提供公安机关交通管理部门或法院等机构出具的事故证明、有关的法律文书（裁定书、裁决书、调解书、判决书等）和通过机动车交通事故责任强制保险获得赔偿金额的证明材料。

属于非道路交通事故的，应提供相关的事故证明。

第二十七条　保险事故发生时，被保险人对被保险机动车不具有保险利益的，不得向保险人请求赔偿。

第二十八条　保险人对被保险人给第三者造成的损害，可以直接向该第三者赔偿。

被保险人给第三者造成损害，被保险人对第三者应负的赔偿责任确定的，根据被保险人的请求，保险人应当直接向该第三者赔偿。被保险人怠于请求的，第三者有权就其应获赔偿部分直接向保险人请求赔偿。

被保险人给第三者造成损害，被保险人未向该第三者赔偿的，保险人不得向被保险人赔偿。

第二十九条　被保险人、被保险机动车驾驶人或操作人员根据有关法律法规规定选择自行协商方式处理交通事故的，应当立即通知保险人，协助保险人勘验事故各方车辆、核实事故责任，并依照《交通事故处理程序规定》签订记录交通事故情况的协议书。

第三十条　因保险事故损坏的被保险机动车或第三者财产，应当尽量修复。修理前被保险人应当会同保险人检验，协商确定修理项目、方式和费用。否则，保险人有权重新核定；无法重新核定的，保险人有权拒绝赔偿。

第三十一条　被保险机动车遭受损失后的残余部分由保险人、被保险人协商处理。

第三十二条　保险人依据被保险机动车驾驶人或操作人员在事故中所负的事故责任比例，承担相应的赔偿责任。

被保险人、被保险机动车驾驶人或操作人员根据有关法律法规规定选择自行协商或由公安机关交通管理部门处理事故未确定事故责任比例的，按照下列规定确定事故责任比例：

被保险机动车方负主要事故责任的，事故责任比例为70％；

被保险机动车方负同等事故责任的,事故责任比例为50%;

被保险机动车方负次要事故责任的,事故责任比例为30%。

第三十三条　机动车损失保险按下列方式赔偿。

(一)按投保时被保险机动车的新车购置价确定保险金额的:

1. 发生全部损失时,在保险金额内计算赔偿,保险金额高于保险事故发生时被保险机动车实际价值的,按保险事故发生时被保险机动车的实际价值计算赔偿。

保险事故发生时被保险机动车的实际价值根据保险事故发生时的新车购置价减去折旧金额后的价格确定。

保险事故发生时的新车购置价根据保险事故发生时保险合同签订地同类型新车的市场销售价格(含车辆购置税)确定,无同类型新车市场销售价的,由被保险人与保险人协商确定。

折旧金额＝保险事故发生时的新车购置价×被保险机动车已使用月数×月折旧率

2. 发生部分损失时,按实际修理费用计算赔偿,但不得超过保险事故发生时被保险机动车的实际价值。

(二)按投保时被保险机动车的实际价值确定保险金额或协商确定保险金额的:

1. 发生全部损失时,保险金额高于保险事故发生时被保险机动车实际价值的,以保险事故发生时被保险机动车的实际价值计算赔偿;保险金额等于或低于保险事故发生时被保险机动车实际价值的,按保险金额计算赔偿。

2. 发生部分损失时,按保险金额与投保时被保险机动车的新车购置价的比例计算赔偿,但不得超过保险事故发生时被保险机动车的实际价值。

(三)施救费用的赔偿方式同本条(一)、(二),在被保险机动车损失赔偿金额以外另行计算,最高不超过保险金额的数额。

被施救的财产中,含有本保险合同未承保财产的,按被保险机动车与被施救财产价值的比例分摊施救费用。

第三十四条　第三者责任保险保险事故发生后,保险人按照国家有关法律、法规规定的赔偿范围、项目和标准以及本保险合同的约定,在保险单载明的责任限额内核定赔偿金额。

保险人按照国家基本医疗保险的标准核定医疗费用的赔偿金额。

未经保险人书面同意,被保险人自行承诺或支付的赔偿金额,保险人有权重新核定。不属于保险人赔偿范围或超出保险人应赔偿金额的,保险人不承担赔偿责任。

第三十五条　保险事故发生时,被保险机动车重复保险的,保险人按照本保险合同的保险金额(责任限额)与各保险合同保险金额(责任限额)的总和的比例承担赔偿责任。

其他保险人应承担的赔偿金额,保险人不负责赔偿和垫付。

第三十六条　保险人受理报案、现场查勘、参与诉讼、进行抗辩、要求被保险人提供证明和资料、向被保险人提供专业建议等行为,均不构成保险人对赔偿责任的承诺。

第三十七条　下列情况下,保险人支付赔款后,机动车损失保险的保险责任终止,保险人不退还机动车损失保险及其附加险的保险费。

(一)被保险机动车发生全部损失;

（二）按投保时被保险机动车的实际价值确定保险金额的,一次赔款金额与免赔金额之和(不含施救费)达到保险事故发生时被保险机动车的实际价值;

（三）保险金额低于投保时被保险机动车的实际价值的,一次赔款金额与免赔金额之和(不含施救费)达到保险金额。

第三十八条 保险人支付第三者责任保险赔款后,对被保险人追加的索赔请求,保险人不承担赔偿责任。

第三十九条 第三者责任保险的被保险人获得赔偿后,该保险项下的保险责任继续有效,直至保险期间届满。

保险费调整

第四十条 保险费调整的比例和方式以保险监管部门批准的机动车保险费率方案的规定为准。

本保险及其附加险根据上一保险期间发生保险赔偿的次数,在续保时实行保险费浮动。

合同变更和终止

第四十一条 本保险合同的内容如需变更,须经保险人与投保人书面协商一致。

第四十二条 在保险期间内,被保险机动车转让他人的,受让人承继被保险人的权利和义务。被保险人或者受让人应当及时书面通知保险人并办理批改手续。

因被保险机动车转让导致被保险机动车危险程度显著增加的,保险人自收到前款规定的通知之日起三十日内,可以增加保险费或者解除本保险合同。

第四十三条 保险责任开始前,投保人要求解除本保险合同的,应当向保险人支付应交保险费5%的退保手续费,保险人应当退还保险费。

保险责任开始后,投保人要求解除本保险合同的,自通知保险人之日起,本保险合同解除。保险人按日收取自保险责任开始之日起至合同解除之日止期间的保险费,并退还剩余部分保险费。

争 议 处 理

第四十四条 因履行本保险合同发生的争议,由当事人协商解决。

协商不成的,提交保险单载明的仲裁机构仲裁。保险单未载明仲裁机构或者争议发生后未达成仲裁协议的,可向人民法院起诉。

第四十五条 本保险合同争议处理适用中华人民共和国法律。

附 则

第四十六条 本保险合同(含附加险)中术语的含义如下。

不定值保险合同:指双方当事人在订立保险合同时不预先确定保险标的的保险价值,而是按照保险事故发生时保险标的的实际价值确定保险价值的保险合同。

碰撞:指被保险机动车与外界物体直接接触并发生意外撞击、产生撞击痕迹的现象。包括被保险机动车按规定载运货物时,所载货物与外界物体的意外撞击。

倾覆:指意外事故导致被保险机动车翻倒(两轮以上离地、车体触地),处于失去正常状态和行驶能力、不经施救不能恢复行驶的状态。

坠落：指被保险机动车在行驶中发生意外事故，整车腾空后下落，造成本车损失的情况。非整车腾空，仅由于颠簸造成被保险机动车损失的，不属坠落责任。

火灾：指被保险机动车本身以外的火源引起的、在时间或空间上失去控制的燃烧（即有热、有光、有火焰的剧烈的氧化反应）所造成的灾害。

暴风：指风速在28.5米/秒（相当于11级大风）以上的大风。风速以气象部门公布的数据为准。

地陷：指地壳因为自然变异、地层收缩而发生突然塌陷以及海潮、河流、大雨侵蚀时，地下有孔穴、矿穴，以致地面突然塌陷。

次生灾害：地震造成工程结构、设施和自然环境破坏而引发的火灾、爆炸、瘟疫、有毒有害物质污染、海啸、水灾、泥石流、滑坡等灾害。

玻璃单独破碎：指未发生被保险机动车其他部位的损坏，仅发生被保险机动车前后风挡玻璃和左右车窗玻璃的损坏。

车轮单独损坏：指未发生被保险机动车其他部位的损坏，仅发生轮胎、轮辋、轮毂罩的分别单独损坏，或上述三者之中任意二者的共同损坏，或三者的共同损坏。

竞赛：指被保险机动车作为赛车参加车辆比赛活动，包括以参加比赛为目的进行的训练活动。

测试：指对被保险机动车的性能和技术参数进行测量或试验。

自燃：指在没有外界火源的情况下，由于本车电器、线路、供油系统、供气系统等被保险机动车自身原因发生故障或所载货物自身原因起火燃烧。

污染：指被保险机动车正常使用过程中或发生事故时，由于油料、尾气、货物或其他污染物的泄漏、飞溅、排放、散落等造成的污损、状况恶化或人身伤亡。

被盗窃、抢劫、抢夺期间：指被保险机动车被盗窃、抢劫、抢夺过程中及全车被盗窃、抢劫、抢夺后至全车被追回。

单方肇事事故：指不涉及与第三方有关的损害赔偿的事故，但不包括因自然灾害引起的事故。

转让：指以转移所有权为目的，处分被保险机动车的行为。被保险人以转移所有权为目的，将被保险机动车交付他人，但未按规定办理转移（过户）登记的，视为转让。

第四十七条　保险人按照保险监管部门批准的机动车保险费率方案计算保险费。

第四十八条　在投保机动车损失保险或第三者责任保险的基础上，投保人可分别投保附加险。

附加险条款未尽事宜，以本条款为准。

摩托车、拖拉机保险条款

总　　则

第一条　摩托车、拖拉机保险合同（以下简称本保险合同）由保险条款、投保单、保险单、批单和特别约定共同组成。凡涉及本保险合同的约定，均应采用书面形式。

第二条　本保险合同中的摩托车是指在中华人民共和国境内（不含港、澳、台地区）行驶的，以燃料或电瓶为动力的各种两轮、三轮摩托车、电动车和残疾人专用车。

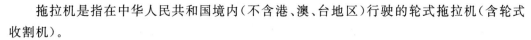

拖拉机是指在中华人民共和国境内（不含港、澳、台地区）行驶的轮式拖拉机（含轮式收割机）。

本保险合同中的摩托车、拖拉机统称为被保险机动车。

第三条　本保险合同中的第三者是指因被保险机动车发生意外事故遭受人身伤亡或者财产损失的人，但不包括投保人、被保险人、保险人和保险事故发生时被保险机动车本车上的人员。

第四条　本保险合同为不定值保险合同。保险人按照承保险别承担保险责任。附加险不能单独投保。

保 险 责 任

第五条　机动车损失保险如下。

（一）保险期间内，被保险人或其允许的驾驶人在使用被保险机动车过程中，因下列原因造成被保险机动车的损失，保险人依照本保险合同的约定负责赔偿：

1. 碰撞、倾覆、坠落；

2. 火灾、爆炸；

3. 外界物体坠落、倒塌；

4. 暴风、龙卷风；

5. 雷击、雹灾、暴雨、洪水、海啸；

6. 地陷、冰陷、崖崩、雪崩、泥石流、滑坡；

7. 载运被保险机动车的渡船遭受自然灾害（只限于驾驶人随船的情形）。

（二）发生保险事故时，被保险人为防止或者减少被保险机动车的损失所支付的必要的、合理的施救费用，由保险人承担，最高不超过保险金额的数额。

第六条　第三者责任保险如下。

保险期间内，被保险人或其允许的合法驾驶人在使用被保险机动车过程中发生意外事故，致使第三者遭受人身伤亡或财产直接损毁，依法应当由被保险人承担的损害赔偿责任，保险人依照本保险合同的约定，对于超过机动车交通事故责任强制保险各分项赔偿限额以上的部分负责赔偿。

责 任 免 除

第七条　被保险机动车的下列损失和费用，保险人不负责赔偿。

（一）自然磨损、朽蚀、腐蚀、故障；

（二）玻璃单独破碎，车轮单独损坏；

（三）无明显碰撞痕迹的车身划痕；

（四）人工直接供油、高温烘烤造成的损失；

（五）自燃以及不明原因火灾造成的损失；

（六）被保险摩托车停放期间因翻倒造成的损失；

（七）遭受保险责任范围内的损失后，未经必要修理继续使用被保险机动车，致使损失扩大的部分；

（八）标准配置以外新增设备的损失；

（九）发动机进水后导致的发动机损坏；

（十）被保险机动车所载货物坠落、倒塌、撞击、泄漏造成的损失；

（十一）被盗窃、抢劫、抢夺，以及因被盗窃、抢劫、抢夺受到损坏或车上零部件、附属设备丢失。

第八条　被保险机动车造成下列人身伤亡或财产损失，不论在法律上是否应当由被保险人承担赔偿责任，保险人均不负责赔偿。

（一）被保险人及其家庭成员的人身伤亡、所有或代管的财产的损失；

（二）被保险机动车本车驾驶人及其家庭成员的人身伤亡、所有或代管的财产的损失；

（三）被保险机动车本车上其他人员的人身伤亡或财产损失。

第九条　下列损失和费用，保险人不负责赔偿。

（一）被保险机动车发生意外事故，致使第三者停业、停驶、停电、停水、停气、停产、通信或者网络中断、数据丢失、电压变化等造成的损失以及其他各种间接损失；

（二）精神损害赔偿；

（三）因污染（含放射性污染）造成的损失；

（四）被保险机动车和第三者财产因市场价格变动造成的贬值、修理后价值降低引起的损失；

（五）被保险机动车被盗窃、抢劫、抢夺期间造成第三者人身伤亡或财产损失；

（六）被保险人或驾驶人的故意行为造成的损失；

（七）仲裁或者诉讼费用以及其他相关费用。

第十条　下列情况下，不论任何原因造成被保险机动车的损失或第三者的损害赔偿责任，保险人均不负责赔偿。

（一）地震及其次生灾害。

（二）战争、军事冲突、恐怖活动、暴乱、扣押、收缴、没收、政府征用。

（三）竞赛、测试，在营业性维修、养护场所修理、养护期间。

（四）利用被保险机动车从事违法活动。

（五）驾驶人饮酒、吸食或注射毒品、被药物麻醉后使用被保险机动车。

（六）事故发生后，被保险人或其允许的合法驾驶人在未依法采取措施的情况下驾驶被保险机动车或者遗弃被保险机动车逃离事故现场，或故意破坏、伪造现场、毁灭证据。

（七）驾驶人有下列情形之一者：

1. 无驾驶证或驾驶证有效期已届满；

2. 驾驶的被保险机动车与驾驶证载明的准驾车型不符；

3. 持未按规定审验的驾驶证，以及在暂扣、扣留、吊销、注销驾驶证期间驾驶被保险机动车；

4. 依照法律法规或公安机关交通管理部门有关规定不允许驾驶被保险机动车的其他情况下驾车。

（八）非被保险人允许的驾驶人使用被保险机动车。

（九）被保险机动车转让他人，被保险人、受让人未履行本保险合同第四十一条规定的通知义务，且因转让导致被保险机动车危险程度显著增加而发生保险事故。

（十）除另有约定外，发生保险事故时被保险机动车无公安机关交通管理部门核发的行驶证或号牌，或未按规定检验或检验不合格。

第十一条　应当由机动车交通事故责任强制保险赔偿的损失和费用，保险人不负责赔偿。

保险事故发生时，被保险机动车未投保机动车交通事故责任强制保险或机动车交通事故责任强制保险合同已经失效的，对于机动车交通事故责任强制保险各分项赔偿限额以内的损失和费用，保险人不负责赔偿。

第十二条　保险人在依据本保险合同约定计算赔款的基础上，在保险单载明的保险金额（责任限额）内，按下列免赔率免赔。

（一）负次要事故责任的免赔率为3％，负同等事故责任的免赔率为5％，负主要事故责任的免赔率为8％，负全部事故责任或单方肇事事故的免赔率为10％；

（二）被保险拖拉机的损失应当由第三方负责赔偿的，无法找到第三方时，免赔率为10％。

第十三条　其他不属于保险责任范围内的损失和费用。

保险金额和责任限额

第十四条　机动车损失保险的保险金额由投保人和保险人在投保时在被保险机动车的实际价值以内协商确定。

第十五条　第三者责任保险每次事故的责任限额，由投保人和保险人在签订本保险合同时按保险监管部门批准的限额档次协商确定。

保 险 期 间

第十六条　除另有约定外，保险期间为一年，收割机的保险期间为一个月，以保险单载明的起讫时间为准。

保险人义务

第十七条　保险人在订立保险合同时，应向投保人说明投保险种的保险责任、责任免除、保险期间、保险费及支付办法、投保人和被保险人义务等内容。

第十八条　保险人应及时受理被保险人的事故报案，并尽快进行查勘。

保险人接到报案后48小时内未进行查勘且未给予受理意见，造成财产损失无法确定的，以被保险人提供的财产损毁照片、损失清单、事故证明和修理发票作为赔付理算依据。

第十九条　保险人收到被保险人的索赔请求后，应当及时作出核定。

（一）保险人应根据事故性质、损失情况，及时向被保险人提供索赔须知。审核索赔材料后认为有关的证明和资料不完整的，应当及时一次性通知被保险人补充提供有关的证明和资料；

（二）在被保险人提供了各种必要单证后，保险人应当迅速审查核定，并将核定结果及时通知被保险人。情形复杂的，保险人应当在三十日内作出核定；保险人未能在三十日内作出核定的，应与被保险人商定合理期间，并在商定期间内作出核定，同时将核定结果及时通知被保险人；

（三）对属于保险责任的，保险人应在与被保险人达成赔偿协议后十日内支付赔款；

（四）对不属于保险责任的，保险人应自作出核定之日起三日内向被保险人发出拒绝赔偿通知书，并说明理由；

（五）保险人自收到索赔请求和有关证明、资料之日起六十日内，对其赔偿金额不能确定的，应当根据已有证明和资料可以确定的数额先予支付；保险人最终确定赔偿金额后，应当支付相应的差额。

第二十条　保险人对在办理保险业务中知道的投保人、被保险人的业务和财产情况及个人隐私，负有保密的义务。

投保人、被保险人义务

第二十一条　投保人应如实填写投保单并回答保险人提出的询问，履行如实告知义务，并提供被保险机动车行驶证复印件、机动车登记证书复印件。

第二十二条　投保人应当在本保险合同成立时交清保险费；保险费交清前发生的保险事故，保险人不承担赔偿责任。

第二十三条　发生保险事故时，被保险人应当及时采取合理的、必要的施救和保护措施，防止或者减少损失，并在保险事故发生后 48 小时内通知保险人。故意或者因重大过失未及时通知，致使保险事故的性质、原因、损失程度等难以确定的，保险人对无法确定的部分，不承担赔偿责任，但保险人通过其他途径已经及时知道或者应当及时知道保险事故发生的除外。

第二十四条　发生保险事故后，被保险人应当积极协助保险人进行现场查勘。

被保险人在索赔时应当提供有关证明和资料。

发生与保险赔偿有关的仲裁或者诉讼时，被保险人应当及时书面通知保险人。

第二十五条　因第三方对被保险机动车的损害而造成保险事故的，保险人自向被保险人赔偿保险金之日起，在赔偿金额范围内代位行使被保险人对第三方请求赔偿的权利，但被保险人必须协助保险人向第三方追偿。

保险事故发生后，保险人未赔偿之前，被保险人放弃对第三者请求赔偿的权利的，保险人不承担赔偿责任。

被保险人故意或者因重大过失致使保险人不能行使代位请求赔偿的权利的，保险人可以扣减或者要求返还相应的赔款。

赔 偿 处 理

第二十六条　被保险人索赔时，应当向保险人提供与确认保险事故的性质、原因、损失程度等有关的证明和资料。

被保险人应当提供保险单、损失清单、有关费用单据、被保险机动车行驶证和发生事故时驾驶人的驾驶证。

属于道路交通事故的，被保险人应当提供公安机关交通管理部门或法院等机构出具的事故证明、有关的法律文书（裁定书、裁决书、调解书、判决书等）和通过机动车交通事故责任强制保险获得赔偿金额的证明材料。

属于非道路交通事故的,应提供相关的事故证明。

第二十七条 保险事故发生时,被保险人对被保险机动车不具有保险利益的,不得向保险人请求赔偿。

第二十八条 保险人对被保险人给第三者造成的损害,可以直接向该第三者赔偿。

被保险人给第三者造成损害,被保险人对第三者应负的赔偿责任确定的,根据被保险人的请求,保险人应当直接向该第三者赔偿。被保险人怠于请求的,第三者有权就其应获赔偿部分直接向保险人请求赔偿。

被保险人给第三者造成损害,被保险人未向该第三者赔偿的,保险人不得向被保险人赔偿。

第二十九条 被保险人或被保险机动车驾驶人根据有关法律法规规定选择自行协商方式处理交通事故的,应当立即通知保险人,协助保险人勘验事故各方车辆、核实事故责任,并依照《交通事故处理程序规定》签订记录交通事故情况的协议书。

第三十条 因保险事故损坏的被保险机动车或第三者财产,应当尽量修复。修理前被保险人应当会同保险人检验,协商确定修理项目、方式和费用。否则,保险人有权重新核定;无法重新核定的,保险人有权拒绝赔偿。

第三十一条 被保险机动车遭受损失后的残余部分由保险人、被保险人协商处理。

第三十二条 保险人依据被保险机动车驾驶人在事故中所负的事故责任比例,承担相应的赔偿责任。

被保险人或被保险机动车驾驶人根据有关法律法规规定选择自行协商或由公安机关交通管理部门处理事故未确定事故责任比例的,按照下列规定确定事故责任比例:

被保险机动车方负主要事故责任的,事故责任比例为70%;

被保险机动车方负同等事故责任的,事故责任比例为50%;

被保险机动车方负次要事故责任的,事故责任比例为30%。

第三十三条 机动车损失保险按下列方式赔偿。

(一)部分损失:在保险金额内,以实际修理费用计算赔偿。

(二)全部损失:按保险金额计算赔偿。

(三)机动车损失保险的施救费用在被保险机动车损失赔偿金额以外另行计算,最高不超过保险金额的数额。

被施救的财产中,含有本保险合同未承保财产的,按被保险机动车与被施救财产价值的比例分摊施救费用。

第三十四条 第三者责任保险保险事故发生后,保险人按照国家有关法律、法规规定的赔偿范围、项目和标准以及本保险合同的约定,在保险单载明的责任限额内核定赔偿金额。

保险人按照国家基本医疗保险的标准核定医疗费用的赔偿金额。

未经保险人书面同意,被保险人自行承诺或支付的赔偿金额,保险人有权重新核定。不属于保险人赔偿范围或超出保险人应赔偿金额的,保险人不承担赔偿责任。

第三十五条 保险事故发生时,被保险机动车重复保险的,保险人按照本保险合同的保险金额(责任限额)与各保险合同保险金额(责任限额)的总和的比例承担赔偿责任。

其他保险人应承担的赔偿金额,保险人不负责赔偿和垫付。

第三十六条　保险人受理报案、现场查勘、参与诉讼、进行抗辩、要求被保险人提供证明和资料、向被保险人提供专业建议等行为,均不构成保险人对赔偿责任的承诺。

第三十七条　一次保险事故中被保险机动车损失的赔款金额与免赔金额之和(不含施救费)达到保险金额或被保险机动车发生全部损失时,机动车损失保险的保险责任终止,保险人不退还机动车损失保险的保险费。

第三十八条　保险人支付第三者责任保险赔款后,对被保险人追加的索赔请求,保险人不承担赔偿责任。

第三十九条　第三者责任保险的被保险人获得赔偿后,该保险项下的保险责任继续有效,直至保险期间届满。

合同变更和终止

第四十条　本保险合同的内容如需变更,须经保险人与投保人书面协商一致。

第四十一条　在保险期间内,被保险机动车转让他人的,受让人承继被保险人的权利和义务。被保险人或者受让人应当及时书面通知保险人并办理批改手续。

因被保险机动车转让导致被保险机动车危险程度显著增加的,保险人自收到前款规定的通知之日起三十日内,可以增加保险费或者解除本保险合同。

第四十二条　保险责任开始前,投保人要求解除本保险合同的,应当向保险人支付应交保险费5%的退保手续费,保险人应当退还保险费。

保险责任开始后,投保人要求解除本保险合同的,自通知保险人之日起,本保险合同解除。保险人按日收取自保险责任开始之日起至合同解除之日止期间的保险费,并退还剩余部分保险费。

争 议 处 理

第四十三条　因履行本保险合同发生的争议,由当事人协商解决。

协商不成的,提交保险单载明的仲裁机构仲裁。保险单未载明仲裁机构或者争议发生后未达成仲裁协议的,可向人民法院起诉。

第四十四条　本保险合同争议处理适用中华人民共和国法律。

附　　则

第四十五条　本保险合同(含附加险)中术语的含义如下。

不定值保险合同:指双方当事人在订立保险合同时不预先确定保险标的的保险价值,而是按照保险事故发生时保险标的的实际价值确定保险价值的保险合同。

碰撞:指被保险机动车与外界物体直接接触并发生意外撞击、产生撞击痕迹的现象。包括被保险机动车按规定载运货物时,所载货物与外界物体的意外撞击。

倾覆:指意外事故导致被保险摩托车翻倒或被保险拖拉机翻倒(两轮以上离地、车体触地),处于失去正常状态和行驶能力、不经施救不能恢复行驶的状态。

坠落:指被保险机动车在行驶中发生意外事故,整车腾空后下落,造成本车损失的情况。非整车腾空,仅由于颠簸造成被保险机动车损失的,不属坠落责任。

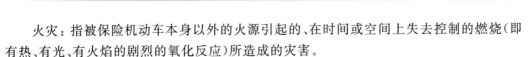
火灾：指被保险机动车本身以外的火源引起的、在时间或空间上失去控制的燃烧(即有热、有光、有火焰的剧烈的氧化反应)所造成的灾害。

暴风：指风速在 28.5 米/秒(相当于 11 级大风)以上的大风。风速以气象部门公布的数据为准。

地陷：指地壳因为自然变异、地层收缩而发生突然塌陷以及海潮、河流、大雨侵蚀时，地下有孔穴、矿穴，以致地面突然塌陷。

次生灾害：地震造成工程结构、设施和自然环境破坏而引发的火灾、爆炸、瘟疫、有毒有害物质污染、海啸、水灾、泥石流、滑坡等灾害。

玻璃单独破碎：指未发生被保险机动车其他部位的损坏，仅发生被保险机动车前后风挡玻璃和左右车窗玻璃的损坏。

车轮单独损坏：指未发生被保险机动车其他部位的损坏，仅发生轮胎、轮辋、轮毂罩的分别单独损坏，或上述三者之中任意二者的共同损坏，或三者的共同损坏。

竞赛：指被保险机动车作为赛车参加车辆比赛活动，包括以参加比赛为目的进行的训练活动。

测试：指对被保险机动车的性能和技术参数进行测量或试验。

自燃：指在没有外界火源的情况下，由于本车电器、线路、供油系统、供气系统等被保险机动车自身原因发生故障或所载货物自身原因起火燃烧。

污染：指被保险机动车正常使用过程中或发生事故时，由于油料、尾气、货物或其他污染物的泄漏、飞溅、排放、散落等造成的污损、状况恶化或人身伤亡。

被盗窃、抢劫、抢夺期间：指被保险机动车被盗窃、抢劫、抢夺过程中及全车被盗窃、抢劫、抢夺后至全车被追回。

单方肇事事故：指不涉及与第三方有关的损害赔偿的事故，但不包括因自然灾害引起的事故。

转让：指以转移所有权为目的，处分被保险机动车的行为。被保险人以转移所有权为目的，将被保险机动车交付他人，但未按规定办理转移(过户)登记的，视为转让。

第四十六条　保险人按照保险监管部门批准的机动车保险费率方案计算保险费。

第四十七条　在投保机动车损失保险或第三者责任保险的基础上，投保人可分别投保附加险。

附加险条款未尽事宜，以本条款为准。

附加险条款

本附加险包括下列险别。

(一) 在投保了机动车损失保险的基础上，方可投保下列附加险。

1. 玻璃单独破碎险

2. 自燃损失险

3. 车身划痕损失险

4. 车辆停驶损失险

5. 救助特约条款

6. 可选免赔额特约条款

7. 新增设备损失险条款

8. 发动机特别损失险条款

9. 随车行李物品损失保险条款

10. 附加机动车出境保险条款

11. 指定专修厂特约条款

12. 多次出险增加免赔率特约条款

(二)在投保了第三者责任险的基础上,方可投保下列附加险。

1. 车上货物责任险

2. 机动车污染责任险

(三)在同时投保第三者责任保险和车上人员责任保险的基础上,方可投保交通事故精神损害赔偿责任险。

(四)在投保了车辆损失险、第三者责任险、车上人员责任险和盗抢险之中任何一个险种的基础上,都可投保不计免赔率特约条款。

(五)在投保了车辆损失险或第三者责任险的基础上,方可投保教练车特约条款。

(六)其他特约或扩展条款。

1. 起重、装卸、挖掘车辆损失扩展条款

2. 特种车辆固定机具、设备损坏扩展条款

3. 火灾爆炸损失险条款

4. 零配件更换特约条款

5. 整车更换特约条款

6. 代步车费用特约条款

保险单明确载明的附加险条款、特约条款为本保险合同的组成部分。附加险条款、特约条款与基本险条款相抵触之处,以附加险条款、特约条款为准,附加险条款、特约条款未尽之处,以基本险条款为准。

火灾爆炸损失险条款

第一条 保险责任

因火灾、爆炸造成保险车辆的损失,保险人依照本保险合同的约定负责赔偿。

第二条 责任免除

(一)自燃造成的损失。

(二)除保险车辆以外的所有损失。

第三条 保险金额

投保人和保险人在签订保险合同时,在保险车辆的实际价值内协商确定。

第四条 赔偿处理

(一)全部损失,在保险金额内计算赔偿;部分损失,在保险金额内按实际修理费用扣除残值后赔偿。

(二)每次赔偿实行 20% 的免赔率。

玻璃单独破碎险条款

投保了机动车损失保险的机动车,可投保本附加险。

第一条 保险责任

被保险机动车风挡玻璃或车窗玻璃的单独破碎,保险人负责赔偿。

第二条 投保方式

投保人与保险人可协商选择按进口或国产玻璃投保。保险人根据协商选择的投保方式承担相应的赔偿责任。

第三条 责任免除

安装、维修机动车过程中造成的玻璃单独破碎。

自燃损失险条款

第一条 保险责任

因电器、线路、供油系统发生故障及所载货物自身原因起火燃烧造成保险车辆的损失,保险人负责赔偿。

第二条 责任免除

（一）引起自燃事故的电器、线路、供油系统自身的损失。

（二）所载货物自身的损失。

第三条 保险金额

由投保人和保险人在签订保险合同时,在保险车辆的实际价值内协商确定。

第四条 赔偿处理

（一）全部损失,在保险金额内计算赔偿；部分损失,在保险金额内按实际修理费用扣除残值后计算赔偿。

（二）每次赔偿实行 20％的免赔率。

车身划痕损失险条款

投保了机动车损失保险的机动车,可投保本附加险。

第一条 保险责任

无明显碰撞痕迹的车身划痕损失,保险人负责赔偿。

第二条 责任免除

被保险人及其家庭成员、驾驶人及其家庭成员的故意行为造成的损失。

第三条 保险金额

保险金额为 2 000 元、5 000 元、10 000 元或 20 000 元,由投保人和保险人在投保时协商确定。

第四条 赔偿处理

（一）在保险金额内按实际修理费用计算赔偿。

（二）每次赔偿实行 15％的免赔率。

（三）在保险期间内,累计赔款金额达到保险金额,本附加险保险责任终止。

车上货物责任险条款

第一条　保险责任

保险车辆在使用过程中,发生意外事故,致使保险车辆所载货物遭受直接损毁,依法应由被保险人承担的经济赔偿责任,保险人负责赔偿。

第二条　责任免除

(一)哄抢、自然损耗、本身缺陷、短少、死亡、腐烂、变质造成的货物损失。

(二)违法、违章载运或因包装不善造成的损失。

(三)车上人员携带的私人物品。

第三条　责任限额

责任限额由投保人和保险人在投保时协商确定。

第四条　赔偿处理

(一)被保险人索赔时,应提供运单、起运地货物价格证明等相关单据。保险人按起运地价格在责任限额内负责赔偿。

(二)根据保险车辆驾驶员在事故中所负责任,车上货物责任险在符合赔偿规定的金额内实行事故责任免赔率:负全部责任的免赔 20%,负主要责任的免赔 15%,负同等责任的免赔 10%,负次要责任的免赔 5%。单方肇事事故的事故责任免赔率为 20%。

不计免赔率特约条款

经特别约定,保险事故发生后,按照对应投保的险种规定的免赔率计算的、应当由被保险人自行承担的免赔金额部分,保险人负责赔偿。

下列情况下,应当由被保险人自行承担的免赔金额,保险人不负责赔偿:

(一)机动车损失保险中应当由第三方负责赔偿而无法找到第三方的;

(二)被保险人根据有关法律法规规定选择自行协商方式处理交通事故,但不能证明事故原因的;

(三)因违反安全装载规定而增加的;

(四)投保时指定驾驶人,保险事故发生时为非指定驾驶人使用被保险机动车而增加的;

(五)投保时约定行驶区域,保险事故发生在约定行驶区域以外而增加的;

(六)因保险期间内发生多次保险事故而增加的;

(七)发生机动车盗抢保险规定的全车损失保险事故时,被保险人未能提供《机动车行驶证》、《机动车登记证书》、机动车来历凭证、车辆购置税完税证明(车辆购置附加费缴费证明)或免税证明而增加的;

(八)可附加本条款但未选择附加本条款的险种规定的;

(九)不可附加本条款的险种规定的。

救助特约条款

投保了车辆损失保险的车辆,可附加本特约条款。

第一条　保险责任

保险车辆在行驶过程中发生事故或故障,保险人给予下列赔偿或救助。

(一)下列情况下,被保险人为防止或者减少保险车辆的损失所支付的必要的、合理的施救费用,应由被保险人承担的部分,保险人负责赔偿:

1.车辆损失保险中,因不足额保险而由被保险人自己承担的施救费用;

2.根据车辆损失保险条款的约定,按驾驶人员在保险事故中所负责任比例应予免赔而由被保险人自己承担的施救费用;

3.应由第三方承担的施救费用,被保险人支付后又无法追回的。

(二)在约定的救助区域内,因保险车辆发生意外事故或故障致使保险车辆无法行驶,经被保险人申请,保险人提供下列救助:

1.拖车(将车辆拖至距出险地点最近的修理场所);

2.简单故障现场急修;

3.保险车辆因缺油、缺电而无法行驶时,保险人提供送油(每次以10公升为限)、充电;

4.更换轮胎。

第二条　责任免除

(一)因车辆损失保险条款责任免除中约定的情况造成的车辆救助费用,保险人不负责赔偿;

(二)非保险人提供的救助所产生的费用,保险人不负责赔偿;

(三)油料和更换的零配件、轮胎等成本费用,保险人不负责赔偿;

(四)法律或国家有关部门规定不允许进入的区域,保险人不负责救助;

(五)其他不属于本特约条款责任范围内的损失和费用,保险人不负责赔偿。

起重、装卸、挖掘车辆损失扩展条款

经双方同意,鉴于被保险人已交付附加保险费,本保险合同扩展承保保险特种车辆的下列损失。

(一)作业中车体失去重心造成保险特种车辆的自身损失;

(二)吊升、举升的物体造成保险特种车辆的自身损失。

特种车辆固定机具、设备损坏扩展条款

经双方同意,鉴于被保险人已交付附加保险费,本保险合同扩展承保保险特种车辆上固定的机具、设备因超负荷、超电压、感应电等电气故障引起的自身损失。

交通事故精神损害赔偿责任险条款

第一条　适用范围

只有在投保了第三者责任保险及车上人员责任险的基础上方可附加本条款。

第二条　保险责任

保险车辆在使用过程中,因发生交通事故致使第三者人员死亡、伤残或保险车辆上人员死亡、伤残,受害方据此提出的精神损害赔偿,依照法院判决应由被保险人承担的精神

损害赔偿责任,保险人在保险单载明的赔偿责任限额内计算赔偿。

第三条 责任免除

在下列情况下,被保险人承担的精神损害赔偿,保险人不负责赔偿:

1. 非被保险人允许的驾驶人员驾驶保险车辆;

2. 驾驶人员在交通事故中无过错责任;

3. 保险车辆未与第三者发生直接碰撞事故,仅由惊恐引起,造成第三者或车上人员的行为不当所引起的伤残、死亡或怀孕妇女意外流产;

4. 法院调解书中确定的应由被保险人承担的精神损害赔偿;

5. 因疾病、自然分娩、自残、殴斗、自杀、犯罪行为所致的人身伤残;

6. 违章超载;

7. 驾驶人员的故意行为;

8. 被保险人本人及其家庭成员遭受的精神损害;

9. 被保险人利用保险车辆从事违法活动;

10. 被保险人或驾驶人员的故意行为;

11. 保险车辆被盗抢、抢劫、抢夺造成的损失。

第四条 赔偿限额

在保险期间内,每次事故每人最高赔偿限额为 2 万元,累计最高赔偿限额为 20 万元。

第五条 赔偿处理

依据人民法院对交通事故责任人应承担的精神损害赔偿的判决,保险人在保险单所载明的本保险赔偿责任限额内计算赔偿。

机动车污染责任险条款

第一条 保险责任

保险车辆发生意外事故,致使车辆本身油料或所载货物的掉落、泄漏,造成第三者财产的污染损失及清理费用,依法应由被保险人承担的经济赔偿责任,保险人在保险单载明的本保险责任限额内负责赔偿。

第二条 责任免除

下列情况的损失,保险人不负责赔偿:

1. 保险车辆油料泄漏或所载货物的掉落、泄漏导致第三者人员伤亡或中毒;

2. 他人哄抢、犯罪行为所致的泄漏污染;

3. 对环境污染造成的损失;

4. 保险车辆本身及所载货物遭受污染;

5. 其他不属于保险责任范围内的损失和费用。

第三条 责任限额

在保险期间内,每次事故限额为 2.5 万元,累计最高赔偿限额为 5 万元。

第四条 赔偿处理

(一)被保险人索赔时应提供:公安交通部门或交通行政管理部门的事故证明、事故现场记录、车辆或第三者受损财物的损失清单。

（二）本保险每次事故对第三者财产的污染损失及清理费用之和实行 20% 的免赔率。

新增设备损失险条款

第一条　保险责任

保险车辆发生机动车损失险保险责任范围内的事故后，致使车上新增加设备的直接损失，保险人在本保险合同约定保险项目所载明的保险金额内，按照实际损失计算赔偿。

第二条　保险金额

保险金额按照投保时新增加设备的购置价值确定。

第三条　赔偿处理

本保险每次赔偿均实行绝对免赔率，免赔率及相关规定与机动车损失保险相同。

第四条　其他事项

办理本保险时，应列明车上新增加设备明细表及价格。

可选免赔额特约条款

投保了机动车损失保险的机动车可附加本特约条款。保险人按投保人选择的免赔额给予相应的保险费优惠。

被保险机动车发生机动车损失保险合同约定的保险事故，保险人在按照机动车损失保险合同的约定计算赔款后，扣减本特约条款约定的免赔额。

教练车特约条款

第一条　适用范围

本条款适用于尚未取得合法驾驶证、但已办理合法正式学车手续的学员在有合格教练随车指导的情况下驾驶的专用教练车。

第二条　保险责任

（一）已投保了机动车损失保险的专用教练车在驾驶过程中，由于碰撞或倾覆导致保险车辆的损毁，由保险人负赔偿责任。

（二）已投保了机动车第三者责任保险的专用教练车在驾驶过程中，发生意外事故致使第三者遭受人身伤亡或财产损失，依法应由被保险人承担经济赔偿责任的，由保险人负赔偿责任。

第三条　保险金额和责任限额

（一）车辆损失险的保险金额由投保人和保险人在签订保险合同时保险车辆的新车购置价内协商确定。

（二）第三者责任险的每次事故最高责任限额由投保人和保险人在签订保险合同时，在保险监督管理机构批准的赔偿限额内协商确定。

第四条　责任免除

下列情况引起的赔偿责任，保险人不负责赔偿。

（一）非正规学员驾驶；

（二）无合格教练随车指导；

（三）教练机构非法；

（四）未按规定路线和区域行驶；

（五）非本保险责任范围内的其他原因导致的一切损失。

零配件更换特约条款

第一条　适用范围

适用于已投保了机动车损失保险的家庭自用或非营业用、使用年限在 5 年以内、核定座位在 9 座以下的客车。当机动车损失保险的保险责任终止时，本保险责任同时终止。

第二条　保险责任

保险车辆发生机动车损失保险责任范围内的事故，造成保险车辆损坏需要修理时，保险人按被保险人的要求对损失达到换件材料价格 20％以上的配件给予更换，被更换的配件归保险人所有。但发动机、车身、车架以及国内无法购置到的配件不属于本特约条款约定范围。

第三条　保险金额

同机动车损失保险保险金额。

第四条　赔偿处理

本保险每次赔偿均实行绝对免赔率，免赔率及相关规定与机动车损失险相同。

特约本条款后，主条款的免赔规定不发生改变。

整车更换特约条款

第一条　适用范围

（一）本特约条款适用于已投保了机动车损失保险、不计免赔特约险的家庭自用或非营业用、核定座位在 9 座以下的客车，且机动车损失保险应满足以下条件：

1. 保险金额按照新车购置价确定；

2. 保险期间届满之日在保险车辆初次登记之日起 36 个月之内。

（二）下列机动车不适用本特约条款：

1. 贷款所购的机动车；

2. 设置抵押权的机动车；

3. 用于租赁或营业运输的机动车。

第二条　责任免除

因下列人员的故意行为导致保险车辆的损失，保险人不负责赔偿：

1. 投保人、被保险人以及家庭成员；

2. 保险车辆驾驶人员；

3. 被保险人的代理人和雇员。

第三条　赔偿处理

（一）保险车辆在一次保险事故中，造成保险车辆全部损失或部分损失且核定修理费用达到协定金额，保险人选择以下方式负责赔偿。

1. 置换新车：车龄小于或等于 2 年的保险车辆以相同品牌、型号的车辆替换受损保

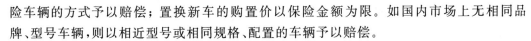

险车辆的方式予以赔偿；置换新车的购置价以保险金额为限。如国内市场上无相同品牌、型号车辆，则以相近型号或相同规格、配置的车辆予以赔偿。

2．支付赔款：在保险金额内按保险事故发生时保险车辆的新车购置价支付赔款。

协定金额指保险金额和协定比例的乘积。协定比例由投保人和保险人在签订保险合同时按照 50％、60％和 70％的档次协商确定，并在保险单中载明。

（二）保险人履行赔偿义务后，保险车辆的所有权以及涉及第三方的代位追偿权归保险人，被保险人应协助保险人办理过户等有关手续。但保险人不承担车辆过户前所应承担的义务。

第四条　其他事项

（一）保险人以置换新车或者支付赔款的方式予以赔偿后，保险合同终止，保险人不退还车辆损失保险及其附加险的保险费。

（二）如果保险金额含购置附加税，则赔偿时购置新车的购置价包含购置附加税；如果保险金额不含购置附加税，则赔偿时购置新车的购置价也不包含购置附加税。

代步车费用特约条款

第一条　适用范围

适用于已投保了机动车损失保险或机动车全车盗抢险的家庭自用车或非营业用、核定座位在 9 座以下的客车。当机动车损失保险或机动车全车盗抢险的保险责任终止时，本保险责任同时终止。

第二条　保险责任

投保人在投保时应在下列两项中选择一项，保险车辆在使用过程中发生该项列明的情形时，保险人按照保险合同约定承担赔偿被保险人需要租用代步车发生的费用。

（一）保险车辆因发生车辆损失险责任范围内的事故，造成保险车辆损毁。

（二）保险车辆全车被盗窃、抢劫、抢夺。

第三条　责任免除

下列损失及费用，保险人不负责赔偿：

（一）保险车辆在维修场所维修的时间小于或等于 3 天的。

（二）因保险责任范围以外的原因导致的保险车辆的损毁或修理。

（三）保险车辆被执法机关扣押、查封、罚没期间及被保险人或其驾驶人员拖延车辆送修期间的代步车费用。

（四）因保险责任范围以外的修理而延长修理期间的代步车费用。

（五）因保险车辆修理质量不合格造成返修期间的代步车费用。

（六）其他附加险项下发生保险事故时需租用代步车发生的费用。

第四条　赔偿限额

赔偿限额以投保人与保险人投保时约定的赔偿天数乘以约定的日赔偿金额为准，但本保险的最高约定赔偿天数为 30 天，日赔偿额最高不超过 300 元。

第五条　赔偿处理

（一）每次事故绝对免赔额为一天的赔偿金额。

（二）发生部分损失,保险人在双方约定的修复时间内按保险单约定的日赔偿金额乘以从送修办理交车手续起至修复办理提车手续之日止的实际天数计算赔偿。

（三）发生全车损毁、推定全损、全车遭盗抢时,按保险单约定的赔偿天数计算赔偿。

（四）在保险期间内,赔偿天数累计计算,最高以保险单约定的赔偿天数为限。

车辆停驶损失险条款

第一条　保险责任

因发生车辆损失保险的保险事故,致使保险车辆停驶,保险人在保险单载明的保险金额内承担赔偿责任。

第二条　责任免除

（一）被保险人或驾驶人员未及时将保险车辆送修或拖延修理时间造成的损失;

（二）因修理质量不合格,返修造成的损失。

第三条　保险金额

保险金额按照投保时约定的日赔偿金额乘以约定的赔偿天数确定;约定的日赔偿金额最高为 300 元,约定的赔偿天数最长为 60 天。

第四条　赔偿处理

全车损失,按保险单载明的保险金额计算赔偿;部分损失,在保险金额内按约定的日赔偿金额乘以从送修之日起至修复之日止的实际天数计算赔偿,实际天数超过双方约定修理天数的,以双方约定的修理天数为准。

在保险期间内,赔款金额累计达到保险单载明的保险金额,本附加险保险责任终止。

本保险每次事故的绝对免赔额为一天的赔偿金额。

发动机特别损失险条款

投保了家庭自用汽车损失保险或非营业用汽车损失保险、车龄在 5 年以内的机动车,可投保本附加险。

第一条　保险责任

投保了本附加险的被保险机动车在使用过程中,因下列原因导致发动机进水而造成发动机的直接损毁,保险人负责赔偿:

（一）被保险机动车在积水路面涉水行驶;

（二）被保险机动车在水中启动;

（三）发生上述保险事故时被保险人或其允许的驾驶人对被保险机动车采取施救、保护措施所支出的合理费用。

第二条　赔偿处理

（一）在发生保险事故时被保险机动车的实际价值内计算赔偿,但不超过被保险机动车发动机的重置价;

（二）本保险每次赔偿均实行 20% 的免赔率。

随车行李物品损失保险条款

投保了家庭自用汽车损失保险或非营业用汽车损失保险的机动车,可附加本特约条款。

第一条　保险责任

投保了本附加险的机动车因发生机动车损失保险责任范围内的事故，造成车上所载行李物品的直接损毁，保险人在保险单载明的本附加险的保险金额内，对实际损失依据被保险机动车驾驶人在事故中所负责任比例，承担相应的赔偿责任。

第二条　责任免除

（一）下列财产的损失，保险人不负责赔偿：

1. 金银、珠宝、钻石及制品、玉器、水晶制品、首饰、古币、古玩、字画、邮票、艺术品、稀有金属等珍贵财物；

2. 货币、票证、有价证券、文件、书籍、账册、图表、技术资料、电脑资料、枪支弹药以及无法鉴定价值的物品；

3. 电话、电视、音像设备及制品、电脑及软件；

4. 国家明文规定的违禁物品、易燃、易爆以及其他危险物品；

5. 动物、植物；

6. 用于商业和贸易目的的货物或样品。

（二）行李物品丢失、被盗窃、抢劫、抢夺，以及因丢失、被盗窃、抢劫、抢夺受到的损坏，保险人不负责赔偿。

第三条　保险金额

本附加险的保险金额由保险人和投保人在投保时协商确定，并在保险单中载明。

第四条　赔偿处理

（一）被保险人向保险人申请索赔时，应提供证明损失物品价值的相关凭据和残骸以及其他与确认保险事故的性质、原因、损失程度等有关的证明和资料；

（二）在保险期间内，赔款金额累计达到保险单载明的本附加险的保险金额，本附加险保险责任终止；

（三）每次赔偿的免赔率以本条款所对应的主险条款规定为准。

附加机动车出境保险条款

投保人在投保了机动车损失保险的基础上，可投保本附加险。

第一条　保险责任

经双方同意并在保险单上载明，保险人已承保的机动车损失保险的保险责任扩展至香港、澳门或与中华人民共和国接壤的其他国家和地区。

扩展区域从出境处起算，由投保人和保险人按照200公里、500公里和1 000公里的半径范围来确定。

第二条　责任免除

出境后，在非约定区域内被保险机动车发生事故造成的损失，保险人不负责赔偿。

第三条　其他

本附加险生效后，投保人不得退保。

指定专修厂特约条款

投保了机动车损失保险的机动车,可附加本特约条款。

投保人在投保时未选择本特约条款的,机动车损失保险事故发生后,因保险事故损坏的机动车辆,在修理前应当按照主险条款的规定,由被保险人与保险人协商确定修理方式和费用。

投保人在投保时选择本特约条款,并增加支付本特约条款的保险费的,机动车损失保险事故发生后,被保险人可自主选择具有被保险机动车辆专修资格的修理厂进行修理。

多次出险增加免赔率特约条款

投保了机动车损失保险的机动车,可附加本特约条款。保险人按照保险监管部门批准的机动车保险费率方案对家庭自用汽车损失保险给予保险费优惠。

附加本特约条款的被保险机动车在保险期间内发生多次保险事故的(自然灾害引起的事故除外),免赔率从第三次开始每次增加5%,累计增加免赔率不超过25%。

作　业　单

作业单 1-1　汽车保险条款交强险

姓名：＿＿＿＿＿　班级：＿＿＿＿＿　日期：＿＿＿＿＿

1. 写出交强险定义。

2. 写出交强险的正式推行时间。

3. 填写交强险的责任限额。

机动车在道路交通事故中有责任的　　　　机动车在道路交通事故中无责任的
赔偿限额　　　　　　　　　　　　　　　赔偿限额
死亡伤残赔偿限额：＿＿＿＿元人民币　　死亡伤残赔偿限额：＿＿＿＿元人民币
医疗费用赔偿限额：＿＿＿＿元人民币　　医疗费用赔偿限额：＿＿＿＿元人民币
财产损失赔偿限额：＿＿＿＿元人民币　　财产损失赔偿限额：＿＿＿＿元人民币

4. 写出交强险责任免除情况。

作业单 1-2 汽车保险条款商业险

姓名：＿＿＿＿＿＿ 班级：＿＿＿＿＿＿ 日期：＿＿＿＿＿＿

1. 商业险如何进行分类？请列明商业险类别内的险种。

2. 写出机动车第三者责任险的定义。

3. 写出家庭自用汽车损失保险条款的定义。

4. 将非营业用汽车损失保险条款折旧率填入作业表 1-1。

作业表 1-1

车 辆 种 类	月 折 旧 率
9 座以下客车	
低速货车和三轮汽车	
其他车辆	

5. 将营业用汽车损失保险条款折旧率填入作业表 1-2。

作业表 1-2

车 辆 种 类	月 折 旧 率	
	出　　　租	其　　　他
客车		
微型载货汽车		
带拖挂的载货汽车		
低速货车和三轮汽车		
其他车辆		

作业单 2-1　汽车保险现行条款

姓名：＿＿＿＿　班级：＿＿＿＿　日期：＿＿＿＿

1. 列出 A 款有哪几家保险公司。

2. 列出 B 款有哪几家保险公司。

3. 列出 C 款有哪几家保险公司。

4. 列出除了 A 款、B 款、C 款以外，还有哪几家保险公司。

作业单 2-2　汽车保险车损险差异

姓名：_____　班级：_____　日期：_____

1. 将 A、B、C 三款的火灾、爆炸、自燃保险责任区别填入作业表 2-1。

作业表　2-1

使 用 性 质	A 款	B 款	C 款
家用车			
非营业车			
营业车			
摩托车、拖拉机			
特种车			

2. 将 A、B、C 三款的车辆折旧区别填入作业表 2-2～作业表 2-4。

作业表　2-2

<table>
<tr><td colspan="6" align="center">A 款折旧率表</td></tr>
<tr><td rowspan="3">车 辆 种 类</td><td colspan="5" align="center">月折旧率</td></tr>
<tr><td rowspan="2">家庭自用汽车</td><td rowspan="2">非营业用汽车</td><td colspan="2" align="center">营业用汽车</td><td rowspan="2">特种车</td></tr>
<tr><td>出租</td><td>其他</td></tr>
<tr><td>9 座以下载客汽车</td><td></td><td></td><td></td><td></td><td></td></tr>
<tr><td>10 座以上载客汽车</td><td></td><td></td><td></td><td></td><td></td></tr>
<tr><td>微型载货汽车</td><td></td><td></td><td></td><td></td><td></td></tr>
<tr><td>带拖挂的载货汽车</td><td></td><td></td><td></td><td></td><td></td></tr>
<tr><td>低速载货汽车</td><td></td><td></td><td></td><td></td><td></td></tr>
<tr><td>矿山专用车</td><td></td><td></td><td></td><td></td><td></td></tr>
<tr><td>其他车辆</td><td></td><td></td><td></td><td></td><td></td></tr>
</table>

作业表　2-3

<table>
<tr><td colspan="2" align="center">B 款折旧率表</td></tr>
<tr><td align="center">车 辆 种 类</td><td align="center">月 折 旧 率</td></tr>
<tr><td>9 座（含 9 座）以下非营运载客汽车（包括轿车、含越野型）</td><td></td></tr>
<tr><td>出租汽车和大于 6 吨载货汽车、矿山作业专用车</td><td></td></tr>
<tr><td>其他类型车辆</td><td></td></tr>
</table>

作业表　2-4

C 款折旧率表	
车　辆　种　类	月　折　旧　率
9 座及 9 座以下非营运客车(含越野车)	
出租车、轻微型载货汽车、矿山作业用车、带拖挂的载货汽车	
其他类型车辆	

3. 将 A、B、C 三款的免赔率区别填入作业表 2-5。

作业表　2-5

行业条款		事故免赔率	非指定驾驶人	非约定区域	违反安全装载规定	多次出险加扣
A	家用	负次要责任 5%,负同等责任 8%,负主要责任 10%,负全部责任或单方肇事事故 15%;无法找到第三方 30%;自行协商不能证明事故原因 20%				
	非营业					
	营业					
	特种车	负次要责任 5%,负同等责任 10%,负主要责任 15%,负全部责任或单方肇事事故为 20%;无法找到第三方 20%				
	摩托车、拖拉机	负次要责任 3%,负同等责任 5%,负主要责任 8%,负全部责任或单方肇事事故 10%;拖拉机无法找到第三方 10%				
B		①负次要责任 5%,负同等责任 8%,负主要责任 10%,负全部责任或单方肇事事故 15%;无法找到第三方 30%。②负次要责任 3%,负同等责任 5%,负主要责任 8%,负全部责任或单方肇事事故 10%;无法找到第三方 30%。③不计免赔率 0;无法找到第三方 30%				
C		负次要责任 5%,负同等责任 8%,负主要责任 10%,负全部责任或单方肇事事故 15%;无法找到第三方 30%。 摩托车不实行上述免赔				

作业单 2-3　汽车保险三者险差异

姓名：_____　班级：_____　日期：_____

1. 写出 A、B、C 三款的保险责任的区别。

2. 写出 A、B、C 三款的责任免除的区别。

3. 将 A、B、C 三款的三者免赔率的区别填入作业表 2-6。

作业表　2-6

行业条款		事故免赔率	非指定驾驶人	非约定区域	违反安全装载规定
A	家用	负次要责任 5％，负同等责任 10％，负主要责任 15％，负全部责任 20％			
	非营业				
	营业				
	特种车				
	摩托车、拖拉机	负次要责任 3％，负同等责任 5％，负主要责任 8％，负全部责任 10％			
B		①负次要责任 5％，负同等责任 10％，负主要责任 15％，负全部责任 20％。②负次要责任 3％，负同等责任 5％，负主要责任 8％，负全部责任 10％。③不计免赔率 0			
C		负次要责任 5％，负同等责任 10％，负主要责任 15％，负全部责任 20％。摩托车不实行上述免赔			

作业单 3-1 保险事故调查询问笔录

涉案保单号码:		被保险人:
询问起始时间: 年 月 日 分到 时 分		询问地点:
询问人:	被询问人:	被询问人与被保险人关系:
被询问人身份证号:		被询问人联系电话:

询问人告知:

　　您好,我们是 ▮▮▮▮ 保险股份有限公司上海分公司的理赔人员。上述被保险人因于_____年
_____月_____日在_____发生了_____事故,据知,您是本案的当事人/关系人/知情人,
因此,我们现在想向您了解一些事故的有关情况,希望您能如实回答我们的提问和关切。如果您有不
便或顾忌之处,可以明确告知我们。否则,如果故意隐瞒、误导或说谎,将可能会对您或被保险人产生
不利的法律后果,甚至会被追究法律责任。您明白了吗?

答:

问:

被询问人声明:本人已仔细阅读本笔录,确认所有记载内容真实、准确,完全符合询问过程。

询问人(签字):	被询问人(签字):

注:本页加不敷记载,可接附页;问询双方须于每页上签字。如有修改,则应于修改处双方再行签字(指印)确认。

作业单 3-2 车险人伤案件调查表（第 1 次）

被保险人：

联系方式		报案号码	
伤者姓名		出险时间	
伤者基本情况		调查时间	
户籍情况		收入情况	
是否住院	□是　　□否	住院信息	

出险经过：

事故责任：□全责　　□主责　　□同责　　□次责　　□无责　　□不明

□可能为保险责任，估损金额为医疗费用_____元，其他补偿_____元。

□不属于保险责任，无须立案。

调查人：

年　月　日

作业单 3-3　车险人伤住院探视表

承保公司：　　　　　　　　报案编号：　　　　　　　　住院号：

被保险人：		出险时间：			探视时间：		
伤者情况	姓名：	性别：	年龄：	电话：		从事行业：	
	工作单位及地址：					月收入：	
	户籍性质及相关信息：						
	入院时间：	拟住院天数：		伤者性质：□本车驾驶号　　□本车乘客　　□三者			
	初步诊断：			就诊医院：			

护理人员信息：

事故责任：□全部　　□主要　　□同等　　□次要　　□无责任　　□不明

事故经过及其他相关信息：	
	伤者或其近亲属签字确认：
	日期：

伤者病情是否与此次交通事故相符：

治疗情况记录		
医疗费使用情况		伤者治疗情况：
已发生	预估后续费用	
	医药费	
	补偿费用	
		探视人员签字：
备注：		

作业单 3-4 车险重大案件上报表

年　　第　　号

报送部分			报送日期		承保单位			
出险情况	被保险人				保单号码			
	出险时间		报案时间		报案人		联系电话	
承保情况	车型		车牌号		初登日期			
	新车购置价		保险金额		三责限额		车上责任险	
	不计免赔险		其他附加险		保险期限			
标的损失情况								
三责损失情况								
附加险损失情况								
事故经过								
备注								
承保公司意见	查勘人员意见		客服中心意见		总经理室意见			

作业单 3-5　机动车辆保险查勘报告

保单号码：　　　　　　　　　　　　　　　　　　　　　　　　报案编号：

被保险车辆	号牌号码：	厂牌型号：	车驾号（VIN）：
	驾驶员姓名：	驾驶证号码：□□□□□□·□□□□□□□□□□	
	驾驶员电话：	准驾车型：□A　□B　□C　□其他	
被保险人联系电话：		是否接受短信提醒服务：□是　□否	
查勘时间：　年 月 日 时		查勘地点：	是否第一现场：□是　□否
出险时间：　年 月 日 时		出险地点：　省 市 县	是否修理厂报案：□是　□否

第三者车辆信息	号牌号码：	厂牌型号：	车架号（VIN）：
	驾驶员姓名：	驾驶号码：□□□□□□□□□□□□□□□□□□	
	驾驶员电话：	准驾车型：□A　□B　□C　□其他	是否投保交强险：□是　□否
	交强险承保机构：		交强险承保公司电话：

现场查验信息	(1) 保险车辆的号牌、车型号与保险单上所载明的是否相符　□是　□否
	(2) 出险时间是否与保险起止日期临近　□是　□否
	(3) 出险地点与报案人所报是否一致　□是　□否
	(4) 实际使用性质与保险单上所载明的是否一致　□是　□否
	(5) 保险车辆驾驶人员情况与报案人所述是否一致　□是　□否
	(6) 保险车辆驾驶人员准驾车型与实际驾驶车辆是否相符　□是　□否
	(7) 保险车辆驾驶人员是否为保险合同约定的驾驶人员　□是　□否　□保险合同未约定
	(8) 事故车辆损失痕迹与事故现场痕迹是否吻合　□是　否
	(9) 事故是否涉及第三者人员伤亡　□是　□否
	(10) 事故是否涉及第三者财产损失　□是　□否
	(11) 其他需要说明的内容：
	初步判断是否保险责任：□是　□否　□暂不明确(原因：　　　　　　　)

事故估损金额	事故损失金额估计合计：					
	其中,交强险损失金额：			商业险损失金额：		
	强制保险	死亡伤残：		财产损失：		
		医疗费用：		其他费用：		
	商业保险	车辆损失险	标的损失：	第三者责任险	车损：	其他险别
			施救费：		人伤：	
					物损：	

事故发生经过和原因、事故车损失部位简单描述和事故责任初步估计：

查勘人员签字：	被保险人或其代表签字：	附录：查勘照片　张,现场草图　份,询问笔录　页。
	被保险人联系电话：	

说明：①估计损失金额不作为损失确认依据；②第三方车辆不止一辆的,可增加查勘报告用纸。

x

 作业单 3-6　机动车辆保险事故现场查勘草图

作业单 3-7 机动车辆保险事故现场查勘询问笔录

询问地点：＿＿＿＿＿＿＿

时间：
自　时　分　开始
至　时　分　结束

询问人姓名：＿＿＿＿＿＿　单位＿＿＿＿＿＿

被询问人　姓　　名：＿＿＿＿＿＿　性　别：＿＿＿＿＿＿　年　龄：＿＿＿＿＿＿　民　族：＿＿＿＿＿

文化程度：＿＿＿＿＿＿　工作单位：＿＿＿＿＿＿＿＿＿＿＿＿＿＿　职　业：＿＿＿＿＿

家庭住址：＿＿＿＿＿＿＿＿＿＿＿＿＿＿＿＿＿＿＿＿＿＿＿＿＿＿＿＿＿＿＿＿

　　兹将询问内容记录如下：依照《保险法》和机动车辆保险条款的规定，我们就您所报案件的真实性进行调查询问。希望您能理解和配合，回答情况要属实，因为任何的虚假的证词都可能导致保险人依照法律和保险条款的规定行使拒赔权或诉讼法律

（问）：＿＿＿＿＿＿＿＿＿＿＿＿＿＿＿＿＿＿＿＿＿＿＿＿＿＿＿＿＿＿＿＿＿＿

＿＿＿＿＿＿＿＿＿＿＿＿＿＿＿＿＿＿＿＿＿＿＿＿＿＿＿＿＿＿＿＿＿＿＿＿＿＿

（答）：＿＿＿＿＿＿＿＿＿＿＿＿＿＿＿＿＿＿＿＿＿＿＿＿＿＿＿＿＿＿＿＿＿＿

＿＿＿＿＿＿＿＿＿＿＿＿＿＿＿＿＿＿＿＿＿＿＿＿＿＿＿＿＿＿＿＿＿＿＿＿＿＿

＿＿＿＿＿＿＿＿＿＿＿＿＿＿＿＿＿＿＿＿＿＿＿＿＿＿＿＿＿＿＿＿＿＿＿＿＿＿

＿＿＿＿＿＿＿＿＿＿＿＿＿＿＿＿＿＿＿＿＿＿＿＿＿＿＿＿＿＿＿＿＿＿＿＿＿＿

＿＿＿＿＿＿＿＿＿＿＿＿＿＿＿＿＿＿＿＿＿＿＿＿＿＿＿＿＿＿＿＿＿＿＿＿＿＿

＿＿＿＿＿＿＿＿＿＿＿＿＿＿＿＿＿＿＿＿＿＿＿＿＿＿＿＿＿＿＿＿＿＿＿＿＿＿

＿＿＿＿＿＿＿＿＿＿＿＿＿＿＿＿＿＿＿＿＿＿＿＿＿＿＿＿＿＿＿＿＿＿＿＿＿＿

＿＿＿＿＿＿＿＿＿＿＿＿＿＿＿＿＿＿＿＿＿＿＿＿＿＿＿＿＿＿＿＿＿＿＿＿＿＿

＿＿＿＿＿＿＿＿＿＿＿＿＿＿＿＿＿＿＿＿＿＿＿＿＿＿＿＿＿＿＿＿＿＿＿＿＿＿

＿＿＿＿＿＿＿＿＿＿＿＿＿＿＿＿＿＿＿＿＿＿＿＿＿＿＿＿＿＿＿＿＿＿＿＿＿＿

＿＿＿＿＿＿＿＿＿＿＿＿＿＿＿＿＿＿＿＿＿＿＿＿＿＿＿＿＿＿＿＿＿＿＿＿＿＿

＿＿＿＿＿＿＿＿＿＿＿＿＿＿＿＿＿＿＿＿＿＿＿＿＿＿＿＿＿＿＿＿＿＿＿＿＿＿

＿＿＿＿＿＿＿＿＿＿＿＿＿＿＿＿＿＿＿＿＿＿＿＿＿＿＿＿＿＿＿＿＿＿＿＿＿＿

＿＿＿＿＿＿＿＿＿＿＿＿＿＿＿＿＿＿＿＿＿＿＿＿＿＿＿＿＿＿＿＿＿＿＿＿＿＿

＿＿＿＿＿＿＿＿＿＿＿＿＿＿＿＿＿＿＿＿＿＿＿＿＿＿＿＿＿＿＿＿＿＿＿＿＿＿

＿＿＿＿＿＿＿＿＿＿＿＿＿＿＿＿＿＿＿＿＿＿＿＿＿＿＿＿＿＿＿＿＿＿＿＿＿＿

被询问人（签安、手印）：

被询问人身份证号：

注：若询问内容未完成，可接附页。

作业单 3-8 机动车辆保险损失确认书

保单号码：				报案编号：			
被保险人：				出险时间：	年 月 日 时		
号牌号码：		厂牌型号：		定损时间：	年 月 日 时		
车架号(VIN码)：				车损险保险金额：			
修理厂名称：				定损地点：			

	序号	零部件名称	配件编号	数量	单件价格	定损金额	备注
零部件更换项目清单	1						
	2						
	3						
	4						
	5						
	6						
	7						
	8						
	换件金额小计(大写)					（￥ 元）	

	序号	修理项目名称	工时	工时费	材料费	备注
修理项目清单	1					
	2					
	3					
	4					
	5					
	6					
	7					
	8					
	修理金额小计(大写)				（￥ 元）	

残值扣减金额(大写)：	（￥ 元）
减残值后最终定损金额(大写)：	（￥ 元）

经当事人各方协商，同意本确认书载明的修理及更换项目为本次事故损失的最大范围，并达成如下协议。

(1) 本确认书所列最终定损金额包含各项税费，为最高损失金额、超过此金额的部分，保险公司不予赔付。

(2) 更换项目需要报价，本确认书只确认更换项目的数量、金额及换件工时费，以所附《零部件更换项目清单》中保险公司报价为准。

保险公司 签章： 定损人员签名： 年 月 日	被保险人或其代表 电话： 签字： 年 月 日	修理企业 电话： 签章： 年 月 日

重要提示	(1) 零部件更换项目和修理项目超出列表栏时，另附清单记载。但换件金额小计、修理金额小计、残值扣减金额和最终定损金额应记载在本表相应栏目，各具体项目以所附的相应清单为准。 (2) 被保险车辆出险后，被保险人可选择就近接受查勘定损服务、就近递交索赔资料、保险人不另外收取费用。 欢迎登录 ▨▨▨▨▨▨ 电话查询车险理赔信息、赔案处理进展情况，并对理赔服务进行监督。

作业单 3-9　机动车辆保险索赔告知书

_____(被保险人名称/姓名)：

　　由于您投保的机动车辆发生事故,为方便您进行保险索赔,请仔细阅读以下注意事项：理赔过程中如遇困难,请随时拨打我公司全国统一保险服务专线电话█████ 我们将竭诚为您提供优质、高效的保险服务。谢谢您的合作！

　　1. 机动车辆保险索赔所需证明资料明细如下。

　　(1)□保险车辆《机动车行驶证》复印件　□肇事驾驶人员的《机动车驾驶证》复印件

　　(2)事故处理部门出具的：□交通事故认定书　□调解书　□简易事故处理书　□其他事故证明(　　　　)

　　(3)法院、仲裁机构出具的：□裁定书　□裁决书　□调解书　□判决书　□仲裁书

　　(4)涉及车辆损失的,需提供：□《机动车辆保险损失确认书》

　　(5)涉及财产损失的,需提供：□财产损失证明　□财产损失清单　□购置,修复受损财产的有关费用单据

　　(6)涉及人身受伤、残疾、死亡的,还需提供：

　　　　□医院诊断证明　□住院病历　□医疗费发票　□住院费用明细清单　□出院小结

　　　　□伤残人员误工证明及收入情况证明(收入超过纳税金额的应提交纳税证明)

　　　　□护理证明　□护理人员收入情况证明(收入超过纳税金额的应提交纳税证明)

　　　　□残者须提供伤残鉴定书　□亡者须提供死亡证明或死亡鉴定书

　　　　□被扶养人证明材料　□户籍派出所出具有受害者家庭情况证明　□户口簿复印件

　　　　□交通费报销凭证　□住宿费报销凭证　□参加事故处理人员工资证明

　　　　□残疾辅助器配置证明　□残疾辅助器配置费用发票

　　　　□道路交通事故经济赔偿凭证(须由事故处理部门签章确认)　□被保险人向第三者支付经济赔偿的凭据

　　(7)作为全车损失处理的案件,还需提供：

　　　　□机动车行驶证原件　□购车发票原件　□机动车登记证原件　□车辆注销证明

　　(8)属车辆盗抢案件的,需提供：

　　　　□机动车行驶证(原件)　□出险地县级以上公安刑侦部门出具的盗抢案件立案证明

　　　　□车辆档案封存证明　□养路费停手续证明　□机动车登记证书(原件)

　　　　□机动车来历凭证　□全套车钥匙　□车辆购置税完税证明(车辆购置附加费缴费证明)或免税证明

　　(9)如属火灾或自燃损失案件,还需提供：

　　　　□消防部门火灾原因证明或火灾原因鉴定结论

　　(10)被保险人或授权人领取赔款时,须提供以下材料和证件,经保险公司验证后留存复印件：

　　　　□领取赔款授权书　□被保险人身份证明　□领取赔款人员身份证明

　　(11)需要提供的其他索赔证明和单据(1)　　　(2)　　　(3)　　　(4)

　　2. 为保障您的切身利益,根据国家保险监管部门的规定,保险赔款将采取银行转账方式进行支付,请您提供：

　　户名：　　　　　　　开户行(支行)：　　　　　　　账户号码：

　　3. 您是否接受公司赔款支付和客户关怀的短信提醒服务：　　□是　　　□否

被保险人： 领到《索赔告知书》日期：　年　月　日 确认签字：	保险公司： 交付《索赔告知书》日期：　年　月　日 经办人签字：

重要 提示	1. 被保险人提交索赔资料时,须一并提交本表原件。 2. 被保险车辆出险后,被保险人可选择就近接受查勘定损服务,就近递交索赔资料、保险人不另外收取费用。 　　欢迎登录█████████电话查询车险理赔信息,赔案处理进展情况并对理赔服务进行监督。

作业单 3-10　机动车辆保险索赔申请及材料交接单

保单号码：		报案号码：	
被保险方联系人：	联系电话：	出险时间： 年 月 日 时	
被保险人身份证号码：		是否被保险本人递交索赔材料：□是　□否	

1.□保险车辆《机动车行驶证》复印件　　□肇事驾驶人员的《机动车驾驶证》复印件
2.□交通事故认定书　□调解书　□简易事故处理书　□其他事故证明(　　　　　　　　　)
3.法院、仲裁机构出具的：□判决书　□裁定书　□调解书　□仲裁裁决书　□仲裁调解书
4.涉及车辆损失的：□《机动车辆保险损失确认书》
5.涉及财产损失的：□财产损失证明　□财产损失清单　□购置、修复受损财产的有关费用单据
6.涉及人身受伤、残疾、死亡的：
□医院诊断证明　□住院病历　□医疗费发票　□住院费用明细清单　□出院小结
□伤残人员误工证明及收入情况证明(收入超过纳税金额的应提交纳税证明)
□护理证明　□护理人员收入情况证明(收入超过纳税金额的应提交纳税证明)
□残者须提供伤残鉴定书　□亡者须提供死亡证明或死亡鉴定书
□被扶养人证明材料　□户籍派出所出具有受害者家庭情况证明　□户口簿复印件
□交通费报销凭证　□住宿费报销凭证　□参加事故处理人员工资证明
□残疾辅助器配置证明　□残疾辅助器配置费用发票
□道路交通事故经济赔偿凭证(须由事故处理部门签章确认)　□被保险人向第三者支付经济赔偿的凭据
7.作为全车损失处理的案件：
□机动车行驶证原件　□购车发票原件　□机动车登记证原件　□车辆注销证明
8.属车辆盗抢的案件：
□机动车行驶证(原件)　□出险地县级以上公安刑侦部门出具的盗抢案件立案证明
□车辆档案封存证明　□养路费报停手续证明　□机动车登记证书(原件)
□机动车来历凭证　□全套车钥匙　□车辆购置税完税证明(车辆购置附加费缴费证明)或免税证明
9.如属火灾或自燃损失的案件：□消防部门火灾原因证明或火灾原因鉴定结论
10.领取赔款材料：□领取赔款授权书　□被保险人身份证明　□领取赔款人员身份证明
11.您是否接受公司赔款支付和客户关怀的短信提醒服务：□是　□否
12.被保险人银行存折(银行卡)以及开户名(被保险人)、开户银行(支行)、账户号码信息：
13.根据新保险法规定,第三者受害人有权直接向保险公司提出索赔,请您确认对第三者受害人的赔偿方式：
□被保险人向第三者受害人支付赔偿后,再向保险公司索赔
□被保险人另行书面请求保险人向第三者受害人进行赔偿
注意：被保险人未书面请求保险人向第三者赔偿保险金,且无故不履行赔偿义务超过15日的,第三者有权就其应获赔偿部分直接向保险人请求赔偿保险金。
14.其他索赔证明和单据：

▉▉▉▉保险股份有限公司_____：　本人车辆的上述事故已处理结果,有关保险索赔材料已备齐,特向贵公司提出保险索赔。本人承诺所提交的索赔材料真实、可靠,没有任何虚假和隐瞒。 被保险人或其代表签字： 　　　　　　　　　　　　年　月　日	已收到被保险人提交的上述材料。有关材料的真实性、准确性和完整性,本公司还需进一步审核确认。为了使被保险人获得准确、合理的赔偿,本公司可能通知被保险人进一步提供部分材料。 保险公司代表签字： 　　　　　　　　　　　　年　月　日

重要提示	被保险车辆出险后,被保险人可选择就近接受查勘定损服务,就近递交索赔资料、保险人不另外收取费用。 欢迎登录▉▉▉▉▉▉▉电话查询车险理赔信息,赔案处理进展情况并对理赔服务进行监督。

作业单 3-11　机动车辆保险索赔申请及赔款领取授权承诺书

永安保险上海分公司：

　　被保险人_____,车辆牌照号码为_____,车辆型号为_____,于_____年
_____月_____日在_____发生交通事故,报案号为_____,定损价格为
_____,现向贵公司提出索赔。

　　现本人郑重承诺：

　　1. 本人将委托_____进行本次事故车辆维修处理及办理赔款领取手续。

　　2. 本承诺书所列内容为本人的真实意思表达,如有任何虚假由本人承担相应法律
责任。

　　3. 因本人的疏忽、过失以及对于被委托方的管理不善等原因造成贵公司误支赔款
的,由本人承担赔偿责任和相应的法律责任。

被保险人（或代表）：　　　　　　　　保险公司代表：

联系电话：　　　　　　　　　　　　联系电话：

日期：　　　　　　　　　　　　　　日期：

 作业单 3-12 机动车辆保险索赔申请及赔款领取授权书

报案编号：

被保险人				保险单号			
号牌号码		厂牌型号		牌照底色		车辆种类	
出险时间		出险原因		出险地点			
联系人		联系电话		联系地址			
处理部门	□交警　□其他事故处理部门　□保险公司　□自行处理						
事故经过：(请您如实填报事故经过。报案时的任何虚假、欺诈行为、均可能成为保险人拒绝赔偿依据。)							

　　▆▆▆▆保险股份有限公司：

　　本人的保险车辆发生的上述事故已结案，相关的索赔资料已整理齐全，现特向贵公司提出索赔申请。

　　本人声明：以上所填写的内容和向贵公司提交的索赔材料真实、可靠，没有任何虚假和隐瞒。

此致

被保险人签章：
年　月　日

　　▆▆▆▆保险股份有限公司：

　　我单位授权_____同志，到贵公司办理_____(保单号码)项下的_____(车辆厂牌型号、号牌号码)于_____(出险时间)所发生保险事故的赔款领取手续，请予办理。

　　　　被保险人签章：　　　　　日期：

　　　　被保险人身份证号码：□□□□□□□□□□□□□□□□□□

　　　　受托领款人签章：　　　　　日期：

　　　　领款人身份证号码：□□□□□□□□□□□□□□□□□□

授权人申明：

　　1. 本授权书所列内容为授权人的真实意思表示，如有任何虚假由授权人承担相应的法律责任。

　　2. 被授权人在贵公司赔款收据以及其他索赔单证上的签字均代表授权人，其效力与授权人加盖公章或财务章相同。

　　3. 因授权人与被授权人之间产生的任何问题或被授权人的原因，致使贵公司所赔付的赔款未交付给授权人，贵公司不承担任何责任。

　　4. 因授权人的疏忽、过失以及对于被授权人的管理不善等原因造成贵公司误支赔款的，由授权人承担赔偿责任和相应的法律责任。

作业单 3-13　机动车辆保险小额案件查勘定损记录

查勘记录	被保险人：				保险单号：		
	车牌号码：				报案号：		
	厂牌型号：				VIN(车架号)：		
	出险时间：　　年　月　日　时　分				出险地点：		
	驾驶员姓名：		驾驶证号码：			联系电话：	
	被保险人联系电话：				是否第一现场报案：□是　□否		
	是否接受短信提醒服务：□是　□否				是否修理厂报案：□是　□否		
	联系人：		联系电话：			修理厂名称：	
	三者车牌号：				三者车厂牌型号：		
	三者驾驶号：		驾驶证号码：			联系电话：	
	查勘时间：　　年　月　日　时				查勘地点：		
	查勘意见(包括事故经过简单描述、原因分析和初步责任认定)：						

		被保险车辆			第三者车辆		
损失情况	**零部件更换项目清单**	零配件名称	数量	价格	零配件名称	数量	价格
		小计			小计		
	修理项目清单	修理项目名称		价格	修理项目名称		价格
		小计			小计		
	残值				残值		
	扣残值后修理费总额	仟　佰　拾　元　角　分（￥　　元）			扣残值后修理费总额	仟　佰　拾　元　角　分（￥　　元）	

签字确认	保险公司查勘人员签字：　　　　　　年　月　日	被保险人或其代表签字：　　　　　　年　月　日

重要提示	1. 保险人受理报案，现场查勘、评定损失等行为，均不构成对赔偿责任的承诺。 2. 被保险车辆出险后，被保险人可选择就近接受查勘定损服务，就近递交索赔资料，保险人不另外收取费用。 　欢迎登录 ▨▨▨▨▨▨ 电话查询车险理赔信息，赔案处理进展情况，并对理赔服务进行监督。

作业单 3-14　权益转让书

　　████保险股份有限公司_____公司：

　　你公司签发的_____险第_____号保险单承保我方

_____（标的名称），保险金额为人民

币_____元，于_____年_____月_____日因_____出

险受损，根据_____应由过错第三方_____负责赔偿损失，按

照_____保险条款第_____条规定，并经你公司核定保险责任

及损失。我方现将因本次事故向第三方的追偿权转让给你公司，并

随时为你公司行使上述权力提供协助。我方保证在你公司赔付之

前，没有与过错第三方达成任何减免责任的约定；否则，你公司有权

拒绝承担保险赔偿责任。

　　特立本权益转让书存证

　　此致

　　　　　　　　　　　　　　权益转让人：_____（盖章）

　　　　　　　　　　　　　　　　年　　月　　日

作业单 3-15　原始单证粘贴单

将原始单证分类,并一次粘贴在本表中,并在案卷目录中登记。
单证说明:

本页单证张数:	合计金额:
剔除不合理金额:	合理金额:

作业单 3-16　机动车物损交通事故损害赔偿协议书

保险公司报案号_____　　　　　　　保险理赔服务中心登记号_____

事故发生时间	年　月　日　时　分	事故发生地点	区(县)　路段(口)	天气	

当事人基本信息

说明：甲、乙、丙代码按车辆在事故现场"由前往后"或"由左向右"秩序确定

代码	当事人姓名	驾驶证号	车型	车辆号牌	联系电话	保险公司	保险凭证号
甲							
乙							
丙							

交通事故基本事实形态(在□内选择打√)

	甲		乙		丙
碰撞部位	□车头　□右前角 □左前角 □车尾　□右后角 □左后角　□车身右侧 □车身左侧	碰撞部位	□车头　□右前角 □左前角 □车尾　□右后角 □左后角　□车身右侧 □车身左侧	碰撞部位	□车头　□右前角 □左前角 □车尾　□右后角 □左后角　□车身右侧 □车身左侧
事故形态	□同车道追尾前车 □同向不同车道变道 □倒车、掉头或溜车 □驶入或驶出宅区、停车场、单位 □逆向行驶或闯单行道 □违反让行规定或闯信号灯 □其他_____	事故形态	□同车道追尾前车 □同向不同车道变道 □倒车、掉头或溜车 □驶入或驶出宅区、停车场、单位 □逆向行驶或闯单行道 □违反让行规定或闯信号灯 □其他_____	事故形态	□同车道追尾前车 □同向不同车道变道 □倒车、掉头或溜车 □驶入或驶出宅区、停车场、单位 □逆向行驶或闯单行道 □违反让行规定或闯信号灯 □其他_____

以上基本信息和交通事故基本事实形态如有虚假，由当事人自担法律责任。

　　　　　　　　　　　　　　　　　　甲车负_____责　签名_____

　　　　　　　　　　　　　　　　　　乙车负_____责　签名_____

保险公司处理意见：_____(签章)　　丙车负_____责　签名_____

注：无碳复写,共三联

参 考 文 献

［1］费洁.汽车保险［M］.北京：中国金融出版社,2009.
［2］吴定富.保险原理与实务［M］.北京：中国财政经济出版社,2005.

参考文献

[1] 徐维林. 机械设计[M]. 北京: 中国铁道出版社, 2009.
[2] 濮良贵, 纪名刚. 机械设计[M]. 8版. 北京: 高等教育出版社, 2006.